传习录

全 编

蔡践 ◎ 编著

海潮出版社 Haichao Press

图书在版编目（CIP）数据

传习录全编 / 蔡践编著 .-- 北京：海潮出版社，
2016.2

ISBN 978-7-5157-0699-3

Ⅰ．①传… Ⅱ．①蔡… Ⅲ．①心学—中国—明代②《
传习录》—研究 Ⅳ．① B248.25

中国版本图书馆 CIP 数据核字（2014）第 159199 号

书　　　名：传习录全编

作　　　者：蔡　践
责任编辑：陈开仁
封面设计：靳黎莹
出版发行：海潮出版社
社　　　址：北京市西三环中路19号
邮政编码：100841
电　　　话：（010）66969738（发行）66969736（编辑）66969746（邮购）
经　　　销：全国新华书店
印刷装订：北京天宇万达印刷有限公司
开　　　本：710mm×1000mm1/16
印　　　张：20
字　　　数：210千字
版　　　次：2016年2月第1版
印　　　次：2016年2月第1次印刷
ISBN 978-7-5157-0699-3
定　　　价：39.80元

（如有印刷、装订错误，请寄本社发行部调换）

精要阅览

1. 了解王阳明

王阳明（1472—1529 年），原名王守仁，幼名云，字伯安，别号阳明。浙江绍兴府余姚县（今属宁波余姚）人，因曾筑室于会稽山阳明洞，自号阳明子，学者称之为阳明先生，亦称王阳明。

王阳明是明代著名思想家、文学家、哲学家和军事家，陆王心学之集大成者，精通儒家、道家、佛家。晚年官至南京兵部尚书、都察院左都御史。他的一生跌宕起伏，充满了传奇色彩。王阳明（心学集大成者）和孔子（儒学创始人）、孟子（儒学集大成者）、朱熹（理学集大成者）并称为"孔孟朱王"。

2. 王阳明与"三立完人"

王阳明是中国历史上罕见的立德、立言、立功三不朽的伟人。

"立德"方面，王阳明从小就立志要成为孔子、孟子、颜回、曾参那样的"圣人"，并时时事事以这些精神偶像为榜样，在为人处世方面严格要求自己，绝不做对不起天地良心、社会道义的事。

"立功"方面，阳明先生少年时就精于骑射、熟读兵法，从戎后，更是一次次用自己的军事才能将衰败腐朽的大明王朝从悬崖边拉了回来。

"立言"方面，阳明先生为后人留下了千古不易的"心学"著作——王阳明的语录、文录、杂文，由其弟子汇编成《王文成公全书》（也称《阳明全书》）、《传习录》等，并为世人所理解、接受和推崇。

在大多数史学家看来，中国历史上的"三立完人"只有"两个半"，除了阳明先生之外，三国时期的诸葛亮算一个，晚清的曾国藩算"半个"。王阳明既是道德的典范，又建立了伟大的功业，更能立言垂教、泽被后人，堪称"古今完人"。

3.《传习录》主要内容是什么？

《传习录》的主要内容，在于"心即理"、"知行合一"和"致良知"，是阳明心学的精髓。

王阳明认为，心是天地万物的主宰，"天理"就在每一个人的心中，心外无理，心外无物。因此，心是产生善与恶的源头，任何外在的行动都是受思想支配的，一切统一于心。他提出"知行合一"，就是要创造人与社会的和谐；他提出"致良知"，就是要创造人与自身的和谐。"知是行之始，行是知之成"。阳明认为，唯有"知行合一"，才能从根本上一改"知先行后"所造成的重知轻行、"徒悬空口耳讲说"的不良风气。

除了"心即理"和"知行合一"外，阳明心学第三个精髓即杜维明先生所提及的"致良知"，这也是阳明心学最核心的观念。也就是说，人们需要通过提高自己内心的修养和知识水平，来去除自己的私欲与杂念，以达到社会的和谐运行。因此，阳明先生借此教化人们将道德理论融入到自己的日常生活中去，以良知逐渐代替私欲，就可破除"心中贼"。

4.《传习录》与程朱理学、陆九渊"心学"的关系是什么？

《传习录》与程朱理学、陆九渊"心学"的关系，可看作是王阳明思想逐步确立并成熟的一个过程。

王阳明年轻时推崇程朱理学，但在修行中对朱熹"理本论"、"格物致知论"和"知先行后说"等为学之道产生了怀疑。他最终领悟到："'理'就在我心中。"于是，他选择与程朱理学分道扬镳，转向承袭陆九渊的"心学"。

陆九渊是宋明两代"心学"的开山之祖。王阳明继承和发展其学说，以自己的体悟加以完善，形成了独具一格的"心学"体系，后人将他们的思想合称为"陆王学派"。

5.《传习录》中体现的教育思想

《传习录》具有丰富的教育思想，尤其发表了大量关于儿童教育的见解和主张。

阳明先生认为，儿童阶段人欲尚未成形，良知也就容易体认。所以，儿童教育绝不容忽视。王阳明提出以诱导、启发来代替"督"、"责"传统手段。强调一定要顺应儿童的性情，注意保护儿童学习的积极性，激发儿童的兴趣。这是阳明先生关于教育要顺乎孩子天性的精辟论述，也是对当时束缚、摧残儿童教育进行的尖锐抨击。几百年前教育大师的教育思想、教育论断，与当今我们极力推崇提倡的"人本主义"教育观、"儿童中心"观有着惊人的相似。

前言

Preface

　　《传习录》是明代王阳明先生的语录和论学书信集，是一部中国哲学史上简明而有代表性的儒家经典著作。"传习"一词出自《论语》中的"传不习乎"一语。书中包含了王阳明的主要哲学思想，是研究王阳明思想及心学发展的重要资料，被称之为"心学圣经"。

　　王阳明，原名云，后改名守仁，字伯安，别号阳明，浙江余姚人。他出生于一个官宦世家，其远祖为东晋时期的大书法家王羲之，因他曾隐居绍兴会稽山阳明洞，后又创办阳明书院，所以世称"阳明先生"。他非但精通儒家、佛家、道家，而且能够统军征战，是中国历史上罕见的全能大儒，也是明代最著名的思想家、哲学家、文学家、军事家和心学集大成者。

　　《传习录》全书分上、中、下三卷，上卷经王阳明本人审阅；中卷里的书信出自王阳明亲笔，是他晚年的著述；下卷虽未经本人审阅，但较为具体地解说了他晚年的思想。就内容而言，上卷主要阐述了知行合一、心外无理、心外无物、意之所在等观点，强调圣人之学为身心之学；中卷有书信八篇，除了回答了对于知行合一以及格物说的问难之外，还谈了阳明心学的根本内容和意义，并且阐述了阳明的教育思想；下卷的主要内容是"致良知"，王阳明结合自己纯熟的修养功夫，提出"本体功夫合一"等观点，尤其引人注目的是"四句教"，它使王学体系更加完整齐备。

　　《传习录》在形式上打破了程朱理学的理论框架，重新建立了以"心即理"、"致良知"等为基本范畴的心学思想体系，在本体论和方法论上改造和革新了宋明理学，并注重强调主体意识和自主精神，反对迷信权威、依傍书本，具有强烈的平民意识，由此形成了别具特色的教育思想，深为后世许多进步的社会改革家所赞。他的思想冲破了数百年来中国思想界为程朱理学所垄断的沉闷局面，对明朝后期哲学与文艺方面都产生了巨大而深远的影响，一直延续到我国近代并扩展到东亚，后来，其影响又逐渐深入到东南亚诸国、北美洲和欧洲，可见其思想的价值和魅力。以东亚为例，在日本，阳明学被一大批幕府末期的思想家所接受，推动了日本的明治维新运动。在朝鲜，阳明学也暗中流传，并影响了不少思想家。在经济腾飞期的韩国，阳明学被奉为精神的范本。

总之，《传习录》作为一部简明而有代表性的哲学著作，把儒家的内圣之道发展到了极致，不但全面阐述了王阳明的思想，还生动地体现了他善于用譬、常带机锋的语言艺术，展现了传统经典文化的巨大魅力和绚丽的光芒。因此，该书一经问世，便大受世人的欢迎。

本书对《传习录》原典进行了全面而细致的解读，从多个角度阐发蕴藏其中的涵义，以便读者更加轻松、透彻地理解《传习录》中所包含的智慧，从而获得熏陶和启迪。

相信通过本书的阅读，不仅能使您感悟到国学文化的精深，而且对于您修养精神道德乃至经世致用，都会有极大的裨益。

编者

2015 年 2 月

目录 contents

上　卷

一、徐爱录——心即是理

二、陆澄录——格物无动静之分

中　卷

一、答人论学书——知行合一

下 卷

五、钱德洪跋——辗转刊行

钱德洪序——成书之缘

钱德洪（1496—1574年），初名宽，字洪甫，人称"绪山先生"，官至刑部郎中。钱德洪是王阳明之后儒家心学的重要代表人物之一，与同时期的哲学家、思想家王龙溪齐名。钱德洪整理了王阳明的主要著作，修订了王阳明的年谱，并进一步阐述、发展了心学，对阳明学的传播和民间化起了很大作用。著有《阳明先生谱》。

【原典欣赏】

先生初归越时，朋友踪迹尚寥落，既后四方来游者日进。癸未年以后，环先生而居者比屋，如天妃、光相诸刹，每当一室，常合食者数十人，夜无卧处，更相就席，歌声彻昏旦。南镇、禹穴、阳明洞诸山远近寺刹，徒足所到，无非同志游寓所在。先生每临讲座，前后左右环坐而听者，常不下数百人，送往迎来，月无虚日。至有在侍更岁，不能遍记其姓名者。每临别，先生常叹曰："君等虽别，不出在天地间，苟同此志，吾亦可以忘形似矣。"诸生每听讲出门，未尝不跳跃称快。尝闻之同门先辈曰："南都以前，朋友从游者虽众，未有如在越之盛者。此虽讲学日久，孚信渐博，要亦先生之学日进，感召之机，申变无方，亦自有不同也。"

德洪曰：昔南元善刻《传习录》于越，凡二册。下册摘录先师手书，凡八篇。其答徐成之二书，吾师自谓："天下是朱非陆，论定既久，一旦反之为难。二书姑为调停两可之说，使人自思得之。"故元善录为下册之首者，意亦以是欤！今朱、陆之辨明于天下久矣。洪刻先师《文录》，置二书于外集者，示未全也，故今不复录。

其余指知行之本体，莫详于答人论学与答周道通、陆清伯、欧阳崇一四书。而谓格物为学者用力日可见之地，莫详于答罗整庵一书。平生冒天下之非诋推陷，万死一生，遑遑然不忘讲学，惟恐吾人不闻斯道，流于功利机智以日堕于夷狄禽兽而不觉。其一体同物之心，谆谆终身，至于毙而后已。此孔孟已来贤圣苦心，虽门人子弟未足以慰其情也。是情也，莫详于答聂文蔚之第一书。此皆仍元善所录之旧。而揭"必有事焉"即"致良知"功夫，明白简切，使人言下即得入手，此又莫详于答文蔚之第二书，故增录之。

元善当时汹汹，乃能以身明斯道，卒至遭奸被斥，油油然惟以此生得闻斯学为庆，而绝无有纤芥愤郁不平之气。斯录之刻，人见其有功于同志甚大，而不知其处时之甚艰也。今所去取，裁之时义则然，非忍有所加损于其间也。

【白话翻译】

先生刚刚辞官回到浙江绍兴的时候，前来拜访的朋友还寥寥无几，后来从四方来游学求教的人与日俱增。嘉靖二年（1523年），先生住宅周围居住的人也变得多了起来，比如天妃、光相等寺庙中，每一间卧室，常常是吃住在一起的几十人，晚间都没有睡觉的地方，只好轮流睡觉，坐席谈话唱歌日夜不断。南镇、禹穴、阳明洞远近的寺庙，只要能站脚的地方，都成了志同道合的人的徜徉之地。先生每次来讲学，前后左右围坐听讲的人，经常不少于几百人。迎来送往，一个月当中没有一天是空闲的。甚至有在这里听讲达一年之多，先生都不能完全记清楚他们的姓名。每次到了分别的时候，先生经常叹息说："你们虽然走了，但我们还同在这天地间，如果和我有相同的志趣，我也很自豪呀！"学生们每次听完讲座出门，从来没有不欢呼雀跃的。我曾经听同门的前辈说："先生拜南京兵部尚书以前，问学的人虽然也不少，但也比不上浙江绍兴这样的盛况。这虽然说是先生讲学的日子长了，获得的信任也就更多了，但更主要的还是先生的学术越来越精密，感召力和实用性自然和以前大不相同。"

钱德洪说，当初南元善在浙江绍兴刻印《传习录》时分为上、下两册。下册收录了先生的八封书信。其中在《答徐成之》两封信中，先生说："天下人赞成朱熹的观点而否定陆九渊的观点，长期以来已形成定论，想要扭转过来，十分困难。这两篇姑且算是为了调解朱陆之争，让大家自己思考去明白朱陆之辨的内涵。"所以，南元善将这两封信放在下册的开头，恐怕也是这个用意吧。如今，世人已明白朱陆之辨的内涵。我刻印先生的《文录》时，把两封信置于《外集》中，主要是有些观点还不够完善，因此，现不作收录。

其余关于知行本体的论述，最详细的莫过于《答人论学》《答周道通书》《答陆清伯书》《答欧阳崇一》等四封书信。而论述学者日常用功学习的格物理论，最详细的莫过于《答罗整庵书》。先生平生面对世人的诽谤和诋毁，在万死一生的逆境中始终不忘讲学，惟恐我们不通晓圣学，而被功利和技巧所迷惑，以致沦为禽兽夷狄而自己却不知道。先生终生兢兢业业地追求与天地万物融为一体的境界，直到他去世才终止。这种孔孟以来圣贤所独有的良苦用心，并不因学生和亲人的劝慰而有一丝一毫的减轻。这种情怀，在《答聂文蔚》的第一封信中表现得最为详尽。这几封信，都是按照南元善以前所录的旧版本而收录。而揭示"必有事焉"和"致良知"功夫，用简洁明了的语言，让人听完就可以动手去做的，莫过于先生《答聂文蔚》的第二封信，因此在这里我也增录进来了。

南元善当时处凶险之境，竟然仍以讲授先生的学说为己任，最终遭受奸臣排挤，但他却因这一生能够听闻老师的学说而感到庆幸，绝没有分毫的忧愤和悔恨。他刻录《传习录》，人们只看到了它对于有志于学的朋友帮助很大，但不知他其时处境的艰难。我现在对其版本所做的增删，是出于对于目前情况的考虑，而不是我忍心去增加或减损。

【跟进解读】

王阳明先生集文武谋略于一身。他上马治军，下马治民，文官掌兵符，做事敏捷，用兵神速，官至兵部尚书、都察际左都御史，封"新建伯"。先生晚年辞官回乡讲学，在绍兴、余姚一带创建书院，宣讲"王学"。这篇序的前半部分详尽地介绍了先生辞官回到浙江绍兴后的讲学情况；后半部分对《传习录》的编排、刻印等相关问题作了简要说明，对我们今天了解《传习录》有着重要的参考价值。

传习录全编

上卷

《传习录》上卷主要阐述了阳明先生正德七年（1512年）至十三年的语录，包括知行合一、心即理、心外无理、心外无物、意之所在即为物、格物是诚意的功夫等观点。由徐爱、陆澄和薛侃所辑并经王阳明本人审阅而成。

一、徐爱录——心即是理

徐爱（1488—1517年）字曰仁，号横山，浙江余杭人，明代哲学家、官员，曾任南京工部郎中。徐爱英年早逝，生前一直期望为王阳明出《传习录》，后由钱德洪完成这个遗愿。徐爱既是王阳明最早的入室弟子之一，也是他的妹夫。徐爱为一个典型的内圣型人才，可以说是阳明的"颜回"，阳明先生曾评价曰"徐生之温恭，为我所不逮"。

1. 徐爱引言

【原典欣赏】

先生于《大学》"格物"诸说，悉以旧本为正，盖先儒所谓误本者也。爱始闻而骇，既而疑，已而殚精竭思，参互错综，以质于先生，然后知先生之说若水之寒，若火之热，断断乎"百世以俟圣人而不惑"者也。先生明睿天授，然和乐坦易，不事边幅。人见其少时豪迈不羁，又尝泛滥于词章，出入二氏之学，骤闻是说，皆自以为立异好奇，漫不省究。不知先生居夷三载，处困养静，精一之功固已超入圣域，粹然大中至正之归矣。

爱朝夕炙门下，但见先生之道，即之若易而仰之愈高，见之若粗而探之愈精，就之若近而造之愈益无穷。十余年来，竟未能窥其藩篱。世之君子，或与先生仅交一面，或犹未闻其謦欬，或先怀忽易愤激之心，而遽欲于立谈之间，传闻之说，臆断悬度，如之何其可得也？从游之士，闻先生之教，往往得一而遗二，见其牝牡骊黄而弃其所谓千里者。故爱备录平日之所闻，私以示夫同志，相与考而正之，庶无负先生之教云。

门人徐爱书。以下门人徐爱录。

【白话翻译】

王阳明先生对于《大学》中有关"格物"等观点，均以郑玄作注、孔颖达作疏的《礼记・大学》为准，即朱熹等大儒所说的有许多错误的那个版本。我刚听说时感到很意外，之后是怀疑，再后来，我殚精竭虑，综合起来后进行参照对比，又向先生本人请教。经先生悉心指教，我才知道先生的学说如同水性清寒、火性炽热一样，正如《中庸》中所说的，即使是百世之后的圣人也不会有疑问的。先生天资聪颖，但是和蔼可亲，为人坦诚，平素不修边幅。早年，先生性格豪迈洒脱，曾热衷于赋诗作文，受过儒、道两家学说的熏陶。所以，时人初听他的主张，都将其视为标新立异、荒诞不经的美论，从而不予深入研究。但是他们不知道，先生在贬居贵州龙场的三年中处困养静，其惟精惟一的功夫已入圣贤之列，达到了炉火纯青的境界。

我有幸经常接受先生的教诲，才知先生所求的"道"，则接触时看似十分浅易，但思量仰望它又愈见其高妙；表面看好像很粗浅，但越探讨越精深；学习掌握的时候似乎就在眼前，但践行起来却感到无穷无尽。跟随先生十多年来，竟然没有能理解先生思想的精髓。当今的学者，有的仅与先生有一面之交，有的从未听过先生的教诲，有的先入为主地怀轻视、偏激的心理，没谈上几句就急于根据传闻臆说，妄加揣度。像这样，怎能真正理解先生的学说呢？跟随先生的学生们，聆听先生的教诲，经常是学到的少而遗漏的多。如同相马时，只看到了马性别、颜色等表面情况，而忽略了千里马的特征。因此，我把平时听到的教诲全部记录下来，供同学们传阅，相互考核订正，以不负先生的谆谆教诲。

学生　徐爱记

【跟进解读】

此篇为全文的开篇之作，着重介绍了王阳明及其学说的概貌，同时详细记述了人们对先生之学的态度。阳明先生是古代一位既有学术成就，又有君子之德的大儒、醇儒，开心学之河，打破了宋以来程朱理学一统儒学之局面。然而，多数人对此仅仅停留在"臆断悬度"的层面，而忽略其思想的真正价值。连阳明先生的弟子徐爱在刚接触王学时也持有惊讶兼怀疑的态度。后来经过仔细分析才领略到它的博大精深。由此可见，对一个人或一件事在还没有深入了解之前就轻易下结论，往往会陷入误区。

2. 亲民与新民

【原典欣赏】

爱问："'在亲民'，朱子谓当作'新民'，后章'作新民'之文似亦有据。先生以为宜从旧本作'亲民'，亦有所据否？"

先生曰："'作新民'之'新'，是自新之民，与'在新民'之'新'不同，此岂足为据？'作'字却与'亲'字相对，然非'亲'字义。下面'治国平天下'处，皆于'新'字无发明。如云'君子贤其贤而亲其亲，小人乐其乐而利其利'、'如保赤子'、'民之所好好之，民之所恶恶之，此之谓民之父母'之类，皆是'亲'字意。'亲民'犹《孟子》'亲亲仁民'之谓，'亲之'即'仁之'也。'百姓不亲'，舜使契为司徒，'敬敷五教'，所以亲之也。《尧典》'克明峻德'便是'明明德'，'以亲九族'至'平章'、'协和'，便是'亲民'，便是'明明德于天下'。又如孔子言'修己以安百姓'，'修己'便是'明明德'，'安百姓'便是'亲民'。说'亲民'便是兼教养意，说'新民'便觉偏了。"

【白话翻译】

徐爱问："'在亲民'，朱熹先生说应当写作'在新民'。书后面'作新民'一文似乎也有这方面的证据。先生却认为应按旧本的'在亲民'，您有什么根据吗？"

先生说："'作新民'中的'新'字，是自新的意思，和'在新民'的'新'不同，'作新民'怎么能作为'在新民'的根据呢？'作'与'亲'相对应，但不是'亲'的意思。下面'治国'、'平天下'等处，都没有对'新'字发表阐述，如：'君子贤其贤而亲其亲，小人乐其乐而利其利'、'如保赤子'、'民之所好好之，民之所恶恶之，此之谓民之父母'等，这些都是'亲'的意思。'亲民'正如《孟子》中所说的'亲亲仁民'，对他们的'亲'也就是对他们的'仁'。百姓不仁爱，舜就让契担任司徒，'敬敷五教'，让他们互相亲近。《尧典》中说的'克明峻德'就是'明明德'，'以亲九族'到'平章'、'协和'就是'亲民'，就是'明明德于天下'。又如孔子说'修己以安百姓'，'修己'就是'明明德'，'安百姓'便是'亲民'，说亲民便是兼有教育和养育而言，说新民就觉得意思有失偏颇了。"

【跟进解读】

《大学》开篇即述德与政的关系："大学之道，在明明德，在亲民，在止于至善。"朱熹认为"亲民"当作"新"。而在王阳明看来，应该遵从《大学》古本，仍作"亲"。新民与亲民，可看作儒者对精英与平民关系的两种模式的想象。新民取自上而下之姿态，偏于教化、启蒙、改造民众；亲民与之相反，自下而上，顺从共同体既有之历史文化传统和一般民众的需求与愿景。孔孟的仁学与仁致，核心均为"爱人"、"亲民"。对他人之爱即为仁，包含了义、智、礼、信；对民众之亲即为仁政，包含了教化养育之意。阳明先生辨朱熹之"新"，正先圣之"亲"，其见解显然更合于孔孟之道。

3. 无善无恶心之体

【原典欣赏】

爱问："'知止而后有定'，朱子以为'事事物物皆有定理'，似与先生之说相戾。"

先生曰："于事事物物上求至善，却是义外也。至善是心之本体。只是明明德到至精至一处便是。然亦未尝离却事物。本注所谓'尽夫天理之极，而无一毫人欲之私'者，得之。"

爱问："至善只求诸心，恐于天下事理，有不能尽。"

先生曰："心即理也。天下又有心外之事，心外之理乎？"

【白话翻译】

徐爱问："《大学》中'知止而后有定'这句话，朱熹认为是说万事万物都有其定理，这好像与您的观点相违背。"

先生说："从万事万物上去探求至善，是在本体之外。至善是心的本体。只是彰显人人本有的内心的光明德行到惟精惟一的程度就是至善的境界。当然了，至善并没有与具体的事物相脱离。朱熹《大学章句》所注解的'穷尽天理，不带一丝一毫的私欲'就很在理。"

徐爱又问："至善只从心中寻求，大概不能穷尽天下所有的事理。"

先生说："心即理。天下哪里有心外之事、心外之理呢？"

【跟进解读】

王阳明的至善论属于儒家人性论的话题。孟子从本源上说性善，主张先天性善；荀子从发用上说性恶，偏向于经验以及人事方面，但是对于这两者都不执著。正如阳明先生"四句"首句所言，"无善无恶心之体"，心本来是没有善恶观念的，所以是无善无恶，故为绝对之至善。换言之，在阳明先生看来："性，一而已。"这样就把天地之性和气质之性合二为一。他也接纳了宋儒的理气说，不过重点是放在心之所发处。

4. 孝道要出自于内心

【原典欣赏】

爱曰："如事父之孝，事君之忠，交友之信，治民之仁，其间有许多理在，恐亦不可不察。"

先生叹曰："此说之蔽久矣，岂一语所能悟。今姑就所问者言之。且如事父，不成去父上求个孝的理；事君，不成去君上求个忠的理；交友、治民，不成去友上、民上求个信与仁的理。都只在此心。心即理也。此心无私欲之蔽，即是天理，不须外面添一分。以此纯乎天理之心，发之事父便是孝，发之事君便是忠，发之交友、治民便是信与仁。只在此心去人欲、存天理上用功便是。"

爱曰："闻先生如此说，爱已觉有省悟处。但旧说缠于胸中，尚有未脱然者。如事父一事，其间温凊定省之类，有许多节目，不亦须讲求否？"

先生曰："如何不讲求？只是有个头脑。只是就此心去人欲、存天理上讲求。就如讲求冬温，也只是要尽此心之孝，恐怕有一毫人欲间杂；讲求夏凊，也只是要尽此心之孝，恐怕有一毫人欲间杂。只是讲求得此心。此心若无人欲，纯是天理，是个诚于孝亲的心，冬时自然思量父母的寒，便自要求去个温的道理；夏时自然思量父母的热，便自要去求个凊的道理，这都是那诚孝的心发出来的条件。却是须有这诚孝的心，然后有这条件发出来。譬之树木，这诚孝的心便是根，许多条件便是枝叶。须先有根，然后有枝叶。不是先寻了枝叶，然后去种根。《礼记》言：'孝子之有深爱者，必有和气；有和气者，必有愉色；有愉色者，必有婉容。'须是有个深爱做根，便自然如此。"

【白话翻译】

徐爱说："比如侍奉父亲的孝道，辅佐君王的忠诚，结交朋友的诚信，治理百姓的仁义等，它们之中就蕴含有许多道理，恐怕是不能不去详细考察的。"

先生感叹地说："世人被这种观点蒙蔽很久了，不是一两句话就能使人们清醒的。现仅就你的问题来谈一谈。比如侍奉父亲，不是从父亲那里求得孝的道理；辅佐君主，不是从君主那里求得忠的道理；结交朋友、治理百姓，不是从朋友和百姓那里求得信和仁的道理。孝、忠、信、仁在各自心中，因此说，心就是理。没有被私欲迷惑的心，就是天理，不用到心外强加一点一滴。以这颗纯洁无私的心，去做任何事都是天理，用心侍奉父亲便是孝，用心辅佐君王便是忠，用心结交朋友、治理百姓便是信和仁。所以只要在心上修习，去私欲、存天理就可以了。"

徐爱说："听了先生这番话，我觉得有点懂了。但以前的旧说仍然纠缠在心里，还是无法完全摆脱。例如侍奉父亲，那些嘘寒问暖、早晚请安的细节，不也需要讲求吗？"

先生说："怎能不讲求？但要分清主次，在自己心中去私欲、存天理的前提下去讲求。比如寒冬为父母保暖，只要是尽己之孝心，不得有丝毫私欲掺杂其间；炎夏为父母避暑，也只是要尽己之孝心，不得有丝毫私欲掺杂其间。所以凡事就是要讲究内心的纯洁。如果己心没有私欲，天理至纯，是颗诚恳孝敬父母的心，冬天自然会想到为父母防寒，会主动去掌握保暖的技巧；夏天自然会想到为父母消暑，会主动去掌握消暑的技巧。防寒消暑正是孝心的表现，但这颗孝心必是至诚至敬的。有了这份虔诚的孝心，然后才有防寒消暑之举的发生，这就好比一棵树，树根便是那颗虔诚的孝心，枝叶便是尽孝的许多细节。树有根才有枝叶，不是先找了枝叶，然后去种根。《礼记》上说：'有深爱的孝子，一定有和气；有和气的人，一定有愉悦的心情和脸色；有愉悦心情和脸色的人，一定有美丽的容貌。'必须有深爱之心作为根本，便自然会这样了。"

【跟进解读】

依此处并非专议忠、孝，而是以二者为例，阐明的是阳明心学中占有非常重要地位的观念之一："心即理。"侍奉双亲、辅佐君王仅仅是为了尽忠孝之义务，那只不过流于表象。因此，惟有出自内心的忠孝才是真实而自然的、心性本有的且难能可贵的，俗话"天理良心"说的就是这个道理。

5. 至善是发自心性的本源

【原典欣赏】

郑朝朔问："至善亦须有从事物上求者？"

先生曰："至善只是此心纯乎天理之极便是。更于事物上怎生求？且试说几件看。"

朝朔曰："且如事亲，如何而为温清之节，如何而为奉养之宜，须求个是当，方是至善。所以有学问思辨之功"。

先生曰："若只是温清之节，奉养之宜，可一日二日讲之而尽。用得甚学问思辨？惟于温清时，也只要此心纯乎天理之极。奉养时，也只要此心纯乎天理之极。此则非有学问思辨之功，将不免于毫厘千里之谬。所以虽在圣人，犹加精一之训。若只是那些仪节求得是当，便谓至善，即如今扮戏子扮得许多温清奉养的仪节是当，亦可谓之至善矣。"

爱于是日又有省。

【白话翻译】

郑朝朔问："至善也需要从具体的事物上探求吗？"

先生说："只要使自己的心达到纯然天理的状态就是至善。怎么从外物上探求呢？你且举几个例子来看看。"

朝朔说："以孝敬父母为例，怎样才能保暖避暑，怎样才算是适宜地奉养，这是必须有个标准的，符合标准了才是至善。所以需要学问思辨去知晓标准。"

先生说："假若孝敬父母只讲求保暖避暑和奉养适宜，那么一两天就能讲清楚，哪里用得着学问思辨？侍奉父母时只要内心纯于天理。这不是什么学问思辨的事，否则就会差之毫里而失之千里了。所以即使是圣人，都要加上内心要精纯一致的训条。倘若认为把那些礼节讲求得适宜了就是至善，那么，现在请些戏子来扮些得当的仪节，也可说是至善吗？"

我（徐爱）在这天又很受启发。

【跟进解读】

在王阳明看来，"至善是心之本体"，"本体"即根本。从外在的事物上去追求的孝心，是无根之木，很难保持长久。因而，至善是发自心性的本源，根深则叶茂，叶茂则色荣，如此，方可保四季常青，地久天长。倘若只是像戏子那样在仪节上求得适当，就不能称作至善。

6. 知行合一

【原典欣赏】

爱因未会先生知行合一之训，与宗贤、惟贤往复辩论，未能决。以问于先生。

先生曰："试举看。"

爱曰："如今人尽有知得父当孝、兄当弟者，却不能孝、不能弟。便是知与行分明是两件。"

先生曰："此已被私欲隔断，不是知行的本体了。未有知而不行者。知而不行，只是未知。圣贤教人知行，正是安复那本体。不是着你只恁的便罢。故《大学》指个真知行与人看，说'如好好色，如恶恶臭'。见好色属知，好好色属行。只见那好色时，已自好了；不是见了后，又立个心去好。闻恶臭属知，恶恶臭属行。只闻那恶臭时，已自恶了；不是闻了后，别立个心去恶。如鼻塞人虽见恶臭在前，鼻中不曾闻得，便亦不甚恶。亦只是不曾知臭。就如称某人知孝，某人知弟。必是其人已曾行孝行弟，方可称他知孝知弟。不成只是晓得说些孝弟的话，便可称为知孝弟。又如知痛，必已自痛了，方知痛。知寒，必已自寒了。知饥，必已自饥了。知行如何分得开？此便是知行的本体，不曾有私意隔断的。圣人教人，必要是如此，方可谓之知。不然，只是不曾知。此却是何等紧切着实的工夫。如今苦苦定要说知行做两个，是甚么意？某要说做一个，是甚么意？若不知立言宗旨，只管说一个两个，亦有甚用？"

【白话翻译】

徐爱因为还没能领会先生"知行合一"的主张，与宗贤和惟贤再三讨论，还是没有达到预期的效果。于是向先生请教。

先生说："不妨举个例子听听。"

徐爱说："如今，孝父敬兄的道理人人都懂，行动上却不能做到。可见知与行分明是两码事。"

先生说："这是因为那些人为私欲所迷惑，已经不是知与行的本来面目了。没有知而不行的事。知而不行，是因为不符合圣人所教导的知行。圣贤教人知和行，正是要恢复原本的知与行，并非随便地告诉怎样去知与行便了事。因此，

《大学》举出了一个真正知行的例子来启示人们，说喜欢美丽的颜色，厌恶腐臭的气味。看见美丽的颜色属于知，喜欢美丽的颜色属于行。看见了美丽的颜色时，心里便已觉得喜好了；不是见了以后，另外再起个心意去喜好。闻到腐臭的气味属于知，厌恶腐臭的气味属于行。闻到腐臭的气味时，已经觉得厌恶了；不是闻了以后，再起个心意去厌恶它。一个人如果鼻塞，就是发现散发着腐臭气味的东西在跟前，鼻子没有闻到，根本不会特别讨厌了。这只是他因为没有认识到腐臭是什么气味。这就好像说某人知孝知悌，一定是这个人已经行孝行悌了，才可以称他知孝知悌，不可能只是会说说孝悌的话，便可称为知孝悌。再如知痛，必然是他自己痛了，才知痛。知寒，必然是自己感到寒冷。知饥，必然是自己肚子饥饿了。知行怎么分得开呢？这便是知行的本来面目了。没有被人的私欲迷惑。圣人教人，一定要做到这样，才可以说是知了。否则，就没有真的知晓。这都是多么重要的功夫呀。如今，非要把知行说成是两回事，是什么用意呀？我要把知行说成是一回事，又是什么用意呢？假如没能知晓我说这句话的宗旨，只管在这里争论知与行是一件事还是两件事，又有什么用呢？"

【跟进解读】

此段中，先生为解学生之疑惑，举例来说明必须知行合一。根据先生的理论简单地理解为，知是了解和学习，行是实践和反馈。明武宗正德三年（1508年），王阳明在贵阳文明书院讲学，首次提出"知行合一"说，是阳明心学的重要哲学命题之一。王阳明的"知行合一"说主要针对朱学而发，反对程朱理学包括陆九渊都主张的"知先行后"，将知行分为两件事，认为必先了解知然后才能实践行，由此而造成的重知轻行、"徒悬空口耳讲说"的学风。由此可见，王阳明提倡知行合一深化了道德意识的自觉性和实践性的关系，这正是为了纠正朱学有失偏颇的地方。

7. 知是行之始，行是知之成

【原典欣赏】

爱曰："古人说知行做两个，亦是要人见个分晓，一行做知的功夫，一行做行的功夫，即功夫始有下落。"

先生曰："此却失了古人宗旨也。某尝说知是行的主意，行是知的功夫。

知是行之始，行是知之成。若会得时，只说一个知，已自有行在；只说一个行，已自有知在。古人所以既说一个知，又说一个行者，只为世间有一种人，懵懵懂懂的任意去做，全不解思惟省察，也只是个冥行妄作。所以必说个知，方才行得是。又有一种人，茫茫荡荡，悬空去思索，全不肯着实躬行，也只是个揣摸影响。所以必说一个行，方才知得真。此是古人不得已，补偏救弊的说话。若见得这个意时，即一言而足。今人却就将知行分作两件去做。以为必先知了，然后能行。我如今且去讲习讨论做知的工夫。待知得真了，方去做行的工夫。故遂终身不行，亦遂终身不知。此不是小病痛，其来已非一日矣。某今说个知行合一，正是对病的药。又不是某凿空杜撰。知行本体，原是如此。今若知得宗旨时，即说两个亦不妨，亦只是一个。若不会宗旨，便说一个，亦济得甚事？只是闲说话。"

【白话翻译】

徐爱说："古人把知行分开来讲，也只是让人有所区分。一方面做知的功夫，一方面做行的功夫，这样功夫才能落到实处。"

先生说："这样做就背离古人的宗旨了。我曾说知是行的主意，行是知的功夫。知是行的初始，行是知的结果。如果领会了这一点，就应该明白，只说一个知，行已自在其中了；只说一个行，知也自在其中了。古人之所以加以区分，是因为社会上有一种人，稀里糊涂去做，完全不认真思考观察这样做的原因和道理，也只是冥行妄作。因此，你必须跟他讲"知"的道理，他才能清醒地去做事。还有一种人，异想天开，只会空想，又完全不愿意亲自行动，也只是靠主观猜测。因此，你必须跟他讲"行"的道理，他才能正确地认识"知"。这是古人不得已补偏救弊的说法。如果认识到了这一点，说一下就明白了。如今，人们非要把知行分为两件事去做，认为是先知后行。因此，我就先去讲习讨论做知的功夫，等知得真切，再去做行的功夫，最后终身无法实践，也终身一无所知。这个问题由来已久，不再是一个小弊病。我现在说知行合一，正是对着这种病症下的药。这不是我杜撰的，知行本体本来就是这样的。即使把两个分开说也无妨，仍然是一回事。如果没领会知行合一的宗旨，即便说是一个，又有什么用呢？只能是瞎说瞎想。"

【跟进解读】

这段话是阳明先生"知行合一"之心学理念的重要论述。他将"知"与"行"表述为在空间上共居、在时间上并存的矛盾统一体中不可须臾分离的两个方面，将"知行"关系从本体与功夫相统一的角度作了解读。本体既是功夫的前提，又是目的，本体"范导"着功夫，使功夫显得有价值和意义，本体则在功夫的作用下实现其由可能向现实的转化。这使他的"知行合一"学说真正实现了对前人的超越。

8.君子慎独，格物致知

【原典欣赏】

爱问："昨闻先生'止至善'之教，已觉功夫有用力处。但与朱子'格物'之训，思之终不能合。"

先生曰："'格物'是'止至善'之功。既知'至善'，即知'格物'矣。"

爱曰："昨以先生之教，推之格物之说，似亦见得大略。但朱子之训，其于《书》之'精一'，《论语》之'博约'，《孟子》之'尽心知性'，皆有所证据。以是未能释然。"

先生曰："子夏笃信圣人。曾子反求诸己。笃信固亦是，然不如反求之切。今既不得于心，安可狃于旧闻，不求是当？就如朱子亦尊信程子，至其不得于心处，亦何尝苟从？'精一'、'博约'、'尽心'，本自与吾说吻合，但未之思耳。朱子'格物'之训，未免牵合附会，非其本旨。'精'是'一'之功，'博'是'约'之功。日仁既明知行合一之说，此可一言而喻。'尽心知性知天'，是'生知安行'事；'存心养性事天'，是'学知利行'事；'夭寿不贰，修身以俟'，是'困知勉行'事。朱子错训'格物'。只为倒看了此意，以'尽心知性'为'物格知至'，要初学便去做'生知安行'事。如何做得？"

【白话翻译】

徐爱问："昨天听了先生'止至善'的教导，我感到已经有用功的方向了。但细想起来，您的观点和朱熹对"格物"的阐述还是无法达到一致。"

先生说："'格物'正是'止至善'的功夫。既然明白'至善'，也就明白了'格物'。"

徐爱说："昨天用先生的观点推究朱熹的'格物'学说，大致上理解了。但朱熹的观点里，有《尚书》中的'精一'，《论语》中的'博约'，《孟子》中的'尽心知性'，都可以找到依据，因此我仍不能完全理解。"

先生说："子夏笃信圣人，曾子却会反躬自身，笃信固然好，但不如反躬

传习录全编

自省来得真实。现在你既然心里还没能弄清楚，怎么可以因循守旧，而不去探求真理呢？就像朱熹本来也是尊重笃信程颢的，但朱熹对程颢学说里不能符合自己内心的，却不会去苟从。'精一'、'博约'、'尽心'，本来就与我的学说相吻合，只是你还没有想明白罢了。朱熹"格物"的观点，未免有些牵强附会，并不是《大学》的宗旨所在。求精是达到根本的功夫，博学是达到简约的功夫，说到仁，就已经是明了了知行合一的说法，这些一句话就可以说通。'尽心知性知天'是'生知安行'的人能够做的事；'存心养性事天'是'学知利行'的人能够做的事；'夭寿不贰，修身以俟'是'困知勉行'的人能够做的事。朱熹对'格物'理解错误，只是由于他把前后因果关系看颠倒了，认为'尽心知性'是'格物知至'，要求初学者去为'生知安行'的事情，怎么可能做得来呢？"

【跟进解读】

这段简约的教诲是启迪人们不要过分拘泥于一事一物，而是要顺应自然之规律。王阳明强调"致良知"应置于"格物"之前，他认为这是做学问的根本。不能致良知，格物又有什么用呢？又怎能意诚而心正？怎能达致修、齐、治、平？致良知又是"止于至善"的重要前提。什么是"至善"？惟有事物的本源，无善无恶的，自然之本体便是"至善"。明白了"致良知"、"至善"，对于要在"格物"上用功的原因，也就自然明白了。

9. 尽心即是尽性

【原典欣赏】

爱问："'尽心知性'何以为'生知安行'？"

先生曰："性是心之体，天是性之原。尽心即是尽性。'惟天下至诚为能尽其性，知天地之化育。'存心者，心有未尽也。'知天'如知州、知县之知，是自己分上事，已与天为一。'事天'如子之事父、臣之事君，须是恭敬奉承，然后能无失，尚与天为二。此便是圣贤之别。至于'夭寿不贰其心'，乃是教学者一心为善，不可以穷通夭寿之故，便把为善的心变动了，只去修身以俟命。见得穷通夭寿有个命在，我亦不必以此动心。'事天'，虽与天为二，已自见得个天在面前。'俟命'，便是未曾见面，在此等候相似，此便是初学立心之始，有个困勉的意在。今却倒做了，所以使学者无下手处。"

传习录全编

徐爱问："'尽心知性'怎么会是'生知安行'的人才能够做的事呢？"

先生说："性是心的本体，天是性的根源。尽心也就是尽性。《中庸》上说：'只有天下最虔诚的人才能彻底地发挥人性，知道天地万物的变化发展。'所谓'存心'，就是没有'尽心'。'知天'中的'知'就像知州、知府中的'知'，州官、县官对于州县的治理是他们分内的事，人知晓天理也应当是自然而然的事，通晓天理就是已经与天合为一体。'事天'，如同儿子服侍父亲、大臣辅佐君王一样，必须恭敬奉承，然后才能万无一失。'事天'就是还没有与天合二为一。这就是圣人和贤人的区别。至于'夭寿不贰其心'，它是教育人们一心向善，不能因环境优劣或寿命长短而把为善的心改变了。知道穷困通达、寿命长短都由上天注定，所以我们也不必因此而动摇了行善的心。'事天'虽然与天是两回事，但自己已有个天在面前；待命，便是未曾见面，在此等候的意思。这便是初学的人立心的开始，有个勉励的意思。现在呢却倒过来做，所以让初学的人感到无从下手。"

【跟进解读】

此处承接上段"尽心知性知天"之说，阳明先生把"尽心知性""存心养性""夭寿不贰，修身以俟"三者的次序完全颠倒过来，这绝不仅仅是出乎解经的角度，更重要的是对"心本论"的自我诠释。在本卷《陆澄录》中就有"人心天理浑然"、"心即性，性即理"两节对心、性、理三者关系的进一步论述，可参读之。

10. 无心外之物，无心外之理

【原典欣赏】

爱曰："昨闻先生之教，亦影影见得功夫须是如此。今闻此说，益无可疑。爱昨晓思'格物'的'物'字，即是'事'字，皆从心上说。"

先生曰："然。身之主宰便是心，心之所发便是意，意之本体便是知，意之所在便是物。如意在于事亲，即事亲便是一物；意在于事君，即事君便是一物；意在于仁民爱物，即仁民爱物便是一物；意在于视、听、言、动，即视、听、言、动便是一物。所以某说无心外之理，无心外之物。《中庸》言'不诚无物'，《大学》'明明德'之功，只是个诚意，诚意之功，只是个格物。"

【白话翻译】

徐爱说："昨天听了先生的教导，我也隐约觉得功夫理当如此。刚听了先生具体的解释，更加没有疑问了。昨天清早我这样想，'格物'的'物'，也就是'事'，都是从心上来说的。"

先生说："说得好。身的主宰就是心，心之触发就是意，意的本源就是知，意之所在就是物。譬如，意在侍奉双亲上，那么侍奉双亲就是一物；意在辅佐君王上，那么辅佐君王就是一物；意在仁爱百姓、爱护万物上，仁爱百姓、爱护万物便是一物；意在看、听、说、动上，那么看、听、说、动便是一物。所以我说没有心外之理，没有心外之物。《中庸》上说'不诚无物'，《大学》中的'明明德'的功夫只是一个诚意，诚意的功夫，只是一个格物。"

【跟进解读】

这段文字谈及王学中一个重要的概念——"物"。先生认为"意之所在便是物"，"物"为"意念"的意思。先生强烈反对道德本体的外在性和在事物中求至善的格物观，认为那是"析心与理为二"。他用"心"比喻，教学生仿效先圣的思想，必须从自己的心中反观，不随境，不攀缘，使五官出五门而于诸外境不染不著，当下即是"良知"。

11. 去其不正，以全其正

【原典欣赏】

先生又曰："'格物'如孟子'大人格君心'之'格'，是去其心之不正，以全其本体之正。但意念所在，即要去其不正，以全其正，即无时无处不是存天理，即是穷理。'天理'即是'明德'，'穷理'即是'明明德'。"

【白话翻译】

先生又说："'格物'的'格'就像孟子所说的'大人格君心'的'格'，是革除内心的邪术，用来保全本体的纯正。一旦有意念萌生，就要去掉其中的邪念，以保全心体的纯正，也就是时时处处都要存养天理，即穷尽天理。'天理'即'明德'，'穷理'即'明明德'。"

【跟进解读】

此段承接上节，主讲物之"格"。王阳明把"格"解释为"正"，和《孟子》中的"惟大人为能格君心之非"的"格"字意思一致，与朱熹把"格物"理解为研究和调查外物的意义相反，都为"纠正"的意思。因而，"格物"就是要人纠正意念的不正，克服内心的非道德意识，从而恢复其本体的至善或"良知"。

12. 知是心的本源

【原典欣赏】

又曰："知是心之本体，心自然会知。见父自然知孝，见兄自然知弟，见孺子入井自然知恻隐。此便是良知，不假外求。若良知之发，更无私意障碍，即所谓'充其恻隐之心，而仁不可胜用矣'。然在常人，不能无私意障碍，所以须用'致知'、'格物'之功，胜私复理。即心之良知更无障碍，得以充塞流行，便是致其知。知致则意诚。"

【白话翻译】

先生又说："知是心的本源，心自然能知。看见父母自然知道孝顺，看见兄长自然知道恭敬，看见小孩落井自然有同情之心。这便是良知，没有必要向外寻求。如果良知显露，又无私欲迷惑，正是《孟子·尽心上》所谓'充其恻隐之心，而仁不可胜用矣'。但是作为一般人不可能没有私心阻碍，所以就需要用'致知'、'格物'的功夫，战胜私欲恢复天理。如此，人心的良知就再无什么障碍了，得到充分地发扬流传，这就是致良知。能致其知定可诚其意。"

【跟进解读】

王阳明在这时已显露出他后来致良知思想的萌芽，但是还没有将其作为他思想说教的观念主导。并且，此时的良知还是为了诚意，是服从于诚意目的的一种功夫。这时阳明的思想还处于"诚意格物之教"的阶段。

13. "礼"即是"理"

【原典欣赏】

爱问："先生以'博文'为'约礼'功夫，深思之，未能得，略请开示。"

先生曰："'礼'字即是'理'字。'理'之发见可见者谓之'文'，'文'之隐微不可见者谓之'理'，只是一物。'约礼'只是要此心纯是一个天理。要此心纯是天理，须就'理'之发见处用功。如发见于事亲时，就在事亲上学存此天理；发见于事君时，就在事君上学存此天理；发见于处富贵、贫贱时，就在处富贵、贫贱上学存此天理；发见于处患难、夷狄时，就在处患难、夷狄上学存此天理。至于作止语默，无处不然，随他发见处，即就那上面学个存天理。这便是博学之于文，便是约礼的功夫。'博文'即是'惟精'，'约礼'即是'惟一'。"

【白话翻译】

徐爱问："先生说'博文'是'约礼'之功夫，我苦苦思索还是未能理解，请先生明示。"

先生说："'礼'就是'理'。'理'表现出来就叫'文'，'文'隐蔽不能见的就叫'理'，它们原本是一回事。所谓的'约礼'便是要求自己的内心完全符合天理。要使自己的内心完全符合天理，就需要在'理'表现出来的地方上下功夫。比如表现在侍奉双亲上时，就在侍奉双亲上学习存养天理；表现在辅佐君王上时，就在辅佐君王上学习存养天理；表现在身处富贵贫贱时，就在富贵贫贱上学习存养天理；表现在身处患难、陷入夷狄之邦时，就在患难中、夷狄之邦上学习存养天理。无论行动或静止，说话或沉默，时时处处都是这样，随发现处存养天理，这就是'博学之于文'，就是'约礼'的功夫。'博文'就是'惟精'，就是要广泛地在万事万物上学习存养天理的办法，其目的就是要求得至精至纯。'约礼'就是'惟一'，就是用礼的精神来约束人的思想以达到与天理的统一，而天理只有一个。"

【跟进解读】

在儒家文化中，"博学"和"约礼"一向被看做是两种不同的活动。到阳明先生这里，二者如同"知"与"行"，实为一物。因为博文约礼说到底，就是要广泛地经历事情，时时、处处、事事"学存此天理"，从而得到唯一的道理。

14. 道心无人伪之杂

【原典欣赏】

爱问："'道心常为一身之主，而人心每听命。'以先生精一之训推之，此语似有弊。"

先生曰："然。心一也。未杂于人谓之道心，杂以人伪谓之人心。人心之得其正者即道心。道心之失其正者即人心。初非有二心也。程子谓人心即人欲，道心即天理。语若分析，而意实得之。今曰'道心为主，而人心听命'，是二心也。天理人欲不并立。安有天理为主，人欲又从而听命者？"

【白话翻译】

徐爱问："《朱熹章句·序》中'道心常为一身之主，而人心每听命'，若以先生精一的言论来理解推敲，这句话似乎有弊病。"

先生说："正是。心只有一个。没有夹杂人为因素的称道心，夹杂人为因素的称人心。人心恪守正道就是道心，道心最初是人心。并不是人生来就有两颗心。程颢说人心就是私欲，道心就是天理。这话要分析起来，好像把道心人心分离开来，但其意思实际上是一体的。而朱熹说：'道心是主宰，人心听从它的命令。'这就人为地一分为二了。天理私欲不能并存，哪有天理为主，私欲又听命于天理的呢？"

人好比船,道心就仿佛舵。若船无舵,任其自由航行,有时就进入波涛,有时进入平流,没有定向;但是有了舵,就算进入波涛,也可以从容操纵,不至于有害。这正好应了"道心常为一身之主,而人心每听命"之句,以现在的眼光看,似乎也并没有错。

而这与阳明先生"惟精惟一"的观点相左。先生认为,朱熹把人心与道心看作体用关系是不正确的。道心或本体之心是至善的,道心无人伪之杂,出于天理之公,而一旦杂以人伪,便是人心,而人心就是人欲,是同天理不能并立的。因此,人心不是本心,道心与人欲之心不能是体用关系。

15. 务本尚实,反朴还淳

【原典欣赏】

爱曰:"著述亦有不可缺者,如《春秋》一经,若无《左传》,恐亦难晓。"

先生曰:"《春秋》必待《传》而后明,是歇后谜语矣。圣人何苦为此艰深隐晦之词?《左传》多是《鲁史》旧文,若《春秋》须此而后明,孔子何必削之?"

爱曰:"伊川亦云:'《传》是案,《经》是断。'如书弑某君,伐某国,若不明其事,恐亦难断。"

先生曰:"伊川此言恐亦是相沿世儒之说,未得圣人作经之意。如书'弑君',即弑君便是罪,何必更问其弑君之详?征伐当自天子出,书'伐国',即伐国便是罪,何必更问其伐国之详?圣人述《六经》,只是要正人心,只是要存天理去人欲,于存天理去人欲之事,则尝言之,或因人请问,各随分量而说,亦不肯多道,恐人专求之言语,故曰'予欲无言'。若是一切纵人欲、灭天理的事,又安肯详以示人?是长乱导奸也。故孟子云:'仲尼之门,无道桓、文之事者,是以后世无传焉。'此便是孔门家法。世儒只讲得一个伯者的学问,所以要知得许多阴谋诡计,纯是一片功利之心,与圣人作经的意思正相反,如何思量得通!"

因叹曰:"此非达天德者,未易与言此也!"

又曰:"孔子云:'吾犹及史之阙文也。'孟子云:'尽信书,不如无书。吾于《武成》取二三策而已。'孔子删《书》,于唐、虞、夏四五百年间,不过数篇,岂更无一事?而所述止此,圣人之意可知矣。圣人只是要删去繁文,后儒却只要添上。"

【白话翻译】

徐爱说："著述也有不能缺少的。比如《春秋》这本书，如果没有《左传》作为它的注解，恐怕世人难以读懂。"

先生说："如果《春秋》必须借助《左传》才能明白，那么，《春秋》岂不是成为歇后谜语了。圣人何苦写这些艰深隐晦的词句呢？《左传》大多来自鲁国史书的旧文，如果《春秋》要凭借《左传》才可读懂，那么，孔子又何苦劳心劳神把鲁史删改成《春秋》呢？"

徐爱说："程颐先生（人称伊川先生）也认为：'《传》是案，《经》是断。'比如，《春秋》上记载弑某君、伐某国，如果不清楚整件事情的来龙去脉，大概也难以做出确切的判断。"

先生说："程颐先生的这种观点，差不多也是承袭后世儒生的说法，没有明白圣人做经的本意。比如写'弑君'，弑君本身就是一种罪过，何必去了解弑君的详细过程呢？讨伐的命令该天子发布，写'伐国'，伐国本身就是犯罪，为什么去问征伐别国的详细情况？圣人阐述《六经》，只是要正人心、存天理、去人欲。关于存天理、去人欲的事，经常传论并依据人们的问题，对各自的程度与性质做不同的回答。但孔子也不会说很多，恐怕人们拘泥于辞藻而忽略了学说的本质，所以他对子贡说'我不想说什么了'。如果是些灭天理、纵人欲的事，又怎么能详细给人解说呢？这不是要助长乱象、引导奸恶吗！所以《孟子·梁惠王上》讲道：'孔子的门生没有记载齐桓公、晋文公的事迹的，所以他们杀伐征讨的事就没有流传后世。'这就是孔门家法。后世儒生只讲究做广博的学问，因而他们要精通许多阴谋诡计。这完全是一种功利心态，与圣人写作经书的宗旨正好相反，伊川他们怎能想得明白呢？"

先生因此感叹地说："不能通达天理的人，我是很难与他谈论这个问题的！"

他接着说："孔子曾说：'我还见过史书存在疑点和疏漏的地方。'孟子也说：'尽信书，不如无书。我只从《武成》篇中取二三竹简罢了。'孔子删《尚书》，即使是尧、舜、禹这四五百年间的历史，保留的不过几篇。除此之外，难道是其中没有别的事发生？而所著述却仅仅止此。圣人的本意由此可知了。圣人仅是剔除繁文，后儒却还要添上。"

【跟进解读】

在王阳明看来，治经的宗旨在于明道正人心，而后世注经解经者附加在儒家经典上面的大量浮词虚语，妨碍了人们对经典原意的探求和贯彻实行，违背了治经读经的根本目的。他提出治经的原则"敦本尚实，返朴还淳"，即必须清除浮词虚语，探求本意，抑制虚意浮躁之风，注重实行。

16. 时变，法亦变

【原典欣赏】

爱曰："圣人作经，只是要去人欲，存天理。如五伯以下事，圣人不欲详以示人，则诚然矣。至如尧舜以前事，如何略不少见？"

先生曰："羲、黄之世，其事阔疏，传之者鲜矣。此亦可以想见，其时全是淳庞朴素，略无文采的气象，此便是太古之治，非后世可及。"

爱曰："如三坟之类，亦有传者。孔子何以删之？"

先生曰："纵有传者，亦于世变渐非所宜。风气益开，文采日胜。至于周末，虽欲变以夏商之俗，已不可挽。况唐虞乎？又况羲、黄之世乎？然其治不同，其道则一。孔子于尧舜，则祖述之；于文武，则宪章之。文武之法，即是尧舜之道。但因时致治。其设施政令，已自不同。即夏商事业，施之于周，已有不合。故周公思兼三王，其有不合，仰而思之，夜以继日。况太古之治，岂复能行？斯固圣人之所可略也。"

又曰："专事无为，不能如三王之因时致治，而必欲行以太古之俗，即是佛老的学术。因时致治，不能如三王之一本于道，而以功利之心行之，即是伯者以下事业。后世儒者许多讲来讲去，只是讲得个伯术。"

又曰："唐、虞以上之治，后世不可复也，略之可也。三代以下之治，后世不可法也，削之可也。惟三代之治可行。然而世之论三代者，不明其本，而徒事其末，则亦不可复矣！"

【白话翻译】

徐爱说："圣人著经，只是要去人欲、存天理。像春秋五霸之后的事，圣人不肯把详情告诉人们，确实是这样的。但至于尧舜之前的事，为什么也要统统省略，让世人不得而知呢？"

先生说："伏羲、黄帝的时代，历史太过久远，事迹流传的自然少，这也是可以想象的。当时世风淳朴，大概没有华丽修辞、注重文饰的风气。这就是太古的时代，非后世所能比拟。"

徐爱说："像《三坟》之类的书，也有流传下来的，为什么孔子也要删掉它呢？"

先生说："即使有流传下来的，也因为世道变化而不再适宜了。社会风气日益开放，雕饰日渐流行。到了周朝末年，想要恢复夏、商的风俗，也已经不可能了。何况尧、舜时的世风呢？更何况伏羲、黄帝时的世风呢？各朝代治世的表现不同，但遵循的仍是一个道。孔子效法尧、舜和周文王、周武王。周文王、周武王时的制度也就是尧、舜时的道。只不过是因时而实施不同的政治。他们的设施政令，和其他时代自然不同。因此，把夏、商的制度政令在周朝施行，已经不合时宜。所以，经过深思熟虑，对禹、汤、文王的制度兼收并蓄，碰到不合适的地方，还需夜以继日地深入研究。何况太古时的制度政令，又怎能重新施行呢？这正是孔子删略前代之事的原因。"

先生接着说："一心想要施行无为而治，不能像禹、汤、文王那样根据时机环境来采取相应的政治策略，而一定去实行远古的风俗，这是佛教、老庄的主张。根据时代的变化对社会进行治理，却不能像禹、汤、文王那样以道为本，而以功利之心来推行，这正是五霸以后治世的情形。后世的儒生们讲来讲去，其实只讲了个霸术而已。"

先生又说："唐虞以上的治世经略，后世不可能照搬，省略不谈它可以。尧舜禹三位贤君之后的治世方法，后世不可仿效，可以把它删除。只有三位贤君执政之时的治世经略，是可以去借鉴实行的。然而，世上议论三代的人，对三代治理天下的根本视而不见，仅注意到一些细枝末节。如此一来，三代治世的经略也不能恢复了。"

【跟进解读】

此段为阳明先生阐述自己的一种历史观，即：要用发展、变化的眼光看待世事变迁。先生认为，治国的制度要因时因地来制定，以使令顺民心，使之得到切实的贯彻执行。所以，"时变，法亦变"，是巩固统治的一个基本原则。但同时他又认为这只是形式上的不同，在本质上它们遵循的仍是一个道。这个"道"，是人的良知在不同时代的政治举措上的显现，法可以千变万化，但这种变，终归要建立在符合天理人心的基础之上，才可以实现国家的长治久安。

17. "经"、"史"不可分

爱曰："先儒论六经，以《春秋》为史，史专记事，恐与五经事体终或稍异。"

先生曰："以事言谓之史，以道言谓之经。事即道，道即事。《春秋》亦经，五经亦史。《易》是包牺氏之史，《书》是尧、舜以下史，《礼》《乐》是三代史。其事同，其道同。安有所谓异？"

又曰："五经亦只是史。史以明善恶，示训诫。善可为训者，时存其迹以示法；恶可为戒者，存其戒而削其事，以杜奸。"

【白话翻译】

徐爱问："朱熹在论述《六经》，把《春秋》算作史书一类。史书是专门用来记载事件的，恐怕和《五经》的体例宗旨稍有出入。"

先生说："记述事件的为史书，记述道义的为经书。其实事件即是道义，道义即是事件，所以《春秋》也是经书，《五经》也是史书。《周易》是伏羲氏时的史书，《尚书》是尧、舜以后的史书，《礼》《乐》是三代时的史书。他们记述的事件相同，记述的道义相同，哪里有所谓的不同呢？"

先生又说：《五经》也是史书，是辨明善恶以示训诫是史书的功用。善可以用来教化，因而特别保存善的事迹让人仿效；恶可以作为戒条，保存戒条删去具体的恶行，来杜绝奸邪之人模仿。"

【跟进解读】

中国传统思想学问是"经"、"史"不分的。古代的教育是从"读经"开始的，就是说，教育本质上或者说占首位的并不是传授知识，而是规范行为。史书记事的目的也是为了说明道理，规范人的行为。所以王阳明说："以事言谓之史，以道言谓之经。"而《春秋》也是经，这种观念的根本出发点，是来自于他"知行合一"的重要思想。

阳明很"憎恶"那种坐而论道、空谈抽象理论之作风，他认为世风日下最主要的原因，就在于世界上有太多的"家伙"，坐在那里夸夸其谈，而不通过身心与现实世界的贴身接触去感悟"道"的真谛。这也是阳明先生"事即道，道即事"之观念的真正价值所在。

18. 孔子精删《诗经》

【原典欣赏】

爱曰："存其迹以示法，亦是存天理之本然。削其事以杜奸，亦是遏人欲于将萌否？"

先生曰："圣人作经，固无非是此意。然又不必泥着文句。"

爱又问："恶可为戒者，存其戒而削其事，以杜奸。何独于诗而不删郑卫？先儒谓'恶者可以惩创人之逸志'，然否？"

先生曰："诗非孔门之旧本矣。孔子云：'放郑声，郑声淫。'又曰：'恶郑声之乱雅乐也。''郑卫之音，亡国之音也。'此是孔门家法。孔子所定三百篇，皆所谓雅乐。皆可奏之郊庙，奏之乡党。皆所以宣畅和平，涵泳德性，移风易俗，安得有此？是长淫导奸矣。此必秦火之后，世儒附会，以足三百篇之数。盖淫泆之词，世俗多所喜传。如今闾巷皆然。'恶者可以惩创人之逸志'，是求其说而不得，从而为之辞。"

【白话翻译】

徐爱问："保存善的事迹让后人仿效，也是存天理之本。删减恶行，保存戒条，也是为了把人的私欲遏止在萌芽状态吗？"

先生说："孔子作《六经》，本意本来就是如此，但是也不必拘泥于文章中的词句，而要掌握其宗旨。"

徐爱又问："恶可以作为戒条，保留戒条而省去事情经过，以杜绝后世模仿。然而，为什么唯独不删减《诗经》中的《郑风》和《卫风》呢？先儒认为是'恶事可以惩戒人的纵欲放荡之志'，是这样的吗？"

先生说："现在的《诗经》已不是孔门编著的版本了。孔子说：'禁绝郑国的音乐，郑国的音乐淫靡放荡。'孔子又说：'厌恶郑国的音乐扰乱了高雅的音乐。''郑国、卫国的音乐是亡国之音。'这是孔门家法。孔子所选定的三百篇，都是雅乐之作，既可以在祭祀天地祖先的场合演奏，又可以在乡村郊庙中演奏，能够起到宣扬和平、涵养德行、移风易俗的作用，怎么会有《郑风》和《卫风》这种诗篇掺杂其中呢？这是助长淫风导引奸恶呀！这一定是秦代焚书坑儒之后，后世的儒生们牵强附会，为凑足三百篇的数目而加上去的。大概俗人多喜欢传唱淫逸之词，如今街头里巷都还依然如此。朱熹所谓的'记录恶事可以惩戒人们贪图安逸的思想',这话是因为想求孔子的真学说而得不到,不得已而说的言辞。"

【跟进解读】

在这段文字中,阳明先生与爱徒讨论《诗经》。《诗经》原本是没有名字的,也不止305首。据《史记·孔子世家》记载:"古者诗三千余篇,及至孔子,去其重,取可施于礼仪。"孔子认为这三千余首诗中绝大部分都太粗俗,甚至是不堪入目的东西,所以他对这些诗歌进行了删改,仅仅保留了他认为满意的305首,编订成册教给他的弟子们学习,当时直接被称为《诗》或《诗三百》。

19. 徐爱跋

【原典欣赏】

爱因旧说汩没,始闻先生之教,实是骇愕不定,无入头处。其后闻之既久,渐知反身实践。然后始信先生之学,为孔门嫡传。舍是皆傍蹊小径、断港绝河矣。如说"'格物'是'诚意'的工夫,'明善'是'诚身'的工夫,'穷理'是'尽性'的工夫,'道问学'是'尊德性'的工夫,'博文'是'约礼'的工夫,'惟精'是'惟一'的工夫",诸如此类。始皆落落难合,其后思之既久,不觉手舞足蹈。

【白话翻译】

徐爱因为受程朱理学的影响较深,所以在刚开始听到先生的教诲时,实在有点惊骇不定,找不到头绪。后来听的时间久了,渐渐知道躬身践行,然后才开始相信先生的学说的确是孔门的真传,其他的皆为旁门左道、异端学说。比如先生说"'格物'是'诚意'的功夫,'明善'是'诚身'的功夫,'穷理'是'尽性'的功夫,'道问学'是'尊德性'的功夫,'博文'是'约礼'的功夫,'惟精'是'惟一'的功夫",诸如此类。我刚开始觉得难以理解,后来思考的时间久了,才发觉其精妙之处,高兴得不禁手舞足蹈。

【跟进解读】

这段文字是学生徐爱向王阳明问学的结语。徐爱在获得阳明先生的心学精髓、反复实践后,妙不可言的心情真是溢于言表。随着时间的推移,王阳明的学生遍及各地，影响非常深远。他的弟子与心学熏陶渐染了很多人，如徐阶、张居正、海瑞、陶行知等，名扬四海。他的哲学思想远播海外，特别对日本学术界产生了巨大影响。日本大将东乡平八郎就有一块"一生伏首拜阳明"的腰牌。

二、陆澄录——格物无动静之分

陆澄，字原静，又字清伯，进士，官至刑部主事。王阳明的第一位爱徒徐爱英年早逝后，他就把弘扬心学的期望寄托于陆澄。陆澄对阳明学说理解得很深刻。王阳明曾经叹曰："曰仁（徐爱）殁，吾道益孤，至望原静者不浅。"

1. "主一"的核心在存天理

【原典欣赏】

陆澄问："主一之功，如读书则一心在读书上，接客则一心在接客上，可以为主一乎？"

先生曰："好色则一心在好色上，好货则一心在好货上，可以为主一乎？是所谓逐物，非主一也。主一是专主一个天理。"

【白话翻译】

陆澄问："什么才算是专注的功夫？就像读书，就一心在读书上用功夫；接待客人就一心在接待客人上用功夫，这能否称为专注呢？"

先生回答说："迷恋美色就一心在美色上用功夫，贪爱财物就一心在财物上用功夫，这能称专注吗？这只叫逐物，不叫专注。专注，是指一心只在天理上。"

【跟进解读】

陆澄理解的"主一之功"，落于对待、处理具体事务上；对此，阳明先生指出，功夫必须指向修炼的终极目的，就是要"存天理"。"主一"的核心意思在"天理"上。倘若偏离了这一点，就可能误入歧途，走上专于好色或贪财的道路。

2. 其志坚，其愿必成

【原典欣赏】

问立志。

先生曰："只念念要存天理，即是立志。能不忘乎此，久则自然心中凝聚，犹道家所谓结圣胎也。此天理之念常存，驯至于美大圣神，亦只从此一念存养扩充去耳。"

"日间工夫，觉纷扰，则静坐；觉懒看书，则且看书。是亦因病而药。"

【白话翻译】

陆澄向先生请教怎样立志。

先生说："只要念念不忘存天理就是立志。如果能时刻不忘这一点，久而久之，心自然会在天理上凝聚，这就如同道家所说的'把凡胎修炼成了圣胎'。存天理的意念时常记挂在心里，逐渐能达到孟子讲的精美、宏大、神圣的境界，而且也只能从这一意念存养扩充延伸。"

先生说："如果白天求学致知觉得太过于纷扰，就静坐；觉得不想去看书，就要去看书，这也是对症下药地修炼自己。"

【跟进解读】

志向决定了一个人前进的方向和高度。阳明先生在此段指出了立志的核心，他强调要"念念存天理"，要有一个本心，一个本体，以天下事为己任，然后再不断地去充实、检验、凝聚、累积。惟此，自己才能有一个远大的境界目标，并最终以"其志坚"，达到"其愿必成"。

这对现代人之"立志"也是一个很好的启示。我们立志，一般是一个非常具体的目标，虽行动起来有了方向，在引领人们奋发向上的征程中，起着至关重要的作用。不过，这种立志，在阳明先生看来，只是属于"意必、意固、意我"的范畴。因为立"志"，最核心的是"天理"二字，它并非人心中主观之我见，而是一个时时处处心中都应存在着的一个把持的准则，有着更高、更广的境界。

3. 立世为人之道

【原典欣赏】

"处朋友，务相下，则得益；相上则损。"

孟源有自是好名之病，先生屡责之。一日，警责方已，一友自陈日来工夫请正。源从傍曰："此方是寻着源旧时家当。"

先生曰："尔病又发。"

源色变，议拟欲有所辨。

先生曰："尔病又发。"因喻之曰，"此是汝一生大病根。譬如方丈地内，种此一大树，雨露之滋，土脉之力，只滋养得这个大根。四傍纵要种些嘉谷，上面被此树叶遮覆，下面被此树根盘结，如何生长得成？须用伐去此树，纤根勿留，方可种植嘉种。不然，任汝耕耘培壅，只是滋养得此根。"

【白话翻译】

先生说："与朋友相处，谦虚相待，就能受益；相互攀比，就会受损。"

孟源有自以为是、贪图虚名的毛病，因此多次受到先生的批评。一天，先生刚刚责备过他，有位朋友谈了他近来的功夫，请先生指正。孟源在旁边说："这事正是我以前最在行的。"

先生说："你的毛病又犯了。"

孟源听了顿时满脸通红，想为自己辩解。

先生接着说："你的毛病又犯了。"并且打一个比方给孟源听，"这正是你人生中最大的缺点。就像在一块一丈见方的地里种一棵大树，那么平时雨露的滋养，土地上的肥料，都用来滋养这个树根了，如果你想在旁边种些有用的谷物，上面被树叶遮蔽，下面被树根盘结缺乏营养，它又怎能生长成熟呢？必须砍去这棵树，连须根也不留，才能种植优良谷物。否则，任凭你耕耘培土，也只是在滋养这个树根罢了。"

【跟进解读】

立世为人，心可高，但气不能傲。与人相处，倘若总是盛气凌人、自傲失礼，不仅会使对方反感，有时甚至还会惹火烧身。有修养的人，就算心再高也能做到谦恭温和、敬人如师。只有这样，人生的道路上才能少一些羁绊，多一些顺畅。

4. 人心天理浑然

【原典欣赏】

问："后世著述之多，恐亦有乱正学。"

先生曰："人心天理浑然。圣贤笔之书，如写真传神，不过示人以形状大略，使之因此而讨求其真耳。其精神意气、言笑动止，固有所不能传也。后世著述，是又将圣人所画，模仿誊写，而妄自分析加增，以逞其技。其失真愈远矣。"

【白话翻译】

陆澄问："后世著述纷繁，大概会扰乱孔孟正统吧。"

先生说："人心和天理浑然一体。圣贤著书，如同给人画像，只是展示给人一个基本的轮廓，使人们依据轮廓而进一步探求真谛。至于人的精神气质、言谈举止，本来就是不能完全通过文字来传达的。而后世的著述，是又将圣人所画的模仿抄写，再妄自加以分析增减，以炫耀才华。这就离圣人所要传达的精神越来越远了。"

【跟进解读】

荀子在其著作《劝学》中曾说过："不闻先王之遗言，不知学问之大也。"强调古代圣贤们遗留下来的言论对后世所产生的重要影响。明代论学时语录体流行，文本对话简捷直白，似乎人人皆可以不依赖于经典的指引直达内心深处。但阳明更注重经典文本中透露出的圣人形神，而非纯粹的知识传承。在他看来，著述示人以形状大略，才是质朴纯真的表现，稍有冗繁，即犯了文敝之病。

5. 心明如镜

【原典欣赏】

问："圣人应变不穷，莫亦是预先讲求否？"

先生曰："如何讲求得许多？圣人之心如明镜，只是一个明，则随感而应，无物不照。未有已往之形尚在，未照之形先具者。若后世所讲，却是如此，是以与圣人之学大背。周公制礼作乐以示天下，皆圣人所能为，尧、舜何不尽为之而待于周公？孔子删述六经以诏万世，亦圣人所能为，周公何不先为之而有待于孔子？是知圣人遇此时，方有此事。只怕镜不明，不怕物来不能照。讲求事变，亦是照时事，然学者却须先有个明的工夫。学者惟患此心之未能明，不患事变之不能尽。"

【白话翻译】

陆澄问："圣人能应变无穷，莫非是他们事先探究过了？"

先生说："怎么能探究那么多呢？圣人的心就仿佛明镜一般，只因为它很明亮，使它感而必应，无物不照。没有照过的事物的轮廓依旧存在，而未照的事物影子已先具备的道理。若按后人的说法，圣人对什么都事先研究过了，这与圣人的学说背道而驰了。周公制作礼仪音乐以教化世人，是圣人们都可以做到的，为什么尧舜不全部做了而要等到周代让周公做呢？孔子删述《六经》教化后世，也是圣人都能做的，为什么周公不先做了而要等到孔子呢？

可见，所谓圣人的光辉事业，乃是碰到特定的历史条件才具备的。只怕心镜不明，不怕事物来了不能映照而出。探究事物的变化，与镜子照物的道理是相同的。然而学者必须先下功夫使自己的心如明镜。对于学者来说，只怕自己的心不能明亮如镜，而不必担心无法穷尽事物的变化。"

【跟进解读】

一般而言，人的心体会有两种"不明"：一种情形是"未照之形先具"，也即事情还没有来，你的心已经提前跑过去了；另一种情景便是"已往之行尚在"，即事情已经过去了，而心依然牵绕已经过往的事上。这两种内心的"不明"不能照物反而被事物所牵引、蒙蔽，这种人即使能活千年，"知识"撑满脑子，也无法穷尽现实，不但不能认识到问题的本质，还会被外物所支配。

这也正是陆澄所面临的窘境。对此，阳明先生将"心明"比喻为明镜，以镜照物，事理无有不明。世事变化多端，但如果心明如镜，就能抓住问题的本质。圣人根据现实情况而论道，就如以明镜照物一样，没有镜、没有物，物之形都不可能在镜中显现。

传习录全编

6. 理、道无穷尽

【原典欣赏】

曰："然则所谓'冲漠无朕，而万象森然已具'者，其言如何？"

曰："是说本自好，只不善看，亦便有病痛。"

"义理无定在，无穷尽。吾与子言，不可以少有所得，而遂谓止此也。再言之十年、二十年、五十年，未有止也。"

他日又曰："圣如尧、舜，然尧、舜之上善无尽；恶如桀、纣，然桀、纣之下恶无尽。使桀、纣未死，恶宁止此乎？使善有尽时，文王何以'望道而未之见'？"

【白话翻译】

陆澄说："既是如此，那么程颐先生所说的'宇宙间还是一片混沌时，万事万物的理已经在冥冥之中存在了'，这句话应当怎样理解？"

先生说："这句话本来说得很好，只是颇让人费解，于是便有了问题。"

先生说："天理没有固定不变的，是无穷无尽的。我与你交流，不要因为稍有收获就以为不过如此而已。即使再与你谈十年、二十年，以至五十年，也没有止境。"

有一天，先生又说："像尧舜已经够圣明了，然而在尧舜之上，还有更善的；像桀纣已经是够可恶了，然而在桀纣之下，还有更恶的。倘若桀纣不死，恶难道就到他们这儿为止了吗？倘若善能穷尽，周文王因何还要说'期望得到天理却好像从来没有见过天理'，不断追求呢？"

【跟进解读】

世界上的许多事情，虽然我们从文字上看，可能认为已经理解透彻了，其实未必。善无止境，恶无尽头，理更无定在无穷尽，希望我们不断深入体会，连周文王都有'望道而未之见'的感叹，可见理、道，真的没有尽头。

7. 人须在事上磨

【原典欣赏】

问："静时亦觉意思好。才遇事，便不同。如何？"

先生曰："是徒知静养，而不用克己工夫也。如此临事便要倾倒。人须在事上磨，方立得住，方能静亦定，动亦定"。

【白话翻译】

陆澄问："安静时我觉得自己的某种思想很好，可是一旦碰到事情，就不能按那种思路去做了，这是为什么呢？"

先生说："这是因为你只知静心修养，而没有下克己功夫。这样遇到事就会心气不稳。人应该在事情上磨炼自己，才能立足沉稳，才能达到'静止时有定理，行动时也有定理'的境界。"

【跟进解读】

在事上磨的功夫是很多人的瓶颈。很多人的想法蛮好，说起来也一套一套的，问题是想的不去付诸实践，久而久之，想做做不了，越做不了越想得多，最后只能靠想象抚慰自己了，发展得极端一点就成了"心高命薄"、"小姐心丫鬟命"。换言之，没经历过，怎能有实际经验？怎能控制得了情绪？失去了理性，方寸怎能不乱？自然，陆澄也在此列，阳明先生的回答则直击陆之痛处：修为不仅仅在养心上，而且还在理智与潜意识的调和上，如果不在事上磨练，还是无法成事，要达到动静皆定之境才行。

8. 下学与上达

【原典欣赏】

问上达工夫。

先生曰："后儒教人，才涉精微，便谓上达未当学，且说下学。是分下学上达为二也。夫目可得见，耳可得闻，口可得言，心可得思者，皆下学也；目不可得见，耳不可得闻，口不可得言，心不可得思者，上达也。如木之栽培灌溉，是下学也；至于日夜之所息，条达畅茂，乃是上达。人安能预其力哉？故凡可用功，可告语者，皆下学。上达只在下学里。凡圣人所说，虽极精微，俱是下学。学者只从下学里用功，自然上达去，不必别寻个上达的工夫。"

【白话翻译】

陆澄向先生请教参悟天理的功夫。

先生说："后世儒生教学生，才涉及一些精微的东西，便说不应当学参悟天理的功夫，而只讲一些人情事理的基本常识。这便将人情事理与天理一分为二了。凡是眼睛能看到的，耳朵能听到的，嘴巴能说出的，心中能思考的，都是人情事理；眼睛不能看到的，耳朵不能听到的，嘴巴不能说出的，心中无法思考的，是天理的学问。就像种树，栽培、灌溉属于人情事理，至于树木日夜生长，枝叶茂盛，才是天理。人怎能在上达方面加以干预呢？所以凡是可以用功的，可以用语言说的，都是人情事理，而天理的学问也只在人情事理中。求学的人只需从人情事理上用功，自然可以通晓天理，不必另外去寻找上达的功夫。"

【跟进解读】

这段话中，阳明先生巧妙打通"下学"和"上达"间的隔阂，这其实还是将主旨落于"知行合一"的理念上来。看先生是怎么说的：儒者只需要认真下学自然可以上达。下学的功夫到位了，上达自然水到渠成。这就好比种树，只要施肥、浇水、接收阳光，树木迟早会枝繁叶茂。

9. 惟精惟一

【原典欣赏】

问："'惟精'、'惟一'，是如何用功？"

先生曰："'惟一'是'惟精'主意，'惟精'是'惟一'功夫。非'惟精'之外复有'惟一'也。'精'字从'米'，姑以米譬之。要得此米纯然洁白，便是'惟一'意。然非加舂簸筛拣'惟精'之工，则不能纯然洁白也。舂簸筛拣，是'惟精'之功。然亦不过要此米到纯然洁白而已。博学，审问，慎思，明辨，笃行者，皆所以为'惟精'而求'惟一'也。他如'博文'者即

'约礼'之功，'格物致知者'即'诚意'之功，'道问学'即'尊德性'之功，'明善'即'诚身'之功，无二说也。"

【白话翻译】

陆澄问："怎样才能做到'惟精'、'惟一'？"

先生说："'惟一'是'惟精'的目的，'惟精'是'惟一'的功夫，并不是'惟精'之外又有'惟一'。'精'字偏旁是'米'，就用米来作比喻。要让米干净洁白，是'惟一'的意思，是主旨是目标，但是如果没有舂簸筛拣的功夫，米就不能干净洁白。舂簸筛拣，是'惟精'的功夫，但也不过是为了让米干净洁白而已。像博学、审问、慎思、明辨、笃行这些，都是要通过'惟精'达到'惟一'。其他的如'博文'是'约理'的功夫，'格物致知'是'诚意'的功夫，'道问学'是'尊德性'的功夫，'明善'是'诚身'的功夫，除此之外就没有其他的说法了。"

【跟进解读】

做事要讲究方式和方法。我们做事情首先是要确定一个目标，这个称之"一"，就是目标专一，目标不随意改变。那么确定目标之后，怎样才能达到目标呢？必须努力用心地去做。这个称之为"精"。王阳明认为，惟精之外并没有惟一。因为惟一能否实现，关键还是看惟精，没有惟精，就不可能有惟一，即使有，也只是属于海市蜃楼罢了。

10. 知行并举

【原典欣赏】

知者行之始，行者知之成。圣学只一个功夫，知行不可分作两事。

漆雕开曰："吾斯之未能信。"夫子说之。子路使子羔为费宰。子曰："贼夫人之子。"曾点言志，夫子许之。圣人之意可见矣。

【白话翻译】

认知是践行的开始，践行是认知的成果。圣学只有一个功夫，认知与践行不能分开当作两码事。

先生说："孔子的学生漆雕开说：'我对做官还没有自信。'孔子听后很高兴。子路指使子羔做费城的邑宰，孔子说：'这是是误人子弟。'曾点谈论自己的志向，得到孔子的称赞。由此可以看出孔子的心意。

【跟进解读】

在王阳明看来，知和行是密不可分的。行需要知的认识做指导，而知只有经过行的实践才能实现或完成。他反对先知了再去行，认为知与行不过是一个过程的两面。如果只知不行，就是悬空思索；只行不知，就是盲目冥行。

11. 盈科而进

【原典欣赏】

问："知识不长进，如何？"

先生曰："为学须有本原，须从本原上用力，渐渐'盈科而进'。仙家说婴儿，亦善譬。婴儿在母腹时，只是纯气，有何知识？出胎后，方始能啼，既而后能笑，又既而后能识认其父母兄弟，又既而后能立、能行、能持、能负，卒乃天下之事无不可能。皆是精气日足，则筋力日强，聪明日开。不是出胎日便讲求推寻得来。故须有个本原。圣人到位天地，育万物，也只从喜怒哀乐未发之中上养来。后儒不明格物之说，见圣人无不知、无不能，便欲于初下手时讲求得尽，岂有此理？"

又曰："立志用功，如种树然。方其根芽，犹未有干，及其有干，尚未有枝，枝而后叶，叶而后花、实。初种根时，只管栽培灌溉，勿作枝想，勿作叶想，勿作花想，勿作实想。悬想何益？但不忘栽培之功，怕没有枝叶花实？"

【白话翻译】

陆澄问："知识得不到长进，怎么办？"

先生说："做学问必须有基础，必须从基础上下功夫，循序渐进，才能有进步。道家用婴儿打比方，说得非常精辟。婴儿在母腹中时纯粹是一团气，有什么知识？出生后，方能啼哭，尔后会笑，后来又能认识父母兄弟，逐渐能站、能走、能拿、能背，最后天下的事无所不能。这都是精气神日渐充足，筋骨力气渐强，智慧日渐提高的结果，而不是自出娘胎之日起就琢磨知识的缘故。所以学习必须从基础上来进步。圣人达到了'天地位焉，万物育焉'的程度，也不过是从'喜怒哀乐之未发，谓之中'上慢慢培养起来的。后世儒生不理解格物的学说，看到圣人无所不知、无所不能，于是就想要在刚开始时就学会所有的学问，哪里有这种道理！"

先生又说："学子立志用功，就如同种树。刚开始只有根芽还没长出树干来，等长出了树干还没长枝，长了树枝之后长叶子，叶子长好后开花、结果。刚种上树根时，你只管培土灌溉，不要想着生枝、长叶、开花、结果。空想那些有什么用？只要不忘了培土灌溉的功夫，何愁没有枝叶和花果？"

【跟进解读】

王阳明在这里谈到为学的问题。孟子曾说"盈科而后进"（《孟子·离娄下》，意即流水在前进的过程中，要填满每一个坑，然后才能继续向前。应用到为学之道，就是"兢兢业业、循序渐进"之意。阳明先生在陆澄问及做学问之事的时候，更是直截了当地指出：实现志向需不断勤勤恳恳地做一切应当做的事，好的结果自然就会得到。由此可看出，知识的长进和志向的实现，如同作物生长一样，是一个自然有序的过程，必须渐积而前，然后才能通达。

12. 心即性，性即理

【原典欣赏】

问："看书不能明如何？"

先生曰："此只是在文义上穿求，故不明。如此，又不如为旧时学问。他到看得多，解得去。只是他为学虽极解得明晓，亦终身无得。须于心体上用功，凡明不得，行不去，须反在自心上体当，即可通。盖四书五经，不过说这心体。这心体即所谓道。心体明即是道明，更无二，此是为学头脑处。"

"虚灵不昧，众理具而万事出"，心外无理。心外无事。

或问："晦庵先生曰：'人之所以为学者，心与理而已。'此语如何？"

曰："心即性，性即理。下一'与'字，恐未免为二。此在学者善观。"

或曰："人皆有是心。心即理。何以有为善有为不善？"

先生曰："恶人之心失其本体。"

【白话翻译】

陆澄问："读书没有明白，怎么办？"

先生说："没有明白是因为你只追求文字的表面意思，要是这样还不如研读程朱的学问。他们的学问倒是看得多了，自然就会理解。只是他们做学问虽然极其清楚明白，但终生无所得。必须得从自己的内心去用功，凡是不明白的、解释不通的，必须从自己的内心去体会，就一定能学明白、解释得通畅。四书五经所说的就是心体，这心体即所说的道心。心体明即是道明，再无其他，这正是学习的关键所在。"

先生说："《大学》集注说：'让心体空灵而不愚昧，各种道理具备，那么万事万物就会显现出来。'因此，除心而外再无真理，再无他事。"

有人问："晦庵先生（朱熹）说：'人们学习的东西，心和理而已。'这句话正确吗？"

先生说："心即是性，性即是理。他说的'与'字，恐怕就把心理一分为二了，这点求学的人要善于观察发现。"

有人说："人都有这颗心，既然心即是理，那为什么有的为善有的却为恶呢？"

先生说："恶人的心失去了心之本体。"

【跟进解读】

王学反对朱熹的将"心"与"理"分开说，在阳明先生看来，"心即性，性即理"，这从理论上打通了"心"和"理"间的关系。

此段也为我们阐明了良知的核心，即良知具有知善去恶的先验的内在的能力。它既是道德实践的本体依据，又是道德实践的终极归宿。王阳明认为，要了解宇宙的奥秘，达到对事物真相的认识，甚至包括把书看明白，都只需要返视探求自己的心性即可。恶人之所以作恶，也是失去了心之本体。

13. 心与理不可分离

【原典欣赏】

问："'析之有以极其精而不乱，然后合之有以尽其大而无余。'此言如何？"

先生曰："恐亦未尽。此理岂容分析？又何须凑合得？圣人说精一，自是尽。"

【白话翻译】

陆澄问："朱熹先生在《大学或问》中说：'分析可以使天理非常精确而不混乱，然后综合天理的各方面使其包罗万象。'这话说得怎么样？"

先生回答说："恐怕不对，天理怎么能被拆分，又何必凑合而得？孔子说'精一'，其实已经是把做学问的事说尽了。"

【跟进解读】

朱熹一向强调，人之所以为学者，心与理而已。陆澄所问的是朱子在《大学或问》中的一句话。王阳明对此嗤之以鼻，甚至不屑一顾，认为心与理、普遍法则与感性现实在本体意义上原是无可分离、不容解析的。

14. 反省慎独

【原典欣赏】

省察是有事时存养，存养是无事时省察。

澄尝问象山在人情事变上做工夫之说。

先生曰："除了人情事变，则无事矣。喜怒哀乐非人情乎？自视听言动以至富贵贫贱患难死生，皆事变也。事变亦只在人情里，其要只在致中和，致中和只在谨独。"

【白话翻译】

反省自察是有事时的修炼，修炼是无事时的反省自察。

陆澄曾经就陆九渊关于在人情事变上下功夫的观点请教于先生。

先生回答说："除了人情事变，就没有什么是事了。喜怒哀乐难道不是人情吗？从自身的视听言动到富贵、贫贱、患难、生死，这些都是事变。事变含在人情中，关键在于'致中和'，'致中和'要靠慎独的功夫来修炼。"

【跟进解读】

王阳明在这里先阐明了"自省"与"存养"的关系，自省是古人非常推崇的一种重要的修养方法，用以调节自己的思想和行为。曾子有言："吾一日三省吾身。"不过，曾子在这里仅局限在了具体的待人接物上。阳明先生则将无事时的修养也归为"自省"的范畴，也即"存养"，从而打通了"自省"和"存养"的关系。

随后先生又提出了"慎独"。慎独出自《礼记·中庸》，是指人们在独自活动、无人监督的情况下，凭着一己高度的自觉，用道德规范约束自己，而不做任何有违道德信念或做人原则之事。由此可见，它不仅是一种自律，一种情操，更是一种修养。

传习录全编

15. 思存天理

【原典欣赏】

一日，论为学工夫。

先生曰："教人为学不可执一偏。初学时心猿意马，拴缚不定，其所思虑多是人欲一边。故且教之静坐，息思虑。久之，俟其心意稍定，只悬空静守，如槁木死灰，亦无用。须教他省察克治。省察克治之功，则无时而可间。如去盗贼，须有个扫除廓清之意。无事时，将好色好货好名等私，逐一追究搜寻出来。定要拔去病根，永不复起，方始为快。常如猫之捕鼠，一眼看着，一耳听着，才有一念萌动，即与克去，斩钉截铁，不可姑容与他方便，不可窝藏。不可放他出路。方是真实用功，方能扫除廓清。到得无私可克，自有端拱时在。虽曰'何思何虑'，非初学时事。初学必须思省察克治。即是思诚。只思一个天理。到得天理纯全，便是'何思何虑'矣。"

【白话翻译】

有一天，师生共同探讨做学问的功夫。

先生说："教人做学问，不能偏执于一种教法。人在刚开始学习时心猿意马，不能集中精力，其心中所考虑的大多是人欲方面的事。所以，姑且先教他静坐，以安定思绪。久而久之，等到他心能安定的时候，如果还只是教他悬空静处，以至于像槁木死灰一般，也就没有什么用了。此时必须教他反省自察克己修身。这种功夫从来不能间断，好比铲除盗贼，要有一个彻底清除的决心。无事时，把好色、贪财、慕名等私欲统统搜寻出来，拔去病根，让它们永不再起，才算痛快。就像猫捉老鼠，眼睛盯着，耳朵听着，才有一丝萌动，就立刻去掉，态度坚决，不能姑息迁就，给它喘息的机会，不能窝藏它，不能放它生路，这才是真正的功夫，如此才能扫尽心中的私欲。等到心中没有私欲可除，自然能做到端身拱手。虽然孔子说过'天下的事物有什么可思考和忧虑的'，但那不是初学时可以理解的。不过，初学时也必须想着内省自察克制私欲。这就是思'诚'。只思一个天理。等到天理完全纯正时，就是'何思何虑'的境界了。"

【跟进解读】

在此处，王阳明所提供的功夫步骤是：静坐、省察、克治、天理纯全。王阳明认为，省察克治即是思诚，而天理纯全也就达到了天道的境界诚。需要注意的是，这里的静坐与阳明在南京之前的静坐不同。在辰中、北京、滁州时他所说的静坐是直悟心体，而这里所说的静坐只是使心意稍定，是省察克治的前奏曲或者说是准备工作。这里，他以端拱、何思何虑来指称心之本体。

对"何思何虑"，这里稍加以解释，它出自《易经·系传》，意即所思所虑都不出天理的范围。开始时的思虑不可能处处吻合天理，因此阳明有"何思何虑"不是初学时的事情之说。

16. 心不正则迷

【原典欣赏】

澄问："有人夜怕鬼者奈何？"

先生曰："只是平日不能集义而心有所慊，故怕。若素行合于神明，何怕之有？"

子莘曰："正直之鬼不须怕。恐邪鬼不管人善恶，故未免怕。"

先生曰："岂有邪鬼能迷正人乎？只此一怕即是心邪，故有迷之者，非鬼迷也，心自迷耳。如人好色，即是色鬼迷；好货，即是货鬼迷；怒所不当怒，是怒鬼迷；惧所不当惧，是惧鬼迷也。"

【白话翻译】

陆澄问："有人夜里怕鬼怎么办？"

先生说："那是因为他平日里不能做到完全出于公义而心中有愧，所以才会怕鬼。如果平时的行为不违神灵，坦荡光明，何怕之有？"

马子莘（陆澄学友）说："正直的鬼不可怕，只恐怕邪恶的鬼就不管你是好人还是坏人，所以难免有些害怕。"

先生说："哪有邪恶的鬼能迷惑正人君子的？只怕是人自己心邪，才有能迷惑你的鬼，那就不是鬼迷惑你，而是你的心已自迷了。例如，人好色，就是色鬼迷；贪财，就是贪财鬼迷；不该怒而怒，就是被怒鬼迷；不该怕而怕，就是被惧鬼迷。"

【跟进解读】

在王阳明看来，人们之所以容易受到外界的影响，是因为心不正，为各种欲所牵绊。倘若你的心光明坦荡，什么都奈何不了你。这也意味着：凡是有所愤懑、好乐、忧思、恐惧的情绪或事物，皆不可存留于心间，必须是中空无物，才能够让自己处处应事得宜。

17. 定是心之本体

【原典欣赏】

"定者，心之本体，天理也。动静，所遇之时也。"

澄问《学》《庸》同异。

先生曰："子思括《大学》一书之义，为《中庸》首章。"

【白话翻译】

"定为心之本体，即天理。动与静，只是天理在不同时间、不同环境下的表现。"

陆澄向先生请教《大学》《中庸》两书有什么不同的地方。

先生说："子思总结概括了《大学》一书的要义，作为《中庸》的第一章。"

【跟进解读】

理学中所说的"定"，是指心境的稳定、平静、安宁和没有烦扰。避离人世、端居默坐去求得的定仍然是外在的、不稳定的东西，唯有在任何情况下都可以保持这种"定"，才能称作达到了真正的定。定的境界可以转化为心之本体。所以阳明说："定者，心之本体，天理也。动静，所遇之时也。"

当陆澄问及《大学》和《中庸》有何不同时，王阳明对《大学》进行了一种义理还原。他指出，子思对《大学》进行过深入思考，并克服了心浮气躁，用心之本体悟得了天理，把《大学》之义定为《中庸》的第一章。因此，王阳明认为《大学》之义应当从《中庸》切入。

18. 孔子正名

【原典欣赏】

问："孔子正名。先儒说：'上告天子，下告方伯，废辄立郢。'此意如何？"

先生曰："恐难如此。岂有一人致敬尽礼，待我而为政，我就先去废他，岂人情天理！孔子既肯与辄为政，必已是他能倾心委国而听。圣人盛德至诚，必已感化卫辄，使知无父之不可以为人，必将痛哭奔走，往迎其父。父子之爱本于天性，辄能悔痛真切如此，蒯聩岂不感动底豫？蒯聩既还，辄乃致国请戮。聩已见化于子，又有夫子至诚调和其间，当亦决不肯受，仍以命辄。群臣百姓又必欲得辄为君。辄乃自暴其罪恶，请于天子，告于方伯诸侯，而必欲致国于父。聩与群臣百姓亦皆表辄悔悟仁孝之美，请于天子，告于方伯诸侯，必欲得辄而为之君。于是集命于辄，使之复君卫国。辄不得已，乃如后世上皇故事，率群臣百姓尊聩为太公，备物致养，而始退复其位焉。则君君、臣臣、父父、子子，名正言顺，一举而可为政于天下矣。孔子正名，或是如此。"

【白话翻译】

陆澄问："孔子主张端正名分、责任，按照朱熹先生的说法，这是'要向上告知天子，向下告知诸侯，废除公子辄而拥立公子郢'。是吗？"

先生说："这种说法恐怕不成立吧！一个人在位时对我恭敬尽礼，要求辅佐从政，我却先废除他，哪有这样的人情天理呢？孔子既然愿意辅佐辄，必定是辄已经能够做到认真听取意见，将国事托付给孔子。孔圣人品德高尚，必定是感化了卫辄，让他知道了没有父亲不可以成为人，卫辄一定将痛哭奔跑，去迎回他的父亲。父子之爱源于人之本性，辄能反省悔痛得这样真切，他的父亲蒯聩难道不被感动吗？蒯聩回来后，卫辄把国家交给父亲治理，并以此请罪。蒯聩已被儿子深深打动，又有孔子在中间诚心调解，蒯聩当然不会接受，依然让儿子治理国政。群臣百姓也必定会愿意卫辄继续做一国之君。卫辄主动披露自己的罪过，向天子请示，向各方诸侯公布，表示一定要把国家交给父亲治理。而蒯聩与群臣百姓都说姬辄已经悔悟了且具备了仁孝的美德，也请示给天子，向各方诸侯公布，一定要让辄继续担任卫国君主。于是天命集于卫辄，让他重新做卫国的国君。卫辄不得已，于是像后世太上皇的故事那样，率领群臣百姓尊奉父亲蒯聩为太公，使其物资齐备，得到供养，卫辄才重新做了卫国的国君。这样国君、大臣、父亲、儿子都恪守自己的身份，名正言顺，从此天下就好治理了。大概这才是孔子端正名分、责任的本来面目吧。"

【跟进解读】

在这段文字中，王阳明解读"孔子正名"的事迹，肯定了孔子的正名做法，实际上也表明了自己的观点。

孔子生活在一个"礼崩乐坏"、"天下无道"的大变动时代，名分制度已经无法维持。而在孔子看来，人类社会秩序的维持，必须有人类共同承认的伦理规范，而伦理规范的制订与实施，则必自澄清人与人的相互关系始，自人伦礼仪观念的厘正开始。孔子认为，这种社会大混乱的崩溃是由于名实混乱所造成的。事务能否有成效，礼乐能否兴盛，刑罚是否适中，人民能否治理好，关键就在"正名"，要做到君、臣、父、子都严守礼制、名分。

19. 有所忧患，不得其正

【原典欣赏】

澄在鸿胪寺仓居。忽家信至，言儿病危。澄心甚忧闷不能堪。

先生曰："此时正宜用功。若此时放过，闲时讲学何用？人正要在此时磨炼。父之爱子，自是至情。然天理亦自有个中和处，过即是私意。人于此处多认做天理当忧，则一向忧苦，不知已是'有所忧患，不得其正'。大抵七情所感，多只是过，少不及者。才过便非心之本体，必须调停适中始得。就如父母之丧，人子岂不欲一哭便死，方快于心？然却曰'毁不灭性'。非圣人强制之也。天理本体，自有分限，不可过也。人但要识得心体，自然增减分毫不得。"

【白话翻译】

陆澄跟随先生在南京鸿胪寺居住，忽收家信一封，说儿子病危，他心里万分忧愁，不能忍受。

先生知道后说："这时候正应该在修身养性上下功夫，如果放过这个机会，平时学习有什么用呢？人就是要在艰难时刻才能得到意志的磨炼。父亲关爱儿子，是最自然的感情流露，但天理也有个中正适度，超过这个限度就是私欲。人在这个时候大多认为按照天理应当是一副忧戚状，便一味的悲怆起来，而不知道自己已经是'过度悲伤以致于不能保持天理中正平和'。一般来说，七情六欲一旦发作，往往过分的多，很少有不及的。然而稍稍有点过分，便不是心的本体，必须进行调节直到适中才好。比如父母去世，作为人子难道不想一下子哭死，才能化解心中的悲痛？然而《孝经》却说：'孝子哀伤不能伤害性命。'这并非圣人要强人所难，而是因为天理本体自有限度，不可过度。人只要认识了心体，自然不能增减分毫。"

【跟进解读】

这是一个很经典的情景教学案例。对在闻及儿子病危、正处于忧心如焚情境的陆澄，王阳明指出"有所忧患，不得其正"（《大学》），故需要"在此时磨炼"，方能及时克制住大悲大喜。说得通俗点就是"节哀顺变"。对普通的人，往往放过了磨炼心境的最好时机。其实，心学，正是修炼人们"方寸大乱"之心。这就是王阳明的"天理本体，自有分限"，所以"不可过也"之观念的具体体现。

20. 率性、修道

【原典欣赏】

"不可谓未发之中常人俱有。盖'体用一源'，有是体即有是用。有未发之中，即有发而皆中节之和。今人未能有发而皆中节之和，须知是他未发之中亦未能全得。"

【白话翻译】

先生说："不能说'情感未发时的中正状态'一般人都有。因为'本体和应用是同源的'，有这样的体，就有这样的用。有'情感未发时的中正'，就有'情感发出来符合中正的平和'。现在的人都没有做到'情感发出来符合中正的平和'，应当知道是因为他'情感未发时的中正状态'还没能完全得到。"

【跟进解读】

王阳明一向认为，中和、道都是人人原有的、本有的。这是从天命之谓性的角度来说的，是从本体角度来说的，是从本有的层面来说的。然而，在这里王阳明又说"不可谓未发之中常人俱有"，表面上看似乎和他惯有的观点相左，其实并非如此。这两种相反的说法都是很忠实于《中庸》原意的。固然"道也者不可须臾离也"，道源自于天命之性，但性是需要有"率"的功夫，道需要有"修"的功夫，所以《中庸》才强调"率性之谓道，修道之谓教"。所以也才有《中庸》接着说的"是故君子戒慎乎其所不睹，恐惧乎其所不闻。莫见乎隐，莫显乎微，故君子慎其独也"之戒慎不睹、恐惧不闻及慎独等功夫。

21.《易经》六十四卦之源

【原典欣赏】

易之辞是"初九潜龙勿用"六字。易之象是初画。易之变是值其画。易之占是用其辞。

【白话翻译】

先生说："'初九潜龙勿用'六个字是《易经》乾卦的初爻爻辞。初爻的象是乾卦的初一，爻画遇动而变，称为值其画，其占卜用的是卦辞和爻辞。"

【跟进解读】

王阳明非常重视《易经》，而且把《易经》的第一卦的第一爻视为全部六十四卦的源泉。虽然他的学说与易学无明显的传承关系，但他常常以内心道德修养方法和精神境界解释《易经》卦爻象和卦辞。

22.存养夜气

【原典欣赏】

夜气是就常人说。学者能用功，则日间有事无事，皆是此气翕聚发生处。圣人则不消说夜气。

【白话翻译】

先生说："存养'夜气'是就常人而言的。求学的人如果能在本心修养功夫，那么无论白天有事无事，心中都有清明和善的心气聚敛。圣人则不必说夜气。"

【跟进解读】

"夜气"出自《孟子·告子上》："牿之反覆，则其夜气不足以存；夜气不足以存，则其违禽兽不远矣。"儒家指夜晚静思所产生的良知善念。在阳明先生看来，孟子的夜气，是对于常人而言的。常人在夜间与外物脱离接触，可以较为清醒地审视行为的意义，有利于道德思想的存养。如果"学者能用功"，就能随时随地存养夜气，时时处处按道德标准思考、行动。而圣人则无所谓夜气，因为他们本来就能够按道德标准思考、行动了。

23. 无出无入，动静如一

【原典欣赏】

澄问操存舍亡章。

曰："'出入无时，莫知其乡。'此虽就常人心说。学者亦须是知得心之本体，亦元是如此。则操存功夫，始没病痛。不可便谓出为亡入为存。若论本体，元是无出入的。若论出入，则其思虑运用是出。然主宰常昭昭在此，何出之有？既无所出，何入之有？程子所谓腔子，亦只是天理而已。虽终日应酬，而不出天理，即是在腔子里。若出天理，斯谓之放，斯谓之亡。"

又曰："出入亦只是动静。动静无端，岂有乡邪？"

【白话翻译】

陆澄就《孟子》中"操存舍亡"一章向先生请教。

先生说："'出入没有固定时间，不知道方向。'这话虽然是就常人的心来说的，求学的人也应当知道心之本体也是这样。这样，修炼存天理的功夫才能没有缺陷。不可随便说，善念出就是天理亡，善念入就是天理存。若要说本体，本源是无出无入的，如果论及出入，那么思考运用就是出，然而人的主宰明明就在心里，哪里会有出？既然无所出，又有什么入呢？程子所说的'心要在腔子里'的腔子，也只是天理而已，虽然终日应酬不止，也不会跑出天理的框架，也就是在心胸里。若是超出了天理，这才叫做放，这才叫做亡。"

先生又说："心的出和入也只是动和静，动静是无端的，哪有方向呢？"

【跟进解读】

在这段文字中，王阳明对《孟子·告子上》中的"操存舍亡章"进行了相关阐述。他说："'出入无时，莫知其乡。'此虽就常人心说。"恐怕是学生记述有误，因为"出入无时，莫知其乡"是《中庸》"慎独"的"独"，是没有内外的"与物无对",也是无将迎的"无待",不可能"就常人心说"。所谓"就常人心说",应当指的是"操则存,舍则亡"。孟子说:"人之所不学而能者,其良能也,所不虑而知者,其良知也。"良知人人具有,然而,常人遭到私欲的蒙蔽,需要去做"致"良知的功夫。并且"操则存,舍则亡"是顺承"故苟得其养,无物不长,苟失其养,无物不消",所以是"就常人心说",而"出入无时,莫知其乡"则是操存功夫最后所达到的境界。

24. 因时制宜

【原典欣赏】

惟乾问孟于言"执中无权犹执一"。

先生曰:"中只是天理,只是易。随时变易,如何执得?须是因时制宜,难预先定一个规矩在。如后世儒者要将道理一一说得无罅漏,立定个格式,此正是执一。"

【白话翻译】

惟乾问:"孟子所说的'执中无权犹执一'怎么理解呢?"

先生答:"'中'就是天理,就是个变化。天理是随时间的变化而变化的,怎么能'执'而不变呢?因此必须因地因时制宜,很难预先给'中'确定一个标准。比如后世儒者总是琢磨着要将'中'的道理阐述得完美无缺,便先确定个固定的规范放在前面,而这样做恰恰是偏执。"

【跟进解读】

王阳明在这里对孟子的权变之道予以充分肯定,并予以更清楚的解释,认为道德法则虽然有普遍性,但要"因时制宜"。孔子所绝者四——"毋意、毋必、毋固、毋我",也不过是教我们要能权变,所谓"内方外圆"。执中便是内方,权变便是外圆,如此方不至于执一而不化,误入歧途。

25. 自愿原则

【原典欣赏】

唐诩问："立志是常存个善念，要为善去恶否？"

曰："善念存时即是天理，此念即善，更思何善？此念非恶，更去何恶？此念如树之根芽，立志者长立此善念而已。'从心所欲，不逾矩'，只是志到熟处。"

"精神、道德、言动，大率收敛为主，发散是不得已，天、地、人、物皆然。"

【白话翻译】

唐诩问："立志就是心中常存一个善念，就是要行善去恶吗？"

先生说："善念常存心间，就是天理。这个意念就是善，还需要想其他的善吗？这个意念不是恶，又需要摒除什么恶呢？这个意念就像树的根芽，立志的人就是恒久确立这个善念而已。《论语·为政》篇中说'随心行事、不逾越规矩'，这就是志向达到成熟的程度了。"

先生说："精神、道德、言行，常常以收敛为主，向外扩散是出于无奈。天地、人物都是这样。"

【跟进解读】

王阳明心学与程朱理学有所不同的表现之一，在于注意到了遭到程朱理学完全否定的自愿原则。正统儒学从孔孟到董仲舒直至程朱，认为封建伦理纲常出于天命、天理，对于天理，人们只能认识、自觉地顺应和服从它，而绝不能抗拒。王阳明以内在的良知为本体，所以注重自愿原则："'从心所欲，不逾矩'，只是志到熟处。"所谓"从心所欲，不逾矩"即出于自愿，而这是以"志到熟处"为前提的。换言之，遵循道德规范应贯彻与意志自由相联系的自愿原则。可以说，阳明心学之所以风行，在一定程度上也是因为它突出了久被正统儒学所忽视的自愿原则。

26. 良工心独苦

【原典欣赏】

问："文中子是如何人？"

先生曰："文中子庶几'具体而微'，惜其蚤死。"

问："如何却有续经之非？"

曰："续经亦未可尽非。"

请问。

良久曰："更觉'良工心独苦'。"

【白话翻译】

陆澄问："文中子（王通）是怎样的一个人？"

先生说："文中子差不多已经具备了《孟子·公孙丑上》所说的'已经具备圣人的基本条件，只是在某些方面稍有不足'，只可惜他很早就去世了。"

陆澄问："可是他怎么会做出仿造经典这样的事呢？"

先生说："仿造经典也不都是错误的。"

陆澄问先生原因。

过了很久先生才说："我更能体会到杜甫所说的'优秀的工匠内心都是很煎熬的'这句话的意思了。"

【跟进解读】

在前面的《徐爱录》中，王阳明已在与徐爱的讨论中肯定了文中子王通，在这里，当陆澄问及文中子时，阳明先生再次肯定。面对学生的不理解，阳明先生借用了杜甫《题李尊师松树障子歌》中的"良工心独苦"感叹，意为优秀的功匠匠心独运，却因此而常受到庸人们的非议，可是跟一般俗人又无法沟通，所以很苦闷。

27. "治生说" 误人

【原典欣赏】

"许鲁斋谓儒者以治生为先之说亦误人。"

【白话翻译】

先生说："许鲁斋认为'儒者以谋生为重'，这种说法也是误人子弟的。"

【跟进解读】

许鲁斋即许衡，鲁斋为他的号。许衡是元代初期名臣，也是一位著名学者，与姚枢等讲程朱理学。忽必烈即位后，许衡被召为京兆提学，授国子祭酒，定朝仪、官制，为元统治者策划"立国规模"，主持元初国学，以儒家六艺为国学内容，对汉、蒙文化融合和交流，起过一定作用。许衡曾经说，为学者先要保证基本的生计，虽则他也强调求生计的财货要讲求道义，但是仍然引起了明清学者的批评。对许衡"治生说"的评说影响最大的当为王阳明。王阳明则认为，这失却了为学的纯粹性，即学是保持良心或良知之天理等。

28. 气、神、精一也

【原典欣赏】

问仙家元气、元神、元精。

先生曰："只是一件，流行为气，凝聚为精，妙用为神。"

【白话翻译】

陆澄向先生请教道家的元气、元神、元精。

先生说："这三者是同一件事物，气即运行，精即凝聚，神即妙用。"

【跟进解读】

王学的道教色彩非常浓厚。王阳明自称8岁即好神仙之学，《年谱》载阳明 31 岁时，曾"筑室阳明洞中行导引术，久之遂前知"。正德二年（1507 年），他在赴往贵州龙场途中，本欲远遁异乡借以躲避太监刘瑾的迫害，却巧遇铁柱宫道士，经道士指点，阳明遂决意去龙场谪所。这些经历均表明，王阳明与明代道教人士交往甚深。在他的著作中，还记录有不少讨论道教义理的事。这里，陆澄问道家气、神、精之事，他说这三者是同一件事物。

29. "中和"的境界

【原典欣赏】

"喜、怒、哀、乐，本体自是中和的，才自家着些意思，便过不及，便是私。"

【白话翻译】

先生说："喜、怒、哀、乐这几种情感的本体原本是中和的，只是人们自身有一些别的想法，就会过度或不足，于是就成了私欲。"

【跟进解读】

阳明先生承认人的喜、怒、哀、乐等情感有时会妨碍道德法则的实现，在这种情形下，他称情感为"私"、"欲"等。但他并不认为促进道德法则实现的情感与前者完全独立，而是认为两者在实践上相即不离，其好与坏、有价值与否完全在于主体的境界：如果人能以良知为主宰（致良知）而将情感纳入正轨，那么情感可以是好的；反之，人如果放任其情感，不能以良知为主宰，则情感是坏的。将情感纳入正轨而不妨碍道德法则，这就是"中和"的境界。

30. 防微杜渐

【原典欣赏】

"克己须要扫除廓清，一毫不存方是；有一毫在，则众恶相引而来。"

【白话翻译】

先生说："克制自己的私欲一定要彻底清除，不留存一丝一毫才可以；只要有一点私欲存在，那么各种各样的罪恶便会接踵而至。"

【跟进解读】

在阳明先生看来，进行心性修养，对心里的私心杂念一定要清除得干净而彻底。若是还有一点欲念留在心中，就会慢慢扩大，引起杂念纷纭。任何事物的发展都是由小到大、由简单到复杂的，因此，在任何事情上，一定要防微杜渐。

31. "礼乐"的本源

【原典欣赏】

问《律吕新书》。

先生曰："学者当务为急，算得此数熟亦恐未有用。必须心中先具礼乐之本方可。且如其书说，多用管以候气。然至冬至那一刻时，管灰之飞，或有先后须史之间，焉知那管正值冬至之刻？须自中心先晓得冬至之刻始得。此便有不通处。学者须先从礼乐本原上用功。"

【白话翻译】

陆澄询问先生对《律吕新书》怎么看。

先生说："求学的人应当致力于根本。否则，把律吕之数算得再熟悉，恐怕也没有用。心中必须有礼乐的根本方可。比如，《律吕新书》上讲常用律管看节气的变化。然而到冬至那一刻，律管中的灰飞扬的时间会有先后，区别只在倾刻之间，又怎么知道哪个是冬至正点？必须在自己心中有一个冬至时刻才行。此处就有个说不通的问题。所以，求学的人必须先从礼乐的根本上用功。"

【跟进解读】

此段中，陆澄原想向阳明先生讨教一种"科学严谨"的方式，来测量冬至的具体时刻，"学者须先从礼乐本原上用功"，便是阳明先生给出的答案，这依然回到了先生学说中以"良知"为本源的轨道，在他看来，"礼乐"的本源，就是人的"良知"。

传习录全编

32. 后天修养之功

曰仁云："心犹镜也。圣人心如明镜，常人心如昏镜。近世格物之说，如以镜照物，照上用功，不知镜尚昏在，何能照？先生之格物，如磨镜而使之明，磨上用功，明了后亦未尝废照。"

【白话翻译】

徐爱说："人心就如同镜子一样。圣人的心就像明亮的镜子，普通人的心就像锈蚀的昏镜。朱熹的'格物'的学说，如同用镜子照物体，只在照上用功，而不知道镜子本身昏暗不清，怎么能照清楚呢？先生的'格物'的学说，正如磨镜子使之变得明亮，先在细磨上用功，镜子光亮之后，是不会耽误照的。"

【跟进解读】

阳明先生的学生徐爱所指的修养之功不同于朱熹先生的道德教化，它是指"磨镜"以恢复先天"明镜之心"良知的功夫。磨镜的过程。也就是除蔽的过程，不过，这里的"磨"是指由内向外磨，先体认良知，然后内照外明。

33. 道无精粗

【原典欣赏】

问道之精粗。

先生曰："道无精粗。人之所见有精粗。如这一间房，人初进来，只见一个大规模如此国；处久便柱壁之类，一一看得明白；再久，如柱上有些文藻，细细都看出来。然只是一间房。"

【白话翻译】

陆澄向先生请教道的精深、粗浅。

先生说："圣道本身没有精深、粗浅之分，只是人们对圣道的认识有这种分别罢了。这就如同一间房子，人刚进来住的时候，见到的只是一个大轮廓；在里面待久了，于是房柱、墙壁等也就一一看得清楚明白了；再久一些，连柱子上的细碎花纹，都看得清清楚楚。然而房子还是这一个房子。"

【跟进解读】

阳明先生认为，作为良知内容的道，表现为一个统一的整体，就其本身而言，并无精粗之分，精粗只是相对于人对道（良知）的体认而言。主体对道的把握，总是由粗而入精，而由粗到精的转化，又具体展开为"初"、"久"、"再久"这样一个不间断的致知过程。

34. 私欲如灰尘

【原典欣赏】

先生曰："诸公近见时少疑问，何也？人不用功，莫不自以为已知为学，只循而行之是矣。殊不知私欲日生，如地上尘，一日不扫便又有一层。着实用功便见道无终穷，愈探愈深，必使精白，无一毫不彻方可。"

【白话翻译】

先生说："最近相见时，各位的问题变少了，这是为什么呢？人如果不努力，就自认为已经知道怎样做学问了，只要循着已知的方法去做就行了。却不知道私欲日渐滋长，像地上的灰尘，一天不打扫就会又多一层。真正踏实用功，就能发现圣道是永无止境的，越挖掘越深奥，必须做到精通明白，无一丝一毫不透彻的境界才行。"

【跟进解读】

《传习录》中以别人提问、阳明先生作答占绝大多数，此处却是先生见诸生少疑问，主动"开示"，先生诲人不倦之情昭然纸上。在此段文字中，阳明先生指出，私欲如灰尘，若想心犹镜，就要诚心诚意用功，才会觉得心学的大道，愈探愈深。故一定要将功夫练到精纯方可，也就是在"心"上下功夫。

35. 克己功夫

【原典欣赏】

问："知至然后可以言诚意。今天理人欲知之未尽，如何用得克己工夫？"

先生曰："人若真实切己用功不已，则于此心天理之精微日见一日，私欲

传习录全编

之细微亦日见一日。若不用克己工夫，终日只是说话而已，天理终不自见，私欲亦终不自见。如人走路一般，走得一段，方认得一段，走到歧路处，有疑便问，问了又走，方渐能到得欲到之处。今人于已知之天理不肯存，已知之人欲不肯去，且只管愁不能尽知，只管闲讲，何益之有？且待克得自己无私可克，方愁不能尽知，亦未迟在。"

【白话翻译】

陆澄问："《大学》中说'彻底认识了才能讲诚意'。现在对天理私欲还没有完全弄明白呢，怎么能用克己功夫呢？"

先生说："人要是时时告诫自己不断用功修炼，那么他对天理的精微的认识就会一天比一天深刻，对私欲的细巧的认识也一天比一天透彻。如果不在克制私欲上下功夫，整天只是说说而已，终究不会认识清楚天理和私欲。这就像人走路一样，走了一段才能认识一段，走到岔路口时，有疑惑就问，问了再走，才能渐渐到达目的地。今天的人对已经认识到的天理不肯存养，对已经知晓到的私欲不肯去除，只在那发愁不能完全认识天理人欲，只知道嘴里闲讲讲，有什么用处呢？其实只要去克己克得自己无私欲可克，再去忧愁自己不能尽知，也不迟呀。"

【跟进解读】

王阳明认为，克己功夫就是"存天理，去人欲"，由此，陆澄问不完全了解天理人欲如何用克己功夫时，王阳明回答，天理之澄明只能在真实切己的功夫实践中日见一日，否则，无论讲得如何，也总是闲话，天理毕竟"不自见"。阳明在这里还用走路作为例子，强调了实践的重要性。

36. 道无方体

【原典欣赏】

问："道一而已。古人论道往往不同，求之亦有要乎？"

先生曰："道无方体。不可执着。却拘滞于文义上求道，远矣。如今人只说天，其实何尝见天？谓日月风雷即天，不可；谓人物草木不是天，亦不可。道即是天。若识得时，何莫而非道？人但各以其一隅之见，认定以为道止如此，所以不同。若解向里寻求，见得自己心体，即无时无处不是此道。亘古亘今，无终无始，更有甚同异？心即道。道即天。知心则知道知天。"

又曰："诸君要实见此道，须从自己心上体认，不假外求始得。"

【白话翻译】

陆澄问："道只有一个，可是古人论道时却个个说的不一样，那么求道也有关键吗？"

先生说："道是没固定模式的，求道的人不能偏执。如果仅局限于某种文字的表述，那样求道就越求越远了。譬如今人说天，其实他们何尝知道哪个才是真正的天？认为日月风雷是天，不行；说人物草木非天，也不行。其实道才是真正的天！如果认识到这一点，那什么不是道？先人只是各自把自己所认识的道一个方面认做了无所不包的道，以为道仅此而已，所以才会有不同的道出来。如果明白向心里寻求，认识了己心本体，那么，无时无处不是道。从古至今，无始无终，哪有什么异同？心即是道。道即是天。认识了心体就认识了道，就认识了天。"

先生又说："诸位如果确实想认识道，务必从自己的心上体会，不要借助外物去探求才行。"

【跟进解读】

道无方体，即指本体无法用具体的事物或语言来表示或描述。众所周知，佛教说圣境，是空性光明，或说"不可思议"、"不可言说"。在逻辑表达方式上，王阳明所说的"道无方体"与它们意思相同。阳明又说，道不是从眼、耳、鼻、舌、身感知而来，而是由心灵智慧开启，无所不见而又实无所见。不执著在一事一物上，才能见到真理的全体。

37. 阳明的自然观

【原典欣赏】

问："名物度数，亦须先讲求否？"

先生曰："人只要成就自家心体，则用在其中。如养得心体，果有未发之中，自然有发而中节之和，自然无施不可。苟无是心，虽预先讲得世上许多名物度数，与己原不相干，只是装缀临时，自行不去。亦不是将名物度数全然不理，只要'知所先后，则近道'。"

陆澄问："事物的名称、用处和数量这世间百般的学问，也必须预先学习吗？"

先生说："人只要能成就自己的心体，那么运用就包含在其中了。倘若把心体修养得真有一个未发之中，情欲发出来自然会符合中正平和，自然是做什么都没有问题。如果没有这颗心，即使事先学得了许多名物度数，与自己却毫不相干，仅是临时撑撑门面，自然不能处事应物。当然，这并不是说不要去学好名物度数，只是要'知道做事的先后顺序，这就接近圣道了'。"

【跟进解读】

此段主要阐明先生的自然观（或天道观）。王阳明的哲学被称为"心本论"，似乎他只讲"心"的存在，而否认自然界事物的存在，排斥自然知识。其实，王阳明虽然从道德心性修养的方面强调"格心"，要求把握心中的天理，但先生也指出，仅仅"格心"是不够的，还必须在此基础上进一步去认知自然界事物。这一点，在此段最后赞同《大学》中"物有本末，事有终始，知所先后，则近道矣"之观点中可以看出。另外，在下卷《黄直录·四句教》一节中，阳明先生也提到："纵格得草木来，如何反来诚得自家意？"显然，先生还是承认可以"格得草木来"，只是草木的知识尚无法"诚得自家意"，来上升到道德的心性层面。因此，先生只是在道德心性修养方面忽视自然知识，而并非完全否认了自然界事物的存在而排斥自然知识。

38. 随才成就

【原典欣赏】

又曰："人要随才成就，才是其所能为。如夔之乐，稷之种，是他资性合下便如此。成就之者，亦只是要他心体纯乎天理。其运用处皆从天理上发来，然后谓之'才'。到得纯乎天理处，亦能'不器'。使夔、稷易艺而为，当亦能之。"

又曰："如'素富贵，行乎富贵。素患难，行乎患难'，皆是'不器'。此惟养得心体正者能之。"

【白话翻译】

先生接着说："人要根据自己的天赋造就自己，这才是他所能做到的。比如，乐官夔精通音乐，主管农事的官稷擅长种植，这是他们的资质天性造成的。成就一个人，也只是要他的心体纯正地合乎天理就行。他做事都是对天理的自然运用，然后才可以称之为'才'。达到纯天理的境界，才能也就不会只局限于一个方面。假如让夔和稷改变角色，夔种谷，稷作乐，也是可以的。"

先生又说：《中庸》中说的'处于富贵，就做富贵时能做的事。处于患难，就做患难中能做的事'，都属于'不器'。这只有把心体修养得纯正的人方可做到。"

【跟进解读】

"随才成就"是王阳明的基本教育方针。在他看来，每个人应该选择自己才性相近的专业去努力才有可能成材。从这个角度出发，也是只有"爱理"才能成就"理"。理为统领，是一切的道德基础。所谓"纯乎天理"，其实也就是"全乎天理"，如此方能"不器"。

39. 做学问要有源泉

【原典欣赏】

"与其为数顷无源之塘水，不若为数尺有源之井水，生意不穷。"

时先生在塘边坐，傍有井，故以之喻学云。

【白话翻译】

先生说："与其掘一个数顷大而没有源泉的池塘，不如挖一口数尺深而有源泉的井，井里的水源源不断，有生机而不会枯竭。"

当时先生正坐在池塘边，旁边有一口井，所以他就用井和池塘来比喻做学问。

【跟进解读】

王阳明强调做学问是与心融合在一起、具有生命力的"源泉"，而绝非书本上死教条的东西。很多人总认为做学问，学得越多越好，其实这是一个误区。如果仅有知识，而没有获得一种能力，就只是一池大而无用的死水，远没有一口仅数尺深但有源泉的水井有生机。

40. 贯通古今

【原典欣赏】

问："世道日降。太古时气象，如何复见得？"

先生曰"一日便是一元。人平日时起坐，未与物接。此心清明景象，便如在伏羲时游一般。"

【白话翻译】

陆澄问："如今世道日益衰微，远古时期的清明气象怎样才能再看见呢？"

先生说："一天就好比是世界从开始到消灭的一个周期——一元。人从清晨起床后坐着，还未应事接物，此时心中的清明景象，好像在伏羲时代遨游一般。"

【跟进解读】

在阳明先生看来，如果人能持守本心不被遮蔽浸染，此心便贯通古今、同于圣贤。远古的事情，后人没有直感的接触，如何能够知道呢？因为上古是一派清明通透的景象，毕竟远古的生活是极为简单的，所以其本色都是清朗的。

41. 心为五官之"君"

【原典欣赏】

问："心要逐物，如何则可？"

先生曰："人君端拱清穆，六卿分职，天下乃治。心统五官，亦要如此。今眼要视时，心便逐在色上；耳要听时，心便逐在声上。如人君要选官时，便自去坐在吏部；要调军时，便自去坐在兵部。如此，岂惟失却君体？六卿亦皆不得其职。"

【白话翻译】

陆澄问："心要追求外物，怎么办？"

先生说："国君庄重肃穆地坐在朝堂上，六卿分别履行不同的职责，天下才能治理得好。人的心统治五官，也要这样。现在眼睛要看时，心便去逐色；耳朵要听时，心便去逐声。如果国君要选拔官吏时，亲自坐到吏部去忙活；要调大军时，自己跑去兵部。这样的话，难道仅仅是有损君王的身份吗？六卿也都不能很好地履行自己的职责呀。"

【跟进解读】

在古人看来，心具有思考能力，在各种器官中处于主导地位，因此称其为"心君"。而眼睛、耳朵不会思考，与外物接触时容易受到蒙蔽而误入歧途。因此，人们只有首先把心树立起来，确定一个目标在心中的绝对权威地位，才不会让外物扰乱自己的内心，这样才有可能做好每一件事。

42. 遏止恶念、扩充善念

【原典欣赏】

"善念发而知之，而充之。恶念发而知之，而遏之。知与充与遏者，志也，天聪明也。圣人只有此，学者当存此。"

【白话翻译】

先生说："善念萌发时，认识到了，就去充实它发扬它。恶念萌发时，认识到了，就去遏止它。知道扩充善念、遏止恶念，就是心志，是上天赋予人的智慧。圣人只不过是拥有这种智慧，而学做圣人的人，则要时时刻刻，把这放在心上。"

【跟进解读】

作为一种思想修养的方法，这"一念发动"的确值得充分注意，这样做是智慧和道德的表现。然而，学者和圣人不能只在善恶念头上用功，还应该去努力改造社会，改造自然，从而在这种实践中更好遏止恶念、扩充善念。

43. 屏息思虑，去除私欲

【原典欣赏】

澄曰："好色、好利、好名等心，固是私欲，如闲思杂虑，如何亦谓之私欲？"
先生曰："毕竟从好色、好利、好名等根上起，自寻其根便见。如汝心中

传习录全编

决知是无有做劫盗的思虑，何也？以汝元无是心也。汝若于货、色、名、利等心，一切皆如不做劫盗之心一般，都消灭了，光光只是心之本体，看有甚闲思虑？此便是'寂然不动'，便是'未发之中'，便是'廓然大公'。自然'感而遂通'，自然'发而中节'，自然'物来顺应'。"

【白话翻译】

陆澄问："好色、贪财、务名等心，固然是私欲。可是，像那些闲思杂念，为什么也称作私欲呢？"

先生说："闲思杂念毕竟还是从好色、贪财、务名等这些病根上滋生的，你自己寻求这些根源时就会发现。这就像你发自内心的绝无抢劫、盗窃的想法，这是为什么呢？因为你根本就没有这份心思。你如果对财色、名利等心思像不做盗贼的心一样，都消灭干净了，只剩下完完全全的心之本体，还有什么闲思杂念呢？这便是'心本身的宁静不动'，便是'感情的未发之中'，便是'心胸宽广，大公无私'。到此地步，自然会'与万事万物感应相通'，自然'感情发出来时中正平和'，自然可以'遇到不同事情时坦然自如地应对'。"

【跟进解读】

私欲是影响一个人心清明的根源，因此阳明先生主张通过静坐的方式，屏息思虑、去除私欲，从而恢复自己的良知本性。在阳明先生看来，这种静中体悟的功夫，即为《周易·系辞》中提到的"天下何思何虑？天下同归而殊途，一致而百虑"的思想。

44. 志之所至，气亦至

【原典欣赏】

问志至气次。

先生曰："志之所至，气亦至焉之谓，非极至、次贰之谓。'持其志'，则养气在其中。'无暴其气'，则亦持其志矣。孟子救告子之偏，故如此夹持说。"

【白话翻译】

陆澄向先生请教"志至气次"的问题。

先生说："这说的是志向所到达的地方，意气也就跟着到达。并不是像朱熹所说的，必须先立志向，然后才能存养意气。'坚持志向'，存养意气就在其中了。'不随便意气用事'，也就是坚持志向。孟子为了纠正告子的偏执，所以才一分为二来说的。"

【跟进解读】

在这段话中，阳明先生与学生就志与气的关系进行了讨论。气，应该在心中，才能守气。阳明先生说："'持其志'，则养气在其中。"这里的"志"即指"道"，和气生于道，气和养育其志。志与气，皆在道中，没有先后、主次之分。二者互为兼顾，不可偏废。

45. 圣人如天

【原典欣赏】

问："先儒曰：'圣人之道必降而自卑，贤人之言则引而自高。'如何？"

先生曰："不然。如此却乃伪也。圣人如天，无往而非天。三光之上天也，九地之下亦天也，天何尝有降而自卑？此所谓'大而化之'也。贤人如山岳，守其高而已。然百仞者不能引而为千仞，千仞者不能引而为万仞。是贤人未尝引而自高也，引而自高则伪矣。"

【白话翻译】

陆澄问："程子说：'圣人之道，一定是自降身份让自己谦卑的；贤人的言论，则是自我推举而抬高自己的。'这句话应当怎样理解？"

先生说："不对，如果这样就虚伪了。圣人就像天，没有到哪里不是天的。在日月星之上它是天，在九泉之下它也是天，天什么时候自降身份让自己谦卑了？这就是孟子所说的'大而化之'。贤人像高山的大岳，坚守着自己的高度罢了。但是百仞高的山不能自拔为千仞，同样千仞高的山不能自拔为万仞。所以贤人并没有夸耀抬高自己，抬高自己，就虚伪了。"

【跟进解读】

虽然阳明先生说"良知良能，愚夫愚妇与圣人同"，但是在"致良知"上却分出圣人与百姓之别。他认为，圣人是至高无上的，圣人之道不会降而自卑。所以，圣、愚之间的界限永远不可逾越。

46. 静坐养心、求中见性

【原典欣赏】

问："伊川谓'不当于喜怒哀乐未发之前求中'，延平却教学者看未发之前气象。何如？"

先生曰："皆是也。伊川恐人于未发前讨个中，把中做一物看，如吾向所谓认气定时做中，故令只于涵养省察上用功。延平恐人未便有下手处，故令人时时刻刻求未发前气象，使人正目而视惟此，倾耳而听惟此，即是'戒慎不睹，恐惧不闻'的工夫。皆古人不得已诱人之言也。"

【白话翻译】

陆澄问："程颐先生认为'不应当在喜怒哀乐还没表现出来之前就讲求中正平和'，李延平先生却教育学生观察感情未发之前的各种情形。他们二人谁说得对？"

先生说："都对。程颐先生怕常人在未表现出来之前就去追求中正平和，从而把中正看做一件事物，如我先前曾说的把气定当做中，所以让人们只在涵养反省体察上下功夫。李延平先生担心学生找不到下手处，所以让人时时刻刻去求未发之前的各种情形，让人眼看的、耳听的都只是这个，这就是《中庸》所说的'戒慎不睹，恐惧不闻'的功夫。都是古人不得已诱导人们存养天理才说的话呀。"

【跟进解读】

宋明诸位儒生都认为"性即理"、"心即理"。也就是说，理就在心性之中。程颐、李延平二人在静坐见性的问题上，虽然说法不同，但都是正确的。这段文字不仅可以看做是王阳明对《中庸》"中和"思想的注释，而且也可以理解为理学"见性"学说的总结。它道出了宋明诸儒静坐养心、求中见性思想的真谛。

47. 颜子没而圣学亡

【原典欣赏】

问："'颜子没而圣学亡'，此语不能无疑。"

先生曰："见圣道之全者惟颜子。观喟然一叹可见。其谓'夫子循循然善诱人。博我以文，约我以礼'，是见破后如此说。博文约礼，如何是善诱人？学者须思之。道之全体，圣人亦难以语人。须是学者自修自悟。颜子'虽欲从之，未由也已'，即文王望道未见意。望道未见，乃是真见。颜子没，而圣学之正派，遂不尽传矣。"

【白话翻译】

陆澄问："先生说'颜回去世后，孔子的学说就衰亡了'，这句话让我很疑惑。"

先生说："认识孔子圣道最全面的只有颜回一个人，从颜回去逝后孔子的喟叹就可以看出。他说'孔子教学循循善诱，用广博的知识来教育我，用合乎礼节的思想来约束我'，这是他看透、学透后才能说出的话。渊博的知识、高尚的礼节为什么是善于教导别人呢？学者必须细细思量。圣道的全部，圣人也难以对人讲明，必须是求学的自我修行自己感悟出来的。颜回'虽然我想追随天理，但还不曾找到突破口'，也就是周文王所说的'远远地望着天理却从来没有真正见到过'的意思。望见了道却好像没有看见，才是真正的识见。所以颜回死后，正宗的孔子学说就不能全部流传下来了。"

【跟进解读】

在孔子诸弟子中，可以说排在首位当属颜回，其次是曾子。然而颜回早夭，年仅三十二岁。但是他的学问修养的确了不得，被后人尊称为"复圣"。在孔子之后儒学的系统中，从名上看，复圣地位要高于孟子的亚圣。王阳明说"颜子没而圣学亡"，也许有些夸张，但是圣学虽然未亡，缺少了颜回则非常可能影响它的进一步发展，却是事实。曾子一脉虽继承了孔子的学术，却没有继承他的动机。

传习录全编

48. 现成良知

【原典欣赏】

问:"身之主为心,心之灵明是知,知之发动是意,意之所着为物,是如此否?"

先生曰:"亦是。"

"只存得此心常见在,便是学。过去未来事,思之何益?徒放心耳!"

"言语无序,亦足以见心之不存。"

【白话翻译】

陆澄问:"身体的主宰是心,心的灵明是知,知发动出来表现为意,意的载体是物,是这样吗?"

先生答:"这样说也对。"

先生说:"只要经常存养本心,就是学习。过去未来的那些事,想它有什么好处?只不过失落本心而已!"

先生说:"言语没有伦次,也可看出没有存养本心。"

【跟进解读】

"现成"一词在阳明学的思想体系当中具有非同一般的特殊含意。当然,在阳明著作当中并没有"现成良知"这一固定词,他比较多地使用的是"见在"一词。此处"只存得此心常见在,便是学"即是一例。阳明所说的"见在",显然是与"过去"、"未来"相并列的时间性概念。阳明所强调的是,过去或未来之事,无论怎样去冥思苦想,也得不到任何现实的效果,必须在当下去致良知。

49. 本体不动

【原典欣赏】

尚谦问孟子之"不动心"与告子异。

先生曰:"告子是硬把捉着此心,要他不动;孟子却是集义到自然不动。"

又曰："心之本体，原自不动。心之本体即是性，性即是理。性元不动，理元不动。集义是复其心之本体。"

【白话翻译】

薛侃向先生请教孟子和告子所认为的"不动心"有何差别。

先生说："告子是硬捉着心不让它动；孟子是集义到自然不动。"

先生又说："心之本体，原本就是不动的。心的本体就是性，性即理。性原本就是不动的，理也是不动的。聚集正义就是恢复心的本体。"

【跟进解读】

王阳明常教诲学生在静坐中用正念克服杂念。这与禅定不同，禅讲究不起念，在阳明先生看来那是不可能的。他反对因为烦乱便去静坐，这如同没有看书的意愿但仍旧硬着头皮去看书一样，是因药发病。他像孟子一样追求"不动心"。他又说，本体是不动的。这里所说的本体就是心之本体、人之本体、理、良知等，它作为一个价值原理的本身是一个普遍的理序。普遍理序自身是永恒不变的，它只是理序的抽象存在，不是人伦的活动。人伦的活动有动有静，但是理序自身却是无动静对待的，是永恒不动的。

50. 心外无物

【原典欣赏】

"心外无物。如吾心发一念孝亲，即孝亲便是物。"

【白话翻译】

先生说："本心之外没有物，譬如，我的心中产生了孝敬父母之念头，那么，孝敬父母就为物。"

【跟进解读】

孝亲之事确实不能脱离意识而存在，但所孝之亲是否即只是意之所在呢？在阳明先生看来，意指向对象的过程，同时也就是事亲、事君的实践过程。作为心之所发，意首先发于道德践履之中。而意之所在，亦首先在于这种实践过程。这样，物已不仅仅是静态的对象，而是与主体的活动息息相关。

51. 格物功夫

【原典欣赏】

先生曰："今为吾所谓格物之学者，尚多流于口耳。况为口耳之学者，能反于此乎？天理人欲，其精微必时时用力省察克治，方日渐有见。如今一说话之间，虽只讲天理，不知心中倏忽之间，已有多少私欲。盖有窃发而不知者，虽用力察之尚不易见，况徒口讲而可得尽知乎？今只管讲天理来顿放着不循，讲人欲来顿放着不去，岂格物致知之学？后世之学，其极至只做得个'义袭而取'的工夫。"

【白话翻译】

先生说："现在跟随我学习'格物'学说的人，大多只限于口耳相传的方式。更何况从事口耳皮毛之学的人，能不这样吗？存养天理去除私欲，其精妙细微之处必须时刻反省体察克制，才能一天一天地逐渐领悟。现在人们说话的时候，虽然只是在讲求天理，但不知转眼间，心中已产生了多少私欲！还有私欲潜滋暗长但不自知的情况，即使用功去体察尚且发现不了，更何况仅仅在口头上说说，怎么能全部认识呢？现在只管讲着天理，却不遵循着去做，谈着私欲而任其留存不知道去除，难道这是我'格物致知'的学说吗？后世的学问，顶多也只能算是个'用偶然合乎天理的举动而博得个好名声'的功夫罢了。"

【跟进解读】

王阳明的格物功夫，是将天理作为日常行事的准则，并且"时时用力"。他的格物学说讲理想人格，极致高明，但宣讲容易，履践实难，因为人人心中都有一个私欲驱之不去。在格物学说传播的过程中，最棘手的问题是如何做到"心口如一"，避免流为浮夸，衍化为虚伪。

52. "格"的本义

【原典欣赏】

问："知止者，知至善只在吾心，元不在外也，而后志定。"

曰："然。"

问格物。

先生曰："格者，正也，正其不正以归于正也。"

问："格物于动处用功否？"

先生曰："格物无间动静，静亦物也。孟子谓'必有事焉'，是动静皆有事。"

【白话翻译】

陆澄问："做到'大学之道'中的'知止'，就是明白至善只存在于我们的心中，原本就不在外物，然后志向才能坚定。是这样吗？"

先生说："是的。"

陆澄向先生请教格物的含义。

先生说："格是纠正的意思，纠正不正确的使它正确。"

陆澄问："格物是在动的方面下功夫吧？"

先生说："格物不分动与静，静也是事物。孟子说'必有事焉'，说的就是不论动静都要用功。"

【跟进解读】

阳明先生对"格物致知"的看法与朱熹不同。在他看来，朱熹训"格"为"至"为"错训"，正确的解释应训"格"为"正"，解"格物"为"正物"。"格物致知"之本义应为正心之不正以致心之本然"良知"。阳明认为，"必有事焉"即是"一定要提起良知面对眼前任何事务而求个德性的贯彻者"的意思。不论现实处境之或动或静，都有个动机心念上的提起良知的功夫在。

53. 做功夫的目标

【原典欣赏】

"工夫难处，全在格物致知上。此即诚意之事。意既诚，大段心亦自正，身亦自修。但正心、修身工夫亦各有用力处。修身是已发边，正心是未发边。心正则中，身修则和。"

"自'格物'、'致知'至'平天下'，只是一个'明明德'，虽'亲民'亦'明德'事也。'明德'是此心之德，即是仁。'仁者以天地万物为一体'，使有一物失所，便是吾仁有未尽处。"

"只说'明明德'而不说'亲民'，便似老佛。"

"至善者性也，性元无一毫之恶，故曰至善。止之，是复其本然而已。"

问："知至善即吾性，吾性具吾心，吾心乃至善所止之地，则不为向时之纷然外求而志定矣。定则不扰扰而静，静而不妄动则安，安则一心一意只在此处，千思万想务求必得此至善，是能虑而得矣。如此说是否？"

先生曰："大略亦是。"

先生说："功夫最难的就是格物致知，这就是是否能做到意诚的事情了。意诚了，基本上就能自然中正，身也自然能得到修养。但是中正内心，修养自身的功夫也各有侧重点。修养自身在感情已发时进行，中正内心在感情未发时进行。心性端正就是中正，修身就是平和。"

先生说："从'格物'、'致知'到'平天下'，只是一个'明明德'的过程。即使是'亲民'也是'明明德'的事情。'明德'是本心的德行，也是仁爱的表现。程颢说'仁爱的人把天地万物包括自己都视作一个整体'，假如天下有一人一物的失损，就是我心中的仁爱还有没有到达的地方。"

先生说："只说'明明德'而不说'亲民'，就和道佛两家学一样了。"

先生说："至善是人的天性，天性本来没有丝毫的恶，因此称至善。停止在至善上，只是恢复天性的本来面目而已。"

陆澄问："我总算是明白了。至善乃是人的本性，人的本性就包含在人的心中，人的本心就是至善所要归复的地方。明白了这些我就不会像原来那样急着向外求取，心志也就安定了。心志安定就会不受困扰，不受困扰就能得以安宁，内心安宁就不会妄动，不妄动就能专心致志在至善处。万虑千思，最终一定是要通过上面这些方法达到至善境地的，这都是我静下来思考的结果。我这样说是否正确？"

先生答："大概就是这样的。"

【跟进解读】

儒学是关于道德修养的学说，广大宏博，义理精微，功夫悉备，但归根到底只是正心二字，修身、正诚格致莫不是"正心"事。正心即是"明明德"，"自'格物'、'致知'至'平天下'，只是一个'明明德'，虽'亲民'亦'明德'事也"。此处把"亲民"理解为"安百姓"而非"新民"，与之前徐爱记录的老师言语保持一致。王阳明的"致良知"，和"止于至善"是同一道理，他进一步解释："性原无一毫之恶，故曰至善。止之，是复其本然而已。""致良知"是对人类至善之性的回归。这种对回归的呼唤，是王阳明一切"做功夫"的目标。

54. "仁"的根本

【原典欣赏】

问："程子云：'仁者以天地万物为一体。'何墨氏兼爱，反不得谓之仁？"

先生曰："此亦甚难言，须是诸君自体认出来始得。仁是造化生生不息之理，虽弥漫周遍，无处不是，然其流行发生，亦只有个渐，所以生生不息。如冬至一阳生，必自一阳生而后渐渐至于六阳。若无一阳之生，岂有六阳？阴亦然，惟有渐，所以便有个发端处，惟其有个发端处，所以生。惟其生，所以不息。譬之木，其始抽芽，便是木之生意发端处。抽芽然后发干，发干然后生枝生叶，然后是生生不息。若无芽，何以有干有枝叶？能抽芽，必是下面有个根在，有根方生，无根便死。无根何从抽芽？父子、兄弟之爱，便是人心生意发端处，如木之抽芽。自此而仁民，而爱物，便是发干生枝生叶。墨氏兼爱无差等，将自家父子、兄弟与途人一般看，便自没了发端处。不抽芽，便知得他无根，便不是生生不息，安得谓之仁？孝弟为仁之本，却是仁理从里面发出来。"

【白话翻译】

陆澄问："程颢先生说'仁者以天地万物为一体'，那为什么墨家主张兼爱，反而被认为是不仁呢？"

先生说："这个很难解释。必须是你们自己体察出来才能明白。仁是万物造化生生不息的天理。虽然它弥漫于天地人间，无处不在，但是它的运行也有个循序渐进的过程的，所以才能生生不息。例如，从冬至时，一阳开始产生，然后才逐渐发展到六阳。倘若没有一阳的产生，又怎么会有六阳呢？阴也是这样。因为它是一个渐进的过程，所以就有个发端之处。因为有个发端处，所以会生长。因为生长，所以生生不息。以树木为例，萌芽就是树木生成的发端处。之后长出干，树干长出后又开始抽枝生叶，繁衍生长永不停止。如果无芽，哪有干有枝叶？能发芽必然是下面有根，有根才能存活，无根就会死去，无根哪里去抽芽？父子兄弟之爱，便是人心生之意的发端处，像树木的发芽。从这里开始而仁爱百姓，泽及万物，便是抽枝生叶。而墨家的'兼爱'、'无差'等思想，将自家父子兄弟与陌生人一般看待，就没有了发端处，不抽芽，便知它是无根的，便不是生生不息的。哪里谈得上仁？孝、悌是仁的根本，仁理就是从孝悌中产生出来的。"

王阳明认为，亲亲是一体之仁的根，这一点与孔子所说的"孝悌也者，其为仁之本与"一脉相承。仁的"根本"终究会长成参天的"大树"，但一切端赖于"根本"最初的"萌芽"、"发端"。根不萌芽便是"死根"。儒家力守这个"根本"，而不与墨子兼爱观念妥协，自有其良苦用心在。就爱来说，一般有深浅厚薄之分，但"厚薄原理"不适用于父母兄弟，如果在父母兄弟还分个厚薄、还于心有"忍"，那么，仁爱的根子便死掉了，一体的仁理便根本无法发生、无法透现了。这一点正是王阳明深为强调的。

55. 阳明批评佛教

【原典欣赏】

问："延平云：'当理而无私心。'当理与无私心，如何分别？"

先生曰："心即理也。无私心即是当理，未当理便是私心。若析心与理言之，恐亦未善。"

又问："释氏于世间一切情欲之私都不染着，似无私心；但外弃人伦，却似未当理。"

曰："亦只是一统事，都只是成就他一个私己的心。"

【白话翻译】

陆澄问："延平先生说：'当理而无私心。'符合天理和没有私心，怎样区别？"

先生说："心即理。没有私心，就是合于理；不合于理，就是有私心。若分开心与理来谈论，恐怕不妥当。"

陆澄又问："佛家对于人世间的一切私欲都不沾染，这应该是无私心吧？但他们抛弃人伦，却似乎不符合天理。"

先生答："佛家和世人其实是一回事，两者都是成就他个人的私心。"

【跟进解读】

王阳明认为，当人没有私心就是符合公理。正因人已有私心，才会去强论公理。但对于佛教"世间一切情欲之私都不染着"，他持否定态度。这是基于一个儒家价值意识的标准下的批评，儒家的价值意识即是要对天下事务有所承担，要在这个现实的世界中去做一些有利国计民生的事情，如果只顾自己便是有私心，阳明批评释氏不能治天下，逃避君臣父子之义，弃绝现实事务，不为人民服务，又外弃人伦，这些批评都是谨守着儒家的价值标准的批评。

三、薛侃录——一以贯之

薛侃颇有贤名，为学造诣非凡，被誉为"行义在乡里，名节在朝野"。薛侃字尚谦，号中离，人称中离先生，富有文才，明武宗正德丁丑二年（1517年）考中进士，是阳明学生之一，力倡阳明心学，后由他传阳明学入岭南，《明史》谓"自是王氏学盛行于岭南"。他为官清廉刚正，曾浚凿中离溪与民为利。

1. 心之神明

【原典欣赏】

侃问："持志如心痛，一心在痛上，安有工夫说闲语、管闲事？"

先生曰："初学工夫如此用亦好，但要使知'出入无时，莫知其乡'，心之神明原是如此，工夫方有着落。若只死死守着，恐于工夫上又发病。"

【白话翻译】

薛侃问："坚持志向犹如心痛，一心在痛上，哪有心思说闲话、管闲事呢？"

先生说："初学时这样下功夫很好，但是要让自己明白'出入没有固定的时间，不知道它要到哪里去'。心灵的神明原本就是如此，所用功夫才有着落。如果只是死死守着志向，恐怕又是下错了功夫。"

【跟进解读】

"出入无时，莫知其乡"出自《孟子·告子上》。阳明先生认为这句话正是"道也者，不可须臾离也"。"莫知其乡"是"无向"，出入无时、无向，即是没有出入，或者出即入，入即出，这是心之神明至诚无息的境界。而出入有时、有向，则是出入有别，这是"往者屈也，来者信也"的"其次致曲"。人心是一个生机勃勃的活物，思维活动一刻也没有停息过。思维的内容、方式、次序都不受限制，念念相续。只有将心念功夫落实在志向上才行。

2. 求学重在志向真切

【原典欣赏】

侃问："专涵养而不务讲求，将认欲作理，则如之何？"

先生曰："人须是知学，讲求亦只是涵养。不讲求，只是涵养之志不切。"

曰："何谓知学？"

曰："且道为何而学？学个甚？"

曰："尝闻先生教。学是学存天理。心之本体，即是天理。体认天理，只要自心地无私意。"

曰："如此则只须克去私意便是。又愁甚理欲不明？"

曰："正恐这些私意认不真。"

曰："总是志未切。志切，目视耳听皆在此，安有认不真的道理？是非之心，人皆有之，不假外求。讲求亦只是体当自心所见。不成去心外别有个见。"

【白话翻译】

薛侃问："专注于德行的涵养而不讲求学问上的研究，从而误把私欲认作天理，怎么办？"

先生说："人必须先懂得学习。学习研究，也是修养本性。不学习研究，只是修养的志向不坚定。"

薛侃问："怎样才算是懂得学习？"

先生说："你姑且谈一谈为何而学？学什么？"

薛侃说："先生曾教导我们说，学就是学'存天理'，心的本体就是天理，体察认知天理，不过就是要使自心无私欲。"

先生说："你既然认识到了这层，那么今后只需要去克制私欲就可以了，还担心什么不明白天理、私欲呢？"

薛侃说："正是担心这些私欲认不真切！"

先生说："还是志向不真切。志向真切了，眼见耳闻都在天理上，哪有认不真切的道理呢？是非之心，人皆有之，不需要借助外界求得。讲求学问也只是体察自己心所见。不必去心外另寻他见。"

【跟进解读】

修德是以道德为中心的人格培养。王阳明认为，功夫是一种活动而非仅是知识，涵养德行必须求学讲论，而求学讲论又重在志向明确和真切。志向真切，求学也真切，涵养也真切。这个真切功夫不在心外，而在自己心中的体会和揣摩。否则，自身的境界永远无法提升。

3. 减得一分人欲，复得一分天理

【原典欣赏】

希渊问："圣人可学而至。然伯夷、伊尹于孔子，才力终不同。其同谓之圣者安在？"

先生曰："圣人之所以为圣，只是其心纯乎天理，而无人欲之杂。犹精金之所以为精，但以其成色足而无铜铅之杂也。人到纯乎天理方是圣，金到足色方是精。然圣人之才力，亦有大小不同，犹金之分两有轻重。尧、舜犹万镒。文王、孔子犹九千镒。禹、汤、武王犹七八千镒。伯夷、伊尹犹四五千镒。才力不同，而纯乎天理则同，皆可谓之圣人，犹分两虽不同，而足色则同，皆可谓之精金。以五千镒者而入于万镒之中，其足色同也。以夷、尹而厕之尧、孔之间，其纯乎天理同也。盖所以为精金者，在足色，而不在分两；所以为圣者，在纯乎天理，而不在才力也。故虽凡人，而肯为学，使此心纯乎天理，则亦可为圣人。犹一两之金，比之万镒。分两虽悬绝，而其到足色处，可以无愧。故曰'人皆可以为尧舜'者以此。学者学圣人，不过是去人欲而存天理耳。犹炼金而求其足色。金之成色，所争不多，则煅炼之工省，而功易成。成色愈下，则煅炼愈难。人之气质，清浊粹驳，有中人以上，中人以下。其于道，有生知安行，学知利行，其下者，必须人一己百，人十己千，及其成功则一。后世不知作圣之本是纯乎天理，却专去知识才能上求圣人。以为圣人无所不知，无所不能，我须是将圣人许多知识才能，逐一理会始得。故不务去天理上看功夫，徒弊精竭力，从册子上钻研，名物上考索，形迹上比拟，知识愈广而人欲愈滋，才力愈多而天理愈蔽。正如见人有万镒精金，不务煅炼成色，求无愧于彼之精纯，而乃妄希分两，务同彼之万镒，锡铅铜铁，杂然而投，分两愈增，而成色愈下，既其梢末，无复有金矣。"

时日仁在傍曰："先生此喻，足以破世儒支离之惑，大有功于后学。"

先生又曰："吾辈用功，只求日减，不求日增。减得一分人欲，便是复得一分天理。何等轻快脱洒！何等简易！"

【白话翻译】

蔡宗兖问："圣人的境界通过学习固然可以达到。然而伯夷、伊尹跟孔子比较起来，其才智是有所不同的，孟子把他们同称为圣人的原因是什么呢？"

先生说："圣人之所成为圣人的原因，只是其内心纯然充斥着天理而无半点私欲的混杂。就像纯金之所以纯，只是因为成色足而没有铜铅等其他金属成分的混杂。人到纯存天理才是圣人，金到足色才是纯金。然而圣人的才智也有大小之分，就像金的分量有轻重不同一样，尧、舜就好比是万镒重的纯金，文王、孔子就好比是九千镒，禹、汤、武王就好比是七八千镒，伯夷、伊尹就好比是四五千镒。他们的才智虽然各不相同，然而他们纯粹天理的心相同，都可以称为圣人，就像金的分量不同，而只要成色十足，都可称为纯金。之所以把相当于五千镒的圣人与相当于一万镒的圣人并称，只是缘于他们的成色是一样的。把伯夷、伊尹与唐尧、孔丘相提并论，也是因为他们的内心都是纯然充斥着天理。成为纯金的，在于成色足，而不在分量；成为圣人的，在纯乎天理，而不在才智。因此，即便是平常人，只要肯学习，让此心纯乎天理，就也可以成为圣人。就像重一两的金子，和重万镒的金子相比，分量的确相差悬殊，但就其成色十足而言，则是毫不逊色的。因此，孟子才说'人人都可以成为尧舜'。学者学习圣人，不过是要学去除私欲、存天理罢了。这就好比炼金术，其所追求的也不过是黄金的成色更足而已。原料金的成色越足，那么冶炼的工夫就可以省却许多，也更容易成功。成色越低，那么冶炼起来也就会更加困难。人的天资，清浊混杂，有中等以上和中等以下之分。对于圣道而言，有生知安行和学知利行的差别。资质在中等人之下的，就必须用别人百倍的努力才能勉强追赶上别人。后世之人不知成为圣贤之本是纯乎天理，却专门在知识与才能上去求取成为圣人，以为圣人无所不知、无所不能，我只需把圣人的许多知识才能一一学会就可以了。因此他们不从天理上下功夫，白白浪费精力，从书本上钻研，从名物上考索，从形迹上比拟，知识越广反而私欲会越发滋长，才智越多而天理越被蒙蔽。这样的人一如看见别人有万镒纯金，自己不是想着增加自有的一两黄金的成色，使自己的金无愧于他金的精纯，而一门心思想在分量上赶上人家，所以把锡箔铜铅铁，都混杂着投进去，这样的话分量的确是增加了，可成色却没了，到最后不再有金。"

当时徐爱在旁边说："先生这个比喻，足以破除前世儒者支离破碎的说法，对学生们非常有帮助。"

先生又说："我们用功，只求一天天减少私欲，不求一天天增长知识，减去一分私欲，便是恢复一分天理。何等轻快洒脱！何等简单易行啊！"

【跟进解读】

阳明先生在此处想要表达的核心观念依旧是"去私欲，存天理"。让人耳目一新的是快到结尾处"吾辈用功，只求日减"一句。一般在"为学"上用功，大家惟独担心自己所获不多。这里阳明先生换了减法来要求大家，只不过要减的是私欲，可谓是慧眼独具。这也就容易理解为什么在先生看来，圣不圣，就好像黄金一样，讲求的是精纯，没有杂质在里面。

4. 朱子先治经后明道

【原典欣赏】

士德问曰："格物之说，如先生所教，明白简易，人人见得。文公聪明绝世，于此反有未审，何也？"

先生曰："文公精神气魄大，是他早年合下便要继往开来，故一向只就考索著述上用功。若先切己自修，自然不暇及此。到得德盛后，果忧道之不明，如孔子退修六籍，删繁就简，开示来学，亦大段不费甚考索。文公早岁便著许多书，晚年方悔是倒做了。"

士德曰："晚年之悔，如谓'向来定本之悟'，又谓'虽读得书，何益于吾事'，又谓'此与守书籍，泥言语，全无交涉'，是他到此方悔从前用功之错，方去切己自修矣。"

曰："然。此是文公不可及处。他力量大，一悔便转，可惜不久即去世，平日许多错处皆不及改正。"

【白话翻译】

杨骥问："'格物'的学说正像先生所教诲的，真是简单明白，人人都能理解。朱熹先生聪明绝世，对'格物'的学说反而阐释得不准确，为什么呢？"

先生说："朱熹志存高远，早年他下定决心要继往开来，因而，一直在考证著述上用功。倘若他是先从剖析自己修身养性上着手，自然无暇顾及于此。等到他德行盛大之后，果然开始担忧大道不行于世，就像孔子一样退下来专心修订《六经》，删繁就简，以开导启示后来学者，也免去了许多本该被删除的大段文章的考据功夫。朱子早年便看许多书，到晚年时才后悔把治学的次序做颠倒了。"

杨骥说："朱熹的晚年之悔就体现在他说的这些话吗？如他所说的'以前定本的省悟'，又说'虽读了很多书，对我的事有什么帮助呢'，又说'这与守着书籍，泥言语，全无关系'，他说这些话的意思就是这时候后悔从前的用功方向用错了，自此开始从剖析自己修身养性上着手。"

先生答："正是如此。这正是朱熹先生的可贵之处。他意志力强悍，一旦悔悟便自行修正，只可惜没过多久就去世了，之前的许多错处都来不及改正了！"

【跟进解读】

朱熹先生是先治经后明道的，他做学问是用传统的方法，即收集了前辈关于"四书"等经典的注解，进行分析比较，再加以融会贯通。如果我们研究儒学不依靠朱熹的《四书集注》是很难弄清楚的。然而，朱熹先生毕竟是晚年彻悟的，因此《四书集注》中难免有模糊之处，但对于彻悟的人来说是无所谓的。不能彻悟怎么办呢？要参照王阳明、藕益、憨山、印光等人的说法。

后面杨骥引用的三处都出自王阳明编的《朱子晚年定论》一书，阳明先生当年研究朱子学说，知道朱熹的弊端，也知道朱熹晚年悟处，为了更好地帮助后来的学者，阳明先生在京城时，就四处收集朱熹先生晚年的信件并对其进行整理，编成《朱子晚年定论》一书。

5. 顿悟良知本体之理

【原典欣赏】

先生谓学者曰："为学须得个头脑，工夫方有着落。纵未能无间，如舟之有舵，一提便醒。不然，虽从事于学，只做个'义袭而取'，只是行不著，习不察，非大本达道也。"

又曰："见得时，横说竖说皆是。若此处通，彼处不通，只是未见得。"

【白话翻译】

先生对来访的学者说："做学问必须有头脑，如此功夫才有着落。纵然做不到一遇即懂，融会贯通，但有了头脑就如船有舵，关键时刻一提便明白。不然的话，虽然苦学用功，但也只是'义袭而取'，只能是做了好事也不知道缘由，习以为常后又不知其所以然，不是天下的大本（根本）与达道（原则）。"

先生接着又说："有了头脑，横说直讲你都能整明白。如果此处明白了，别处又不明白了，只是因为没有用脑。"

【跟进解读】

王阳明上承了宗密先生顿渐的思辨方法即先顿后渐、顿悟灵如、渐修妄念。他也强调顿悟的先导作用，将顿悟良知本体之理视作"为学头脑"。认为做学问的关键，首在头脑，次在志真，头脑正，悟门开，从心发明，从身悟入，则任何问题皆可自化。

6. 惟患夺志

【原典欣赏】

或问："为学以亲故，不免业举之累。"

先生曰："以亲之故而业举为累于学，则治田以养其亲者亦有累于学乎？先正云'惟患夺志'，但恐为学之志不真切耳。"

【白话翻译】

有人问："为了父母而做学问，难免被科举中第所累吧？"

先生答："要是这样，那么为了侍奉父母而种田，也有碍于思想进步哇？程颐说'只害怕丧失了志向'，是说只怕是求学的志向不真切呀！"

【跟进解读】

这是在批评为学懒惰而以父母为借口的人。阳明先生的意思很明确，做学问要志向真切。只要志向真切了，其他外在的因素都不能妨碍思想的进步和学问的增长。相反，如果志向不真切，而总是拉客观、找借口，做学问就很难取得成就。

7. 心有主宰，从容自在

【原典欣赏】

崇一问："寻常意思多忙，有事固忙，无事亦忙，何也？"

先生曰："天地气机，元无一息之停。然有个主宰，故不先不后，不急不缓，虽千变万化，而主宰常定。人得此而生。若主宰定时，与天运一般不息，虽酬酢万变，常是从容自在。所谓'天君泰然，百体从令'。若无主宰，便只是这气奔放，如何不忙？"

【白话翻译】

欧阳德问："平时总是感觉意念思想很忙乱，有事时固然会忙，无事时也觉得忙，这是为什么呢？"

先生说："天地间万物的变化本来就没有一刻是会停息的。但有了一个主宰，变化时就会不先不后，不急不缓，即使千变万化，而主宰却是安定的。人有了这个主宰才产生。如果主宰安定了，像天运一般没有障碍，即使日理万机，也从容自在。也就是所谓的'天君泰然不动，百体从搏令而行'。如果没有主宰，只是个意气用事，怎么会不忙呢？"

【跟进解读】

在阳明先生看来，"忙"并非事多而繁忙，而是因为"无主宰"而导致"失序"，进而"失据"，与事情的多与少无关。主宰常定，变化之先后急缓秩序确定，人事秩序也随之确定，有事无事故得从容自在。主宰缺失，意气用事，秩序无存，有事无事皆忙皆乱。此处阳明所称的'主宰'指的是心，是一片纯然的天理、一个昭明的良知。人心如果中无所主，那还不会百欲交侵、心劳日拙吗？所以心有主宰，真是一个做学问的头脑功夫。

8. 不务空名

【原典欣赏】

先生曰："为学大病在好名。"

侃曰："从前岁，自谓此病已轻。比来精察，乃知全未。岂必务外为人？只闻誉而喜，闻毁而闷，即是此病发来。"

曰："最是。名与实对，务实之心重一分，则务名之心轻一分。全是务实之心，即全无务名之心。若务实之心，如饥之求食，渴之求饮，安得更有工夫好名？"

又曰："'疾没世而名不称。'称字去声读，亦'声闻过情，君子耻之'之意。实不称名，生犹可补，没则无及矣。'四十五十而无闻'，是不闻道，非无声闻也。孔子云'是闻也，非达也'。安肯以此望人？"

【白话翻译】

先生说："做学问最大的弊病在于追名逐利。"

薛侃说："自从去年以来，我感觉自己这方面的毛病减轻了许多。最近仔细省察，才知道完全不是那么回事。学习难道需要外人来评判吗？听见夸赞就高兴，听见批评就郁闷，就是好名的毛病在发作的表现。"

先生说："正是这样。好名与务实相对，务实的心思重一分，好名的心思就轻一分。如果自己全是务实的心思，那么就全然没有好名的心思。如果务实的心思犹如饥饿要吃饭，渴了要喝水一样，哪有心思去追名呢？"

先生又说："孔子说：'君子疾没世而名不称。''称'字读四声，和孟子所说的'声闻过情，君子耻之'是一个意思。实际和名声不相符合，活着还可以想办法来补救，死了就来不及了。孔子说的'四十五十而无闻'中的'闻'是没有闻道，并非没有名声。孔子还曾说过'是闻也，非达也'。他怎么会用声名来对待别人呢？"

【跟进解读】

务实就是讲究实际、实事求是，这是中国农耕文化较早形成的一种民族精神。但很多人总想着出人头地、光宗耀祖。武人打仗打够了，大都要荣归故里；而文人一旦金榜题名，也要衣锦还乡，体验人人仰视的快乐。王阳明反对追虚逐妄，强调名副其实。他以"务实"来去除"务名"之病，排斥虚妄，鄙视华而不实，追求充实而有活力的人生。

9. 吃一堑，长一智

【原典欣赏】

侃多悔。

先生曰："悔悟是去病之药，然以改之为贵。若留滞于中，则又因药发病。"

【白话翻译】

薛侃经常后悔。

先生说："悔悟是治病的药，以改正为贵。若是留滞于心，怅然不去，那么又会因药而生病了。"

【跟进解读】

在阳明先生看来，一个人有悔恨改过之心是完善自我道德的良药，但没有必要以苦行来折磨自己，而是吸取教训，下次不于重蹈覆辙即可。换言之，人应该有悔悟之心，但不该让它成为负担。

10. 体用一源

【原典欣赏】

侃问："先儒以心之静为体，心之动为用，如何？"

先生曰："心不可以动静为体用。动静，时也。即体而言用在体，即用而言体在用，是谓'体用一源'。若说静可以见其体，动可以见其用，却不妨。"

【白话翻译】

薛侃问："先儒认为'静是心的本体，动是心的应用'，这话怎么样？"

先生说："心不能用动静来区分本体和应用。动与静都是暂时的、相对的。就本体而言，应用在本体之中；就应用而言，本体也寓于在应用之中。所以说

'体用一源'。如果说静时可以看见心的本体，动时可以看见心的作用，倒也没什么问题。"

【跟进解读】

阳明先生认为，体和用是一回事，动不是用，静也不是体，体用只是人们对于心的一种判断。除了心的分别作用，别无其他。实际上，阳明先生在这里是否定了存在体与用了，因为在他眼里，心的作用只是自我的分别，本身没有体与用的分别了。

11. 不可与不肯

【原典欣赏】

问："上智、下愚，如何不可移？"

先生曰："不是不可移，只是不肯移。"

【白话翻译】

薛侃问："孔子为什么说上智之人与下愚之人不能互相转变？"

先生说："不是不能转变，孔子的意思是他们不肯转变。"

【跟进解读】

孔子曾说"上智"是"生而知之"，即超人或天才，孔子说自己不是。"下愚"是指先天素质很不好的人。阳明的解释着重在自觉学习，在于自己的志向和后天的努力。不论是谁，只要自己肯下功夫，"良知"都是可以达到的。

12. 善用俱是

【原典欣赏】

问"子夏门人问交"章。

先生曰："子夏是言小子之交，子张是言成人之交。若善用之，亦俱是。"

【白话翻译】

薛侃向先生请教"子夏门人问交"一章的内容。

传习录全编

先生说："子夏说的是小孩子之间的交往，子张说的是成人之间的交往。如果善于应时运用，都是正确的。"

【跟进解读】

孔子弟子子夏的门人，向师叔子张请教如何交朋友。子张说："子夏怎么说？"门人回答："子夏说：'可以跟他交朋友的就交，那些不能交朋友的人就拒绝和他交。'"子张说："跟我所听到不大一样：君子尊重贤德的人，而且能容纳众多的普通人；赞美那些有才能的人，而且尊重怜惜那些没有才能的人。我自己如果是很贤德的人，对别人还有什么不能容纳？我自己如果不是贤德的人，别人可能会拒绝和我交朋友，哪里用得着自己再去拒绝别人呢？"

关于论语这篇，南怀瑾《论语别裁》得出了"有容德乃大"的结论。甚至推论出，圣人之学到第二代、第三代已经开始分化了。而王阳明亦以为然。所不同的是，"后儒"们只看表面，不如阳明先生透彻——若善用之，亦俱是。

13. 体未立，用安从生

【原典欣赏】

国英问："曾子三省虽切，恐是未闻一贯时工夫？"

先生曰："一贯是夫子见曾子未得用功之要，故告之。学者果能忠恕上用功，岂不是一贯？'一'如树之根本，'贯'如树之枝叶。未种根，何枝叶之可得？体用一源，体未立，用安从生？谓'曾子于其用处，盖已随事精察而力行之，但未知其体之一'，此恐未尽。"

【白话翻译】

陈桀（字国英，王阳明的学生）问："曾子日三省吾身虽然深切，但恐怕是在听闻孔子那句'吾道一以贯之'教导前的学习方法吧？"

先生说："'一以贯之'是孔子见曾子没领会用功的要领，所以告诉他的。求学的人果真能够在忠恕两个字上用心，难道不是一贯吗？'一'就像树的根，'贯'就像树的枝叶，没有根，哪来的枝叶？体和用一体，体没立，哪来的用？说'曾子于其用处盖已随事精察而力行之，但未知其体之一'，我觉得这话恐怕不全对。"

【跟进解读】

阳明先生从"体用一源"概念中之"体"解释孔子"一以贯之"的"一"，批评朱注，认为所谓"一贯"是指"体"，但这个"体"的具体涵义如何，王阳明在此并没有明确定义。但从阳明思想脉络推测，应当指的是"良知之本体"，颇具心性论之意涵。

14. 心上用功

【原典欣赏】

黄诚甫问"汝与回也，孰愈"章。

先生曰："子贡多学而识，在闻见上用功。颜子在心地上用功。故圣人问以启之。而子贡所对，又只在知见上，故圣人叹惜之，非许之也。"

"颜子不迁怒，不贰过，亦是有未发之中，始能。"

【白话翻译】

黄宗贤向先生请教《论语》中"汝与回也，孰愈"这一章怎么理解。

先生说："子贡聪明博学，在博闻强记上用功。而颜回却是在自心的理解辨识上用功。所以孔子才有此问，来启发子贡。但是子贡的回答却认为自己与颜回的差距仅是体现在知与见的层次上，所以孔子为之叹惜，并不是认同他。"

先生说："颜回遇有不顺的事儿不会迁怒于别人，同样的错误不会犯两次，这也是具备了'未发之中'的功夫才能做到的。"

【跟进解读】

在此书的上卷中，阳明比较强调"心上功夫"。他明确反对子贡的"在闻见上用功"，而推崇颜回的"在心地上用功"。因为他认为，不能把"格物之学"错看成"舍心逐物"的"动处用功"。

15. 立志贵专一

【原典欣赏】

"种树者必培其根，种德者必养其心。欲树之长，必于始生时删其繁枝；欲德之盛，必于始学时去夫外好。如外好诗文，则精神日渐漏泄在诗文上去。凡百外好皆然。"

又曰："我此论学，是无中生有的工夫，诸公须要信得及，只是立志。学者一念为善之志，如树之种，但勿助勿忘，只管培植将去，自然日夜滋长，生气日完，枝叶日茂。树初生时，便抽繁枝，亦须刊落，然后根干能大。初学时亦然。故立志贵专一。"

【白话翻译】

先生说："种树一定要培植树根，养德一定要修养内心。想要树生长，必须开始时就剪掉它繁余的枝条；要想德性盛大，必须在刚开始学习时就去除外在的喜好。譬如喜欢诗文，则精神就会日渐漏泄在诗文上去。其他爱好的效果也是这样。"

先生又说："我在此处讲学，是一种无中生有的功夫，你们要相信的话，就必须立志。求学的人要有一心向善的志向，就好比树的种子，只要不忘记，不助长，一直栽培下去，它自然就会生机勃勃，枝叶也会日渐茂盛。小树刚长出来时，有了分枝，应该剪掉，然后主干才能长高长壮。初学者也是这个道理。所以说立志贵在专一。"

【跟进解读】

阳明先生认为，立志贵在专一，这是做学问的第一个步骤，是成圣与否的关键。初学者要守住心性，立志专一，不分神过杂，一以贯之在根上、源头上，凡与圣学无关之闲技能皆应废去。

16. 涵养与见识合一

【原典欣赏】

因论先生之门，某人在涵养上用功，某人在识见上用功。

先生曰："专涵养者，日见其不足；专识见者，日见其有余。日不足者日有余矣，日有余者日不足矣。"

【白话翻译】

谈及先生的弟子，某人是在修养身心上用功，某人在知识见闻上用功。

先生说："专在修养上用功，每天能发现自己的不足；专在知识见闻上用功，每天都会觉得自己懂得越来越多。每天发现不足的人，德行将会一天天提高。每天感到自己懂得越来越多的人，其德行将会一天天地衰微下去。"

【跟进解读】

重涵养而日不足，是说知识上不广博（所谓日不足），但知识上的不广博，却使得德性上内自充足（所谓日有余）。专见识者恰好相反：似乎在知识上丰富广博，但在德性上却有所欠缺。阳明之意，是涵养与见识合一，无所偏颇。

17. 格物致知，内心灵明

【原典欣赏】

惟乾问："知如何是心之本体？"

先生曰："知是理之灵处。就其主宰处说便谓之心。就其禀赋处说便谓之性。孩提之童，无不知爱其亲，无不知敬其兄。只是这个灵能不为私欲遮隔，充拓得尽，便完完是他本体，便与天地合德。自圣人以下，不能无蔽。故须格物以致其知。"

【白话翻译】

惟乾问："为什么说良知是心的本体？"

先生说："良知是天理最灵妙的地方。就其主宰的方面说就是心，就其禀赋的方面说就是性。年幼的儿童，都懂得孝爱自己的父母，都懂得尊敬自己的兄长。这是因为良知没有被私欲遮蔽，得到充分的发挥，这样的心便完全是他本体了，便与天地合德。自圣人以下，普通人没有不被私欲所蒙蔽的。因此才需要通过格物来达到良知。"

【跟进解读】

王阳明心学中的灵明是先天就已存在的。借助灵明，即人之本心的澄明，人们的良知才可显现出来。他认为除了圣人，没有人的本心不被蒙蔽，所以每个人都应该格物致知，达到内心的灵明。

18. 本体中原无念虑

【原典欣赏】

守衡问："大学工夫只是诚意，诚意工夫只是格物，修、齐、治、平，只诚意尽矣，又有正心之功，'有所忿懥好乐，则不得其正'，何也？"

先生曰："此要自思得之，知此则知未发之中矣。"

守衡再三请。

曰："为学工夫有浅深，初时若不着实用意去好善恶恶，如何能为善去恶？这着实用意便是诚意。然不知心之本体原无一物，一向着意去好善恶恶，便又多了这分意思，便不是廓然大公。《书》所谓'无有作好作恶'，方是本体。所以说'有所忿懥好乐，则不得其正'。正心只是诚意工夫里面体当自家心体，常要鉴空衡平，这便是未发之中。"

【白话翻译】

守衡问：《大学》的功夫就是诚意，诚意的功夫就是格物，修身、齐家、治国、平天下的功夫，只一个诚意就可以包括完了，可是《大学》中还有正心的功夫，说'心里总是念念不忘于忿怒或快乐，则正不了心'，这是为什么呢？"

先生说："这就得你独立思考才能领会了，领会到了也就明白什么是未发之中了。"

守衡怎么也想不明白，于是再三向先生请教。

先生说："为学的功夫有深有浅，在刚开始时如果不能着实用心地去好善憎恶，又怎么能做到为善除恶呢？这里的着实用心就是诚意。然而一般人不明白心的本体原本就是空灵的，刻意去好善恶恶，反倒是多了这分有意为善憎恶的心思，心的本体就不是廓然大公了。《尚书》中所说的'不有意为善作恶'，这才是心的本体。所以《大学》中才说，'心里总是念念不忘于忿怒或快乐，则正不了心'。正心就是从诚意功夫上体认自己的心体，使它经常像镜子一样明亮，像秤杆一样平稳，这就是未发之中。"

【跟进解读】

在阳明先生看来，本体是无一物的。所说的"无一物"，即指无一私欲念虑。人人心中有天理、私欲的辩争，有很多种事事物物的实践在其中，但是本体自身自是本体，不关人心念虑。人心念虑事物万千，本体中原无念虑，是心性之纯然状态，故而无物。

19. 为荀子辩解

【原典欣赏】

志道问："荀子云：'养心莫善于诚。'先儒非之，何也？"

先生曰："此亦未可便以为非。'诚'字有以工夫说者。诚是心之本体，求复其体，便是思诚的工夫。明道说'以诚敬存之'，亦是此意。大学'欲正其心，先诚其意'。荀子之言固多病，然不可一例吹毛求疵。大凡看人言语，若先有个意见，便有过当处。'为富不仁'之言，孟子有取于阳虎，此便见圣贤大公之心。"

【白话翻译】

管志道问："荀子说：'养心最好的办法是思诚'，二程认为不对，这是为什么？"

先生说："这也不能就认为不对。对于'诚'字，有人是从存养天理的功夫上来理解的。诚是心的本体，求得恢复心体的功夫，就是思诚的功夫。程颢先生说'用诚敬的心存养它'，也是此意。《大学》中说'要端正人的心体，必须先端正他的思想'。荀子的话固然有语病，但不要吹毛求疵。一般看别人的学说，如果你先对他有了成见，肯定就会挑出过分的地方。'为富不仁'这句话，就是孟子引用阳虎的话，由此可见圣贤阔大公正的心。"

【跟进解读】

荀子是战国时期的儒学宗师，对孔子相当尊重，而对孟子及其学派却有尖锐的批评。从某种程度上来讲，他有把自己作为孔子正宗传人的意愿。就当时的社会影响来说，"孔孟之道"与"孔荀之道"并存的可能性是存在的。到唐朝，韩愈昌明"道统"之说，不仅表现出尊孟贬荀的倾向，而且已经把荀子排斥出儒学正宗的体系之外。在宋代理学大盛时期，荀子更受到空前的贬抑，朱熹甚至告知弟子可以不理会荀子。正是由于这个缘故，王阳明说的这段话，意味是十分深长的。

20. 主宰自我的良知

【原典欣赏】

萧惠问："己私难克，奈何？"

先生曰："将汝己私来替汝克。"

又曰："人须有为己之心，方能克己，能克己，方能成己。"

萧惠曰："惠亦颇有为己之心，不知缘何不能克己？"

先生曰："且说汝有为己之心是如何？"

惠良久曰："惠亦一心要做好人，便自谓颇有为己之心。今思之，看来亦只是为得个躯壳的己，不曾为个真己。"

先生曰："真己何曾离着躯壳？恐汝连那躯壳的己也不曾为。且道汝所谓躯壳的己，岂不是耳、目、口、鼻、四肢？"

惠曰："正是为此。目便要色，耳便要声，口便要味，四肢便要逸乐，所以不能克。"

先生曰："'美色令人目盲，美声令人耳聋，美味令人口爽，驰骋田猎令人发狂。'这都是害汝耳、目、口、鼻、四肢的，岂得是为汝耳、目、口、鼻、四肢？若为着耳、目、口、鼻、四肢时，便须思量耳如何听，目如何视，口如何言，四肢如何动，必须非礼勿视、听、言、动，方才成得个耳、目、鼻、四肢，这个才是为着耳、目、口、鼻、四肢。汝今终日向外驰求，为名、为利，这都是为着躯壳外面的物事。汝若为着耳、目、口、鼻、四肢，要非礼勿视、听、言、动时，岂是汝之耳、目、口、鼻、四肢自能勿视、听、言、动？须由汝心。这视、听、言、动皆是汝心。汝心之视发窍于目，汝心之听发窍于耳，汝心之言发窍于口，汝心之动发窍于四肢。若无汝心，便无耳、目、口、鼻、四肢。所谓汝心，亦不专是那一团血肉。若是那一团血肉，如今已死的人，那一团血肉还在，缘何不能视、听、言、动？所谓汝心，却是那能视、听、言、动的，这个便是性，便是天理。有这个性，才能生这性之生理，便谓之仁。这性之生理，发在目便会视，发在耳便会听，发在口便会言，发在四肢便会动，都只是那天理发生，以其主宰一身，故谓之心。这心之本体，原只是个天理，原无非礼，这个便是汝之真己。这个真己是躯壳的主宰。若无真己，便无躯壳。真是有之即生，无之即死。汝若真为那个躯壳的己，必须用着这个真己，便须常常保守着这个真己的本体，戒慎不睹，恐惧不闻，惟恐亏损了他一些。才有一毫非礼萌动，便如刀割，如针刺，忍耐不过，必须去了刀，拔了针。这才是有为己之心，方能克己。汝今正是认贼作子，缘何却说有为己之心不能克己？"

【白话翻译】

萧惠问："自己的私欲难以除去，怎么办？"

先生答："你把自己的私欲说出来，我来帮你除去它。"

先生接着说："人需要有为自己着想的心才能去除私欲，能够去除私欲，才能成就自己。"

萧惠说："我也有为自己着想的心，但不知为什么还是不能够克制自己？"

先生说："你不妨先谈谈你为自己的着想的心是什么样的？"

萧惠沉思了很久才说："我也一心想做个好人，便觉得这就算是有了为己之心。现在想来，也只是为求得一个空有躯壳的自己，而不是一个真实的自己。"

传习录全编

先生说："真正的自己什么时候离开过躯体？恐怕你连那空有躯壳的自己也不曾为过。那么你所谓空有躯壳的自己，岂不成了专指耳、目、口、鼻和四肢吗？"

萧惠说："正是为了这些。眼睛贪恋美色，耳朵贪恋美声，口贪恋美味，四肢贪图安逸，所以才不能克制自己。"

先生说："美色使人目盲，美声使人耳聋，美味使人失去味觉，放纵驰骋使人发狂，所有这些，对你的耳、目、口、鼻和四肢都有损害，怎么是为了满足耳、目、口、鼻和四肢的需求呢？如果真的是为了耳、目、口、鼻和四肢，便该思量耳朵怎样听，眼睛专注于哪儿，嘴怎样说话，四肢怎样活动，必须做到不合于礼的就不看、不听、不说、不动，这样才是真正的为了五官四肢。你现在每天只知道向外寻求，为名为利，这都是为了心外的私欲。你如果真的为五官四肢，就要做到不合于礼的就不看、不听、不说、不动，难道你的耳、目、口、鼻和四肢会自动不看、不听、不说、不动吗？这是由你的心来决定的。这看、听、说、做，其实都是自你的内心发出的。你的心支配眼睛去看，支配耳朵去听，支配嘴巴去说，支配四肢去运动。如果你的心不存在，就没有你的耳、目、口、鼻和四肢的活动。所谓你的心，也不单是那一团血肉。若心仅是那一团血肉，如今已死的人，那一团血肉还在，缘何不能视听言动呢？因此你的心就是那个能支配视听言动的心，这个就是本性，就是天理。有了这个本性，才能产生这性的生存之理，也就是仁。这个本性之上的生存之理，表现在眼睛上就是看，表现在耳朵上就是听，表现在嘴巴上就是说，表现在四肢上就是动，这些都是天理在起作用，因为天理主宰着人的身体，所以称为心。这个心的本体，本源其实就是天理，原本也没有什么是不合于礼的，这才是你真正的自己。它是人的躯体的主宰。如果没有真正的自己，也就没有了躯体。有了真正的自己人就有生命，没有真正的自己人就会死去。你如果真的是为了空有躯壳的自己，必须依靠这个真正的自己，时刻存养这个真正的自己的本体。警戒在别人看不见处，恐惧于别人听不着时，惟恐对这个真正的自己的本体有一丝损伤。刚有一丝一毫不合于礼的思想波动，便感觉如刀割、针刺一般难以忍受，必须扔了刀、拔掉针才可以。这样才是一个为自己着想的心思，才能够克制自己的私欲。你现在的认识类似于认贼做子，怎么还说自己虽有为自己找想的心却无法克制自己的私欲呢？"

【跟进解读】

王阳明这段话阐述了真正的自己其实是本性、是天理、是大道，容不得一丝私欲。他指出，能主宰自我的良知才是人真实的自我，没有真己，如同行尸走肉，要能克治私己才能保全真己。克己是实实在在的功夫。后来所谓"王学末流"就忽略了阳明这种教训，才产生流弊。

21. 忧思伤心

【原典欣赏】

有一学者病目，戚戚甚忧。先生曰："尔乃贵目贱心。"

【白话翻译】

一个学生的眼睛患了病，很是忧戚的样子。见此，先生说："你这是看重眼睛而轻视本心。"

【跟进解读】

阳明先生言简意赅。当然，他的意思并非说眼睛有病不用去治，而是借这个例子批评某些人，一个人眼睛有病就这么忧心忡忡，而那些更有价值的事物却为我们所忽略。呼吁大家要珍惜自己最有价值的东西。对于这个眼睛患病的学生来说，眼睛只是小恙，忧思伤心，身体反而要弄出大毛病来了。

传习录全编

22. 龙场悟道

【原典欣赏】

萧惠好仙、释。

先生警之曰:"吾亦自幼笃志二氏,自谓既有所得,谓儒者为不足学。其后居夷三载,见得圣人之学若是其简易广大,始自叹悔错用了三十年气力。大抵二氏之学,其妙与圣人只有毫厘之间。汝今所学,乃其土苴,辄自信自好若此,真鸱鸮窃腐鼠耳。"

惠请问二氏之妙。

先生曰:"向汝说圣人之学简易广大,汝却不问我悟的,只问我悔的。"

惠惭谢。请问圣人之学。

先生曰:"汝今只是了人事问,待汝辨个真要求为圣人的心,来与汝说。"

惠再三请。

先生曰:"已与汝一句道尽,汝尚自不会!"

【白话翻译】

萧惠热衷于道家和佛家的学说。

先生提醒他说:"我年轻时也热衷于此,自以为颇有收获,并认为儒家学说不值得学习。后来我在贵州龙场三年,才发现儒家学说原来如此简易而高远,这才后悔自己白白浪费了三十年的光阴。佛、道两家的精妙之处与儒家学说相比较,其差别只在毫厘之间,无所谓高下。你今天所学到的,不过是佛、道两家的皮毛而已,就自我感觉良好到这种地步,岂不像猫头鹰逮到了一只死老鼠一样!"

萧惠向先生请教佛道两家的精华所在。

先生说:"刚刚和你说过儒学的简易高远,你不问我为何有此感悟,却来问我所后悔修习的部分。"

萧惠惭愧地道了歉,转而向先生请教儒学。

先生说:"你现在只是为了敷衍我才问的,等你明辨是非真有了想当圣人的心的时候,再来问我吧!"

萧惠再三恳请。

先生说："已经跟你一句话说透了，你还是自己不理解！"

【跟进解读】

王阳明在相当长的时间内是信奉佛教并且认为儒学是不值得去学习的，但是在贵州龙场三年里，他看到了儒学在生活中的实践和明显的功效，所以他后悔自己前三十年选择——居夷三年就是王阳明被贬龙场驿的三年，这三年是被后人称为"龙场悟道"的三年。王阳明对于门下弟子喜好道家、佛家是不支持的，他自己是非常悔恨自己早年的选择的。

23. 真知即是行

【原典欣赏】

刘观时问："未发之中是如何？"

先生曰："汝但戒慎不睹，恐惧不闻，养得此心纯是天理，便自然见。"

观时请略示气象。

先生曰："哑子吃苦瓜，与你说不得。你要知此苦，还须你自吃。"

时日仁在傍曰："如此才是真知即是行矣。"

一时在座诸友皆有省。

【白话翻译】

刘观时问："'未发之中'是什么样的状态？"

先生答："你只要做到在独处时谨慎警戒，在别人听不见时恐慌畏惧，存养本心至纯至精为天理，这时你就看见了未发之中的状态。"

刘观时请先生大略地说说未发之中的具体状态。

先生说："这就像哑巴吃苦瓜，没法跟你说。你要想知道苦瓜有多苦，必须你亲自尝尝。"

这时徐爱在旁边说："这样才会真正明了知就是行。"

一时间在座的诸位都有不同程度的省悟。

【跟进解读】

戒慎恐惧，是说无论是在有人还是无人的时候都能够做到心存善念，逐渐培养自己无论何时何地遇到什么样的事情都能够心有天理。但重要的是知行合一，也就是徐爱总结的"真知即是行"。王阳明劝说人们要在实践中磨砺，需要在遇到事情时仔细体会与磨炼，就像要想知道苦瓜是什么滋味就一定要先自己吃，自然就会明白其滋味了。

24. 息有养，瞬有存

【原典欣赏】

萧惠问死生之道。

先生曰："知昼夜即知死生。"

问昼夜之道。

曰："知昼则知夜。"

曰："昼亦有所不知乎？"

先生曰："汝能知昼？懵懵而兴，蠢蠢而食，行不著，习不察，终日昏昏，只是梦昼。惟'息有养，瞬有存'，此心惺惺明明，天理无一息间断，才是能知昼。这便是天德，便是通乎昼夜之道而知，更有甚么死生？"

【白话翻译】

萧惠向先生请教生死的道理。

先生说："知道了昼夜的变化就知道了生死。"

萧惠又请教昼夜的道理。

先生说："知道了白天，就知道了黑夜。"

萧惠说："还有人不知道白天吗？"

先生说："你所知道的白天，不过是懵懵懂懂起床，胡嚼乱咽地吃饭，开始时不明白是怎么回事，习惯后还不知道为什么这样，一整天昏昏度日，这只是在白日梦游。只有时刻存养自己的本心，使它清澈明亮，天理没有片刻中断，才能知道什么是白天。这便是通晓了白天夜晚的道理而明白的，还有什么生死问题弄不懂的呢？"

【跟进解读】

就义理而言，王阳明在此处并未谈论生死问题，而是生活的终极意义问题。然而，终极意义只是做君子圣人时时践行的事罢了。在阳明先生看来，充实生，可以超越死。因此，他强调要能"息有养，瞬有存"，把握生命的每一分钟，充实生命，完成自我，存养天心，然后才能将此心直通天心。否则，如果每天不知珍惜生命时光，只会浑浑噩噩、昏昏沉沉，即如行尸走肉，生亦如死。王阳明这种积极充实人生的态度，可以说与孔子的"未知生，焉知死"的看法一脉相承，与孟子的"尽心则知天"的观点相映成辉，但更富有深意。

25. 解偏救弊

【原典欣赏】

黄诚甫问："先儒以孔子告颜渊为邦之问，是立万世常行之道，如何？"

先生曰："颜子具体圣人，其于为邦的大本大原，都已完备。夫子平日知之已深，到此都不必言。只就制度文为上说。此等处亦不可忽略，须要是如此方尽善。又不可因自己本领是当了，便于防范上疏阔，须是要'放郑声，远佞人'。盖颜子是个克己向里德上用心的人，孔子恐其外面末节，或有疏略，故就他不足处帮补说。若在他人，须告以为政在人，取人以身，修身以道，修道以仁，达道九经，及诚身许多工夫，方始做得这个，方是万世常行之道。不然，只去行了夏时，乘了殷辂，服了周冕，作了韶舞，天下便治得。后人但见颜子是孔门第一人，又问个为邦，便把做天大事看了。"

【白话翻译】

黄诚甫问："朱熹认为《论语》'颜渊问为邦'篇中孔子回答颜回关于治国的问题，即确立了万世常行之道，这种观点正确吗？"

先生说："颜回基本上具备了圣人的全部素质，他对治国的方针策略都已彻底掌握。这一点孔子平素是非常了解的，到了这会儿也就无须多言了。这段话其实是孔子仅就制度、文化等方面来简单补充说一说的。当然这方面也是不可忽略的，必须加进去才几近完善。但又不可因为自己的本领已经具备了，就在细节防范上疏于省察，必须'禁止郑国那样的靡靡之音，远离阿谀逢迎的小人'才可以。颜回是个克己遵礼的人，孔子只是担心他在细枝末节上会偶有疏漏，这才就他这些或有的不足之处提醒一下。如果对于其他人，孔子一定会告诉他'为政在人，取人以道，修身以道，修道以仁'、'达道'、'九经'以及'诚身'等许多功夫，这才可以去治理国家，也才是万世常行之道。否则，只沿用夏代历法，乘坐商朝车舆，观赏虞舜乐舞，就能把天下治理好吗？后人是因为颜回是孔子最得意的门生，又是问治国安邦的问题，就把它当成天大的事来看了。"

【跟进解读】

王阳明在这里纠正了人们对"颜渊问为邦"错误理解，同时也赞同孔子因材施教、解偏救弊的教学方法。事实确实如此，孔子在回答学生们的同一个问题时，均能针对各人的个性弱点指出努力的方向，语言既带有勉励和要求，同时也表明了自己的观点。

26. 复良知之本体

【原典欣赏】

蔡希渊问："文公《大学》新本，先格致而后诚意工夫，似与首章次第相合。若如先生从旧本之说，即诚意反在格致之前，于此尚未释然。"

先生曰："《大学》工夫即是明明德，明明德只是个诚意，诚意的工夫只是格物致知。若以诚意为主，去用格物致知的工夫，即工夫始有下落。即为善去恶，无非是诚意的事。如新本先去穷格事物之理，即茫茫荡荡，都无着落处，须用添个敬字，方才牵扯得向身心上来，然终是没根源。若须用添个敬字，缘何孔门倒将一个最紧要的字落了，直待千余年后要人来补出？正谓以诚意为主，即不须添敬字。所以提出个诚意来说，正是学问的大头脑处。于此不察，真所谓毫厘之差，千里之谬。大抵中庸工夫只是诚身，诚身之极便是至诚；《大学》工夫只是诚意，诚意之极便是至善。工夫总是一般。今说这里补个敬字，那里补个诚字，未免画蛇添足。"

【白话翻译】

蔡希渊问："朱熹先生修改过的《大学》，强调先格致而后诚意的功夫次序，似乎与《大学》首章的次序也是相吻合的。如果按照先生的'从旧本'之说，那么诚意反而在格物致知之前，对此我一直不太明白。"

先生说："《大学》中的功夫就是明明德，明明德就是诚意，诚意的功夫就是格物、致知。如果以诚意为根本，去下格物致知的功夫，这功夫才有了落脚点。就是说行善去恶无非是'诚意'的功夫。如果像新本中朱熹说的那样，先去推究事物的道理，那么功夫就会茫茫荡荡无边际，没有落脚点，所以必须添加一个'敬'字，才能把功夫引导到身心上来，然而这终究缺乏根基。假如真的必须添加一个'敬'字，为何孔子的门生倒把一个最关键的字给遗漏了，而要等到千年以后要别人来补出来呢？这正说明以诚意为根本，并不需要添加'敬'字。之所以举这个'诚意'的例子来说明，正是因为这是做学问的关键点。在这一点上弄不明白，就真的是差之毫厘，失之千里了。大抵上说来，《中庸》中讲的功夫就是诚身，诚身的极处就是至诚；《大学》中讲的功夫就是诚意，诚意的极处就是至善。它们所讲的功夫都是相通的。现在如果在这里加上个'敬'字，那里添个'诚'字，未免显得画蛇添足了。"

【跟进解读】

朱熹先生以"敬"来让格物穷理和身心联系起来，在阳明先生看来，其方向反了。这里的平添一字是画蛇添足，与孔门教法不相吻合。从朱熹和阳明对《大学》的解释可以看出，二人在为学的趋向上不同：朱子"格物致知""居敬涵养"双向并进；而阳明先生极力表彰复良知之本体，以诚意功夫统帅格致诚正。

传习录全编

中卷

《传习录》中卷主要是王阳明亲笔所写的七封书信，实际上是七封论学书，此外还有两篇针对教育方法的文章。

一、答人论学书——知行合一

顾东桥（1476—1545 年），名鳞，字华玉，号东桥，进士，官至南京刑部尚书，擅写诗。《答顾东桥书》又名《答人论学书》，着重阐述"知行合一"。

1. 特倡诚意

【原典欣赏】

来书云："近时学者，务外遗内，博而寡要。故先生特倡'诚意'一义，针砭膏肓，诚大惠也！"

吾子洞见时弊如此矣，亦将何以救之乎？然则鄙人之心，吾子固已一句道尽，复何言哉？复何言哉！若"诚意"之说，自是圣门教人用功第一义，但近世学者乃做第二义看，故稍与提掇系要出来，非鄙人所能特倡也。

【白话翻译】

你来信说："现代儒家学者治学都是重视外在的知识追求而忽视了本心的存养，知识虽然广博但不得要领。所以先生特别提倡'诚意'一说，可谓针砭时弊，使那些病入膏肓的人有所醒悟，真是大有裨益呀！"

你洞察时弊如此透彻，打算怎样纠偏呢？显然我的思想观点，你已经悉数领略，我还有什么好说的呢？我还有什么好说！至于"诚意"的学说，本来就是圣人教育人如何用功的第一要义，不过近现代学者把它当成了第二位，所以我才简略地把它的重要性单独提出来，并不是我本人的特别提倡。

【跟进解读】

王阳明早期曾强调"诚意"的重要性，他所著的《大学古本序》第一句就是："《大学》之要，诚意而已也矣。"这段文字是王阳明给友人顾东桥所回书信的开头语，同样阐明了自己着意突出倡扬"诚意"的本意，是针对时弊的。

2. 体究践履，实地用功

【原典欣赏】

来书云："但恐立说太高，用功太捷，后生师传，影响谬误，未免坠于佛氏明心见性、定慧顿悟之机，无怪闻者见疑。"

区区格、致、诚、正之说，是就学者本心、日用事为间，体究践履，实地用功，是多少次第、多少积累在，正与空虚顿悟之说相反。闻者本无求为圣人之志，又未尝讲究其详，遂以见疑，亦无足怪。若吾子之高明，自当一语之下便了然矣，乃亦谓立说太高，用功太捷，何邪？

【白话翻译】

你来信说："担心先生的学说立论太高，用功方法途径太过简单易行，学生传播时出现谬误，未免会堕入禅宗明心见性、定慧顿悟的逻辑，这才难怪世人对先生的学说产生怀疑。"

其实格物、致知、诚意、正心的学说，本来就是融于学子的内心和日常生活、工作之中。理论、实践、再理论、再实践，这要经过多少的反复、多少的积累才能知晓，这正与佛教的空虚顿悟相反。听到我的学说的人当中，有些自己可能没有做圣人的志向，又不曾仔细推敲我的学说，所以会心存怀疑，也不足为怪。但以你的修养高度，自然会对我的学说一点就透，仍然还说立论高峻、用功太过简单易行之类的话，这是什么原因呢？

【跟进解读】

"明心见性"是佛教禅宗的主张，意为让自己心底清澈明亮，待看见自己的真性，就可以成佛，而无须于文字上抠求。"定慧顿悟"中的"定慧"是佛教的修养功夫，指禅定与智慧。除去心中的杂念为定，明了事物的道理为慧；"顿悟"意为突然之间明白了困惑已久的佛理，一悟成佛。在王阳明看来，自己的"格物、致知、诚意、正心"之说与佛教禅宗的空虚顿悟之说截然相反，其中的体究践履，实地用功，有许多次第、积累在。

3. 功夫无次第

【原典欣赏】

来书云："所喻知行并进，不宜分别前后，即《中庸》'尊德性而道问学'之功交养互发，内外本末，一以贯之之道。然工夫次第，不能无先后之差，如知食乃食，知汤乃饮，知衣乃服，知路乃行。未有不见是物先有是事。此亦毫厘倏忽之间，非谓截然有等，今日知之而明日乃行也。"

既云"交养互发，内外本末，一以贯之"，则知行并进之说无复可疑矣。又云"工夫次第，不能无先后之差"，无乃自相矛盾已乎？"知食乃食"等说，此尤明白易见。但吾子为近闻障蔽，自不察耳。夫人必有欲食之心，然后知食，欲食之心即是意，即是行之始矣。食味之美恶，必待入口而后知，岂有不待入口而已先知食味之美恶者邪？必有欲行之心，然后知路，欲行之心即是意，即是行之始矣。路岐之险夷，必待身亲履历而后知，岂有不待身亲履历而已先知路岐之险夷者邪？"知汤乃饮，知衣乃服"，以此例之，皆无可疑。若如吾子之喻，是乃所谓"不见是物而先有是事"者矣。吾子又谓"此亦毫厘倏忽之间，非谓截然有等，今日知之而明日乃行也"，是亦察之尚有未精。然就如吾子之说，则知行之为合一并进，亦自断无可疑矣。

【白话翻译】

你来信说："所谓知行并进，不应该区分谁先谁后，就是《中庸》提到的'尊德性'和'道问学'功夫，是互相存养、互相促进、内外本末、一以贯之之道。然而修行的功夫还是要有个先后顺序的，不可能没有先后之别，就如同知道那是食物这才吃，知道那是汤这才喝，知道那是衣服这才穿，知道那有路这才行。从来没有还没见到事物就先做事的。这中间的先后顺序也是瞬间微妙的，不会截然分明的，不是说今天知道了事物，明天就去实践。"

既然说"交养互发，内外本末，一以贯之"，那么知行并进的说法就没什么可质疑的了。又说："功夫次第，不能无先后之差"，这难道不是自相矛盾吗？至于你后边的"知食乃食"等说法，更是显而易见的。那般说只是因为你被朱熹先生说的知先行后的观点所蒙蔽而不自知罢了。人必然有想吃东西的心，然后才会去认识食物，想吃的心就是意念，也就是行动的开始。至于食物是否美味，那是要等到进了口之后才能感觉到的，哪有没等吃进嘴里就先知

传习录全编

道好不好吃的？一定先有想走的心，然后才会去认识路，想走的心就是意念，也就是行走的开始。至于路途是陡峭亦或是平坦，那也是要等走过了才会知道，哪有不等亲身体验就先知道陡峭或平坦的？至于"知汤乃饮，知衣乃服"其实都是同一个道理，没有什么可怀疑的。如果真像你说的那样，才正是"不见是物而先有是事"。你又说"此亦毫厘倏忽之间，非谓截然有等，今日知之而明日乃行也"，这也是你学业尚未精通的表现。但你所说的知和行并举、不宜分出谁先谁后还是无可置疑的。

【跟进解读】

王阳明指出友人顾东桥"功夫次第"之问自相矛盾。他认为，知与行互为始末，所以必须是二者并进才可，才有尽德修业的成就。借此也进一步批判了程朱要先知了之后才可能有正确行为的观点。

阳明先生对"知行"二字的注解，对大家也有着现实的启示意义：当心中有"恶念"时，大家要注意了，心中一旦产生这种念头，就已经是"行之始"了，所以要趁其尚处萌芽状态及时予以克制，防患于未然。

4. "知行合一"的本体论依据

【原典欣赏】

来书云："真知即所以为行，不行不足谓之知。此为学者吃紧立教，俾务躬行则可。若真谓行即是知，恐其专求本心，遂遗物理，必有暗而不达之处，抑岂圣门知行并进之成法哉？"

知之真切笃实处即是行，行之明觉精察处即是知。知行工夫，本不可离，只为后世学者分作两截用功，失却知行本体，故有合一并进之说。真知即所以为行，不行不足谓之知。即如来书所云"知食乃食"等说可见，前已略言之矣。此虽吃紧救弊而发，然知行之体本来如是，非以己意抑扬其间，姑为是说，以苟一时之效者也。

专求本心，遂遗物理，此盖失其本心者也。夫物理不外于吾心，外吾心而求物理，无物理矣；遗物理而求吾心，吾心又何物邪？心之体，性也，性即理也。故有孝亲之心，即有孝之理；无孝亲之心，即无孝之理矣。有忠君之心，即有忠之理；无忠君之心，即无忠之理矣。理岂外于吾心邪？晦庵谓"人之所以为学者，心与理而已。心虽主乎一身，而实管乎天下之理；理虽散在万事，而实不外乎一人之心"，是其一分一合之间，而未免已启学者心、理为二之弊。此后世所以有专求本心，遂遗物理之患，正由不知心即理耳。

夫外心以求物理，是以有暗而不达之处。此告子义外之说，孟子所以谓之不知义也。心一而已，以其全体恻怛而言谓之仁，以其得宜而言谓之义，以其条理而言谓之理。不可外心以求仁，不可外心以求义，独可外心以求理乎？外心以求理，此知行之所以二也。求理于吾心，此圣门知行合一之教，吾子又何疑乎？

【白话翻译】

你来信说："真知就是能够践行，不践行就不能称之为知了。这是学生学懂弄通的关键，必须踏实躬行才可以。如果真的以为践行就是真知，恐怕人们只专心讲求本心，而遗漏了对事物天理的追求，那样对于事物的认识肯定会有晦暗不明的地方，这难道不是背离了圣学中所说的知行并进了吗？"

知的最终落脚点是行，而行得明白无误处就是知。知和行两者的功夫本不可以分割，只因为后世学者把它们分作两部分来用功，先失去了知行的本体，所以才有知行并进的说法。真知就是能够践行，不践行就不能称之为知了。如来信所讲"知食乃食"等例子也可说明，在上文已经简要地谈到过了。这虽然是紧急纠正时弊时才说的，然而知行本就一体的，无需单凭己意抑此扬彼地寻个圆全说法，以追求一时的效果。

至于专门讲求本心而遗漏了对事物天理的追求的说法，这大概是失去了本心。事物的天理不存在于本心之外，在心外穷尽事物的天理，也就没有事物的天理了；遗漏了对事物天理的追求而专门讲求本心，那么本心又是什么呢？心的本体就是性，性就是理。因此，人有了孝顺之心，这才有孝顺之理；没有孝顺之心，也就没了孝顺之理。有了忠君之心，这才有了忠君之理；没有忠君之心，也就没了忠君之理。理怎能在我心之外呀？朱熹先生认为"人做学问不外心与理而已。人心虽表面上是只掌控着自己的身体，而实际上统管着天下万物的天理；天理虽然体现在万事万物上，而实际上存在于人心之中"，他这样把心和理时分时合的说法，就未免让学生生出心、理各为一端的错误思想。后人有"讲求本心而遗漏了对事物天理的追求"，究其根源正是没弄懂心即是理啊！

在心外穷尽事物的天理，就会有晦暗不明之处。这实际上就是告子"义在心外"的说法，孟子因此评论他没有懂得义的来由。心是一个整体，以它对所有人的恻隐之心来说称之为仁，以它合乎时宜来说称之为义，以它条理分明来说称之为理。不可以在心外探求仁、义，怎么惟独可以在心外探求理呢？在心外求理，就是把知行看做是两件事。在心里寻求理，这正是圣学知行合一的教诲，你又何必质疑呢？

【跟进解读】

朱子将知行分为两事，是根源于他"析心与理为二"的思想。将心与理分而为二，在外界的事物上求理，则理与心割裂，就与作为主体的人没有直接联系，自然不要求主体的人立即行动，知与行也就分离为二了。而王阳明的"知行合一"的理论基础是"心即理"。换言之，"心即理"是他的"知行合一"说的本体论根据。所谓"心即理"是说"心"与"理"合而为一，不可分离。"理"是"心"之理，在"心"之中，而"心"则包含万"理"，与"理"不离。

5. 进学之道

【原典欣赏】

来书云："所释《大学》古本，谓致其本体之知，此固孟子尽心之旨。朱子亦以虚灵知觉为此心之量，然尽心由于知性，致知在于格物。"

"尽心由于知性，致知在于格物"，此语然矣。然而推本吾子之意，则其所以为是语者，尚有未明也。

朱子以"尽心、知性、知天"为物格、知致，以"存心、养性、事天"为诚意、正心、修身，以"夭寿不贰，修身以俟"为知至、仁尽，圣人之事。若鄙人之见，则与朱子正相反矣。

夫"尽心、知性、知天"者，生知安行，圣人之事也；"存心、养性、事天"者，学知利行，贤人之事也；"夭寿不贰，修身以俟"者，困知勉行，学者之事也。岂可专以"尽心知性"为知，"存心养性"为行乎？吾子骤闻此言，必又以为大骇矣。然其间实无可疑者，一为吾子言之。

夫心之体，性也；性之原，天也。能尽其心，是能尽其性矣。《中庸》云："惟天下至诚，为能尽其性。"又云："知天地之化育，质诸鬼神而无疑，知天也。"此惟圣人而后能然，故曰：此"生知安行"，圣人之事也。存其心者，未能尽其心者也，故须加存之之功；必存之既久，不待于存而自无不存，然后可以进而言尽。

盖"知天"之"知"，如"知州"、"知县"之"知"。知州则一州之事皆己事也，知县则一县之事皆己事也，是与天为一者也。"事天"则如子之事父，臣之事君，犹与天为二也。天之所以命于我者，心也，性也，吾但存之而不敢失，养之而不敢害，如"父母全而生之，子全而归之"者也。故曰：此"学知利行"，贤人之事也。至于"夭寿不贰"，则与存其心者又有间矣。存其心者虽未能尽其心，固已一心于为善，时有不存则存之而已。

今使之"夭寿不贰"，是犹以夭寿贰其心者也。犹以夭寿贰其心，是其为善之心犹未能一也，存之尚有所未可，而何尽之可云乎？今且使之不以夭寿贰其为善之心，若曰死生夭寿皆有定命，吾但一心于为善，修吾之身以俟天命而已，是其平日尚未知有天命也。事天虽与天为二，然已真知天命之所在，但惟恭敬奉承之而已耳。若俟之云者，则尚未能真知天命之所在，犹有所俟者也，故曰："所以立命。""立"者"创立"之"立"，如"立德"、"立言"、"立功"、"立名"之类。凡言"立"者，皆是昔未尝有而今始建立之谓，孔子所谓"不知命，无以为君子"者也。故曰：此"困知勉行"，学者之事也。

今以"尽心、知性、知天"为格物致知，使初学之士尚未能不贰其心者，而遽责之以圣人生知安行之事，如捕风捉影，茫然莫知所措其心，几何而不至于"率天下而路"也？今世致知格物之弊，亦居然可见矣。吾子所谓"务外遗内，博而寡要"者，无乃亦是过欤？此学问最紧要处，于此而差，将无往而不差矣。此鄙人之所以冒天下之非笑，忘其身之陷于罪戮，呶呶其言，其不容己者也。

【白话翻译】

你来信说："先生所注释的《大学》旧本中说'致知'乃'致其本体之知'，这固然与孟子'尽心'的宗旨相一致，但朱熹也用虚灵知觉来指人心的全体，而他认为，尽心由于知性，致知在于格物。"

"尽心由于知性，致知在于格物"这话是正确的。不过我仔细推究你的意思，你之所以这般说话的本意还在于有不明白的地方。

朱熹认为"尽心、知性、知天"就是格物致知，以为"存心、养性、事天"就是诚意、正心、修身，认为"夭寿不贰，修身以俟"就是认识的最高境界、仁爱的顶点，是圣人才能做的事。我的观点与朱熹先生正好相反。

"尽心、知性、知天"，天生就知道，生来就能实践，这是圣人；"存心、养性、事天"，能学而知之利而行之，这是贤人；"夭寿不贰，修身以俟"，艰难地获得知识，勉强用于实践，这是学者。怎能仅仅将"尽心知性"当做是知，把"存心养性"当做是行呢？你第一次听到这句话，肯定又会大吃一惊了！然而这中间确实没有什么可以怀疑的，下面我一一为你解释清楚。

心的本体是本性，本性的本原是天理。能尽其心，就是尽本性。《中庸》中说："只有天下最真诚的人，才能发挥他的天性。"又说："知晓了天地万物的生化孕育，崇拜鬼神，而没有产生疑问，这是知道天了。"这些只有圣人才能做到，所以我说，天生就知道、生来就能实践是圣人才能做到的事情。存养心性，是还不能充分发挥心性，所以必须加上个存养的功夫；心性存养的时间久了，其后就是不再需要刻意存养，也断无不增进的道理，之后可以进而说尽心了。

　　"知天"中的"知"，一如"知州"、"知府"中的"知"一样。知州，那么，一个州的事情都是自己的事；知县，那么，一个县的事情都是自己的事。"知天"就是自心与天合为一体。"事天"就像儿子侍奉父亲，大臣辅佐君王一样，还没有达到与天合为一体的地步。天之所以主宰着我，是由于我的心，我的本性，我只要旦夕存之于心而不敢忘，存养而不加以损害，一如《礼记》所说的"父母全而生之，子全而归之"一样。所以我说这是学习了就能知道、并能顺利实践，是贤人才能做的事。至于"夭寿不贰"，则与存养本心的人又有不同了。存养本心的人，虽一时未能尽自己的心性，但已经是一心为善了。有时不能存养，不过只要存养就可以了。

　　现今要求人不论夭寿始终如一，这依然是将夭寿一分为二。用夭寿把心分为二，是为善的心还不能够恒久坚定，存养它尚且有些不可能，何谈尽心呢？当下最关键的是不要以夭寿无常来动摇为善的心，就好比说生死夭寿都是天命，个人能做的不过是一心向善，修养自己的身性等待天命的降临，这是因为平日里还不知道有天命的存在。"事天"虽然未曾与天合二为一，然而至少表明已经知道天命的存在了，只是恭恭敬敬地顺应它罢了。如那些等待天命降临的人，就是还不能真正知道天命之所在，还在等待，所以孟子说："这就是安身立命。""立"就是"创立"的"立"，譬如"立德"、"立言"、"立功"、"立名"之类的。大凡说"立"的，都是以前未曾有过，这才会在今天被创立，这也就是孔子所说的"不知命，无以为君子"。所以说艰难知之，勉强而行之是学者的事情。

　　现在如果按照朱熹先生所说的，把"尽心、知性、知天"作为格物致知，这样会导致在初学的人还不能做到一心一意时，就指责他达不到像圣人那样天生就知道、生来就能实践的境界，简直是捕风捉影，让人茫然不知所措，这不是让天下读书人找不到进学之路吗？现在社会上格物致知的弊端已经显而易见了。你所说的"专务外物，忽视内修，虽然知识广博却难得要领"，难道不也是这种过失吗？这是做学问最关键的地方，在这儿出现差错了，将会时时处处出错。这也是我之所以敢冒天下之非议，或被当做笑柄，或陷于众口齐伐之境地，还要喋喋不休的原因。

【跟进解读】

阳明先生的这封信写得可谓言辞恳切，从"天命"之说而进一步推及"格物"，耐心地为学生逐一解惑。朱熹先生认为，要想成立圣人，首先是要格物致知，然后在对外物进行研究的过程中诚意而为，以至体悟到天理。最终，能够按照这种天理修身则为圣人所为。而王阳明提出了与朱熹不同的进学路线。他指出，圣人是"生知安行"的，即"尽心、知性、知天"；贤人的境界稍低些，"学而知之"；而学者又要低些，要"立德、立言、立功"，通过知行合一让自己的知性合于天道。

6. 合心与理为一

【原典欣赏】

来书云："闻语学者，乃谓'即物穷理之说亦是玩物丧志'，又取其'厌繁就约'、'涵养本原'数说标示学者，指为晚年定论，此亦恐非。"

朱子所谓格物云者，在即物而穷其理也，即物穷理是就事事物物上求其所谓定理者也，是以吾心而求理于事事物物之中，析心与理而为二矣。夫求理于事事物物者，如求孝之理于其亲之谓也。求孝之理于其亲，则孝之理其果在于吾之心邪？抑果在于亲之身邪？假而果在于亲之身，则亲没之后，吾心遂无孝之理欤？见孺子之入井，必有恻隐之理，是恻隐之理果在于孺子之身欤？抑在于吾心之良知欤？其或不可以从之于井欤？其或可以手而援之欤？是皆所谓理也。是果在于孺子之身欤？抑果出于吾心之良知欤？以是例之，万事万物之理莫不皆然，是可以知析心与理为二之非矣。夫析心与理而为二，此告子"义外"之说，孟子之所深辟也。"务外遗内，博而寡要"，吾子既已知之矣，是果何谓而然哉？谓之玩物丧志，尚犹以为不可欤？

若鄙人所谓致知格物者，致吾心之良知于事事物物也。吾心之良知即所谓天理也。致吾心良知之天理于事事物物，则事事物物皆得其理矣。致吾心之良知者，致知也。事事物物皆得其理者，格物也。是合心与理而为一者也。合心与理而为一，则凡区区前之所云，与朱子晚年之论，皆可以不言而喻矣。

【白话翻译】

你来信说："听你对学生讲'即物穷理之说就是玩物丧志'，又把朱熹的一些关于'厌繁就约'、'涵养本原'等观点的书信给学生看，认为是朱熹的晚年定论，这恐怕不对。"

朱熹所说的格物，其实质就是'即物穷理'，也就是在万事万物上穷尽其理，是用自己的心在万事万物上推究理，这就把心和理一分为二了。求理于万事万物的想法，就像求孝顺之理于其双亲。求孝顺之理于其双亲，那么孝顺之理是在我们的心呢，还是在于双亲之身呢？假如果真在于双亲之身，那么双亲过世之后，我们的心中随即就没有孝顺之理了吗？看见小孩子掉到井里，人肯定会有恻隐之心，那么恻隐之理是在孩子身上还是在我们内心的良知上呢？我们或者是跳进井里把他救上来，或者是搭把手把他捞出来。这都是所谓的理。那么，理在孩子身上，还是在我们内心的良知上呢？以此类推，万事万物的理都是这样，以此可知把心与理一分为二是不对的。把心与理一分为二，这是告子的"义外"学说，曾被孟子深刻批判过。"务外遗内，博而寡要"，既然你已明白这些，它到底该怎么说？我说"即物穷理"是玩物丧志，你还认为不对吗？

如我所说的格物致知，是把我们心中的良知用到万事万物上。我们本心的良知也就是所谓的天理。把我们心中的良知天理应用到万事万物上，那么万事万物都得到天理了。使我们的心纯系良知就是致知，各种事物都得到理，即为格物。此乃心理合一。把心与理合而为一，那么凡是我前面所讲的，以及我对于朱熹先生晚年之论的说法，就都可不言自明了。

【跟进解读】

在这封书信中，顾东桥对阳明先生将"即物穷理"之说认为是"玩物丧志"的说法表示极大地不解。王阳明批评了朱熹的这种"格物说"，称其为"义外"之说。并且阐明自己的格物致知说，是致吾心之良知于事事物物，使事事物物皆得其理，是合心与理为一。其实这种观点在本书上卷《徐爱录》"无善无恶心之体"、"至善是发自心性的本源"两节早已有所阐释。

7.学、问、思、辨、行

【原典欣赏】

来书云："人之心体，本无不明，而气拘物蔽，鲜有不昏。非学、问、思、辨以明天下之理，则善恶之机、真妄之辨不能自觉，任情恣意，其害有不可胜言者矣。"

此段大略似是而非。盖承沿旧说之弊，不可以不辨也。夫学、问、思、辨、行皆所以为学，未有学而不行者也。如言学孝，则必服劳奉养，躬行孝道，然后谓之学。岂徒悬空口耳讲说，而遂可以谓之学孝乎？学射则必张弓挟矢，引满中的；学书则必伸纸执笔，操觚染翰。尽天下之学，无有不行而可以言学者，则学之始固已即是行矣。笃者，敦实笃厚之意，已行矣，而敦笃其行，不息其功之谓尔。盖学之不能以无疑，则有问，问即学也，即行也；又不能无疑，则有思，思即学也，即行也；又不能无疑，则有辨，辨即学也，即行也。辨既明矣，思既慎矣，问即审矣，学既能矣，又从而不息其功焉，斯之谓笃行，非谓学问思辨之后而始措之于行也。是故以求能其事而言谓之学，以求解其惑而言谓之问，以求通其说而言谓之思，以求精其察而言谓之辨，以求履其实而言谓之行。盖析其功而言则有五，合其事而言则一而已。此区区心、理合一之体，知、行并进之功，所以异于后世之说者，正在于是。

今吾子特举学、问、思、辨以穷天下之理，而不及笃行，是专以学、问、思、辨为知，而谓穷理为无行也已。天下岂有不行而学者邪？岂有不行而遂可谓之穷理者邪？明道云："只穷理，便尽性至命。"故必仁极仁，而后谓之能穷仁之理；义极义，而后谓之能穷义之理。仁极仁则尽仁之性矣，义极义则尽义之性矣。学至于穷理至矣，而尚未措之于行，天下宁有是邪？是故知不行之不可以为学，则知不行之不可以为穷理矣；知不行之不可以为穷理，则知知行之合一并进，而不可以分为两节事矣。

夫万事万物之理不外于吾心，而必曰穷天下之理，是殆以吾心之良知为未足，而必外求于天下之广，以裨补增益之，是犹析心与理而为二也。夫学、问、思、辨、笃行之功，虽其困勉至于人一己百，而扩充之极至于尽性知天，亦不过致吾心之良知而已。良知之外，岂复有加于毫末乎？今必曰穷天下之理，而不知反求诸其心，则凡所谓善恶之机、真妄之辨者，舍吾心之良知，亦将何所致其体察乎？吾子所谓'气拘物蔽'者，拘此蔽此而已。今欲去此之蔽，不知致力于此，而欲以外求，是犹目之不明者，不务服药调理以治其目，而徒伥伥然求明于其外，明岂可以自外而得哉？任情恣意之害，亦以不能精察天理于此心之良知而已，此诚毫厘千里之谬者，不容于不辨。吾子毋谓其论之太刻也。

【白话翻译】

　　你来信说："人心的本体，原本是明白清澈的，然而由于气的拘束和物欲的蒙蔽，故很少有不昏暗的。如果不借助学习、询问、思考、辨析来明白万物之理，那么善恶的原因、真假的异同，就不能自觉约束自己，就会任情恣意，所产生的危害是说不尽道不完的。"

　　以上这段话我觉得大部分似是而非。大概是继承了朱熹学说的弊端，在这里我不能不提出来与您共同探讨。学习、询问、思考、辨析、实践都是学习的步骤，没有谁学习不是为了运用到实践上的。比如说学习孝顺，则必须能够任劳任怨地奉养双亲，身体力行合于孝顺之道，这才能说他没白学。难道只是夸夸其谈、空口说说，就说他孝道学得很好了？再比如说学射术吧，就必须亲自张弓拉箭，射中靶心；学书法，就必须备好笔墨纸砚，提笔书写。天底下的学问，没有不实践就可以说自己学会了的，因而学习的开始本身就是在实践。"笃行"的"笃"字含有切实认真的意思，说已经去行了，就是切实行连续的功夫。学习的过程中不可能没有疑惑，这就需要问，问与学互相印证，这也是行的表现；问了之后可能还有疑惑，那么就需要思考，思考的过程也是学的过程，当然也是行的表现；思考了可能还有疑问，那么就需要辨析，辨析也是学习，也是行。辨析明白了，思想就有了条理，疑惑也消失了，学问就存储于心了，从而达到了心思清明践行所学的最高境界，这才称之谓笃行，并非学、问、思、辨之后，才去笃行。所以就追求能做某事而言称做学，就追求能解除疑惑而言称做问，就理解所学融会贯通而言叫做思，就求得学问精确明白无误而言叫做辨，就具体履行实践而言叫做行。从以上分析可知，学的整个过程包含着五个方面，综合它们所干的事，惟有一件。这就是心理合一的道理所在，这也就是知行合一的功夫，所以我的学说和朱熹先生的观点的区别正在于此。

现在，你信中只举出学、问、思、辨来穷究天下之理，却不讲笃行，这是专门把学、问、思、辨作为知，认为穷理的过程不包括行罢了。天下哪有不笃行却学业有成的人呢？哪里有不践行就可以称做穷理的呢？程颢说："只要穷尽事理，就可以充分发挥天性，从而知道天命。"所以必须在践行中达到仁爱的最高境界，才能称做穷尽仁爱的道理；在践行中达到义的最高境界后，才能说穷尽义的道理。达到仁爱的最高境界，则穷尽了仁的本源；达到义的最高境界，则穷尽了义的本源。学做到了穷尽事理的高境界就算完事了，但还没有去践行，天下有这样的学吗？所以知而不行就不能学习，知而不行就不能穷尽事物的道理。从这一点可以看出，知行必须合一并举，而不能够把它们分成两件事。

万事万物的道理不存在于我们的心外，那种整日里说要穷尽天下万物之理的说法，恰好是说明了他的心中还没有足够的良知，而必须从外面的包罗万象之中来求取，以裨补增益自己的良知，这仍是把心与理一分为二了。学、问、思、辨、笃行的功夫，虽然天资比较困顿的人得比别人多付出百倍的努力，努力扩充到了极点，以至于充分发挥天性而知道天命，但说穿了终归不过是寻求本心的良知而已。良知之外，还有一丝其他东西吗？今日之学者动辄说要穷尽天下的事理，而不知道反过来向我们的本心寻求，那么凡是善恶的原因、真假的异同，舍弃我们心中的良知，又从哪儿能体察出来呢？你所说的"气拘物蔽"，正是受以上观点的拘束和蒙蔽。现在想要清除这一弊端，不明白致力于致知，却想从外在的格物去求取，就好像眼睛有毛病的人，不吃药调理治疗眼睛，而只是徒劳地去眼睛外面探寻光明，光明怎么能从眼睛之外求得呢？至于不能自觉约束自己、任情恣意的害处，也是因为不能从我们内心的良知上精细洞察天理的原因，这真是差之毫厘谬之千里呀，不能不详细分辨。你不要怪我的论断太尖刻了。

【跟进解读】

这段宏论围绕着学、问、思、辨、行，反复比拟、论证，最终还是落实在一个"知行合一"上。尽管学、问、思、辨、行分属不同的功夫层面，但就圣学"日日新、又日新"的修养论而言毕竟仍是一事。推而广之，社会生活的实践是十分丰富、复杂、生动、具体的，但相应与本体都是生命意义实现的功夫——不能与本体分离的功夫。

传习录全编

8.物格而后知至，知至而后意诚

【原典欣赏】

来书云："谓致知之功，将如何为温清，如何为奉养，即是诚意，非别有所谓格物，此亦恐非。"

此乃吾子自以己意揣度鄙见而为是说，非鄙人之所以告吾子者矣。若果如吾子之言，宁复有可通乎？盖鄙人之见，则谓意欲温清，意欲奉养者，所谓意也，而未可谓之诚意。必实行其温清奉养之意，务求自慊而无自欺，然后谓之诚意。知如何而为温清之节、知如何而为奉养之宜者，所谓知也，而未可谓之致知。必致其知如何为温清之节者之知，而实以之温清；致其知如何为奉养之宜者之知，而实以之奉养，然后谓之致知。温清之事，奉养之事，所谓物也，而未可谓之格物。必其于温清之事也，一如其良知之所知当如何为温清之节者而为之，无一毫之不尽；于奉养之事也，一如其良知之所知当如何为奉养之宜者而为之，无一毫之不尽，然后谓之格物。温清之物格，然后知温清之良知始致；奉养之物格，然后知奉养之良知始致。故曰"物格而后知至"。致其知温清之良知，而后温清之意始诚；致其知奉养之良知，而后奉养之意始诚。故曰"知至而后意诚"。此区区诚意、致知、格物之说盖如此。吾子更熟思之，将亦无可疑者矣。

【白话翻译】

你来信说："先生，您说的'致知'的功夫，其实就是怎样让父母冬暖夏凉，如何奉养父母等，孝行发自内心地做到位，也就是'诚意'了，并非别有个格物，这也恐怕不对吧。"

这是你以自己的意思来揣度我的观点，我可没这样对你说过。如果真像你说的那样，怎么可能说得通呢？我的看法是：意欲使父母冬温夏凉、意欲使父母安享晚年，这里所谓的"意欲"的"意"不能称做诚意，而必须是真正实践了使父母冬暖夏凉、侍奉他们的愿望，并且务求自己对此感到愉快而不是违心，然后才能叫做诚意。知道怎么做、何时做才能适时使父母冬暖夏凉，知道如何做才是适宜的奉养父母的方式方法，这只能称做知，而尚不能说是致知。只有正确运用关于冬暖夏凉的知识，切实做到了让父母冬暖夏凉；运用关于奉养正恰的知识，切实做到了奉养正恰，然后才能称做致知。冬暖夏凉这事，安度晚年这事，都是具体的事物，但不能说知道了这些就是格物了。必须遵循自己的良知要求做到了使父母冬暖夏凉和侍奉适宜的事，而且没有丝毫的保留，然后才能说是"格物"了。父母冬暖夏凉的物"格"了，而后知冬暖夏凉的良知才算是"致"了；奉养父母适宜的物"格"了，而后知安度晚年的良知才算是"致"了。所以《大学》里说"物格而后知至"。达到了那个知道冬暖夏凉的良知，而后务使父母冬暖夏凉的意才会诚；达到了那个知道适宜奉养的良知，而后务使父母安度晚年的意才会诚。所以《大学》中说"知至而后意诚"。我的诚意、致知、格物的学说大概就是这样。你再仔细思考它们，也就没有什么可疑惑的了。

【跟进解读】

在这里，王阳明举例来谈论格、致、诚、正的道理。他强调行动要完全、一毫不剩地落实到实际中去。在诚意、致知、格物这条逻辑链上，知与行并非两个端，它们互为起点和终点。

9. "知行合一"的体用关系

【原典欣赏】

来书云："谓《大学》格物之说，专求本心，犹可牵合。至于《六经》《四书》所载多闻多见，前言往行，好古敏求，博学审问，温故知新，博学详说，好问好察，是皆明白求于事为之际，资于论说之间者，用功节目固不容素矣。"

格物之义，前已详悉，牵合之疑，想已不俟复解矣。至于多闻多见，乃孔子因子张之务外好高，徒欲以多闻多见为学，而不能求诸其心，以阙疑殆，此其言行所以不免于尤悔，而所谓见闻者，适以资其务外好高而已。盖所以救子张多闻多见之病，而非以是教之为学也。

夫子尝曰："盖有不知而作之者，我无是也。"是犹孟子"是非之心，人皆有之"之义也，此言正所以明德性之良知非由于闻见耳。若曰"多闻择其善者而从之，多见而识之"，则是专求诸见闻之末，而已落在第二义矣，故曰"知之次也"。夫以见闻之知为次，则所谓知之上者果安所指乎？是可以窥圣门致知用力之地矣。夫子谓子贡曰："赐也，汝以予为多学而识之者欤？非也，予一以贯之。"使诚在于多学而识，则夫子胡乃谬为是说，以欺子贡者邪？一以贯之，非致其良知而何？《易》曰："君子多识前言往行，以畜其德。"夫以畜其德为心，则凡多识前言往行者，孰非畜德之事？此正知行合一之功矣。

好古敏求者，好古人之学，而敏求此心之理耳。心即理也。学者，学此心也。求者，求此心也。孟子云："学问之道无他，求其放心而已矣。"非若后世广记博诵古人之言词，以为好古，而汲汲然惟以求功名利达之具于其外者也。

博学审问，前言已尽。

温故知新，朱子亦以温故属之尊德性矣。德性岂可以外求哉？惟夫知新必由于温故，而温故乃所以知新，则亦可以验知行之非两节矣。

"博学而详说之"者，将以反说约也。若无反约之云，则博学详说者，果何事邪？

舜之好问好察，惟以用中而致其精一于道心耳。道心者，良知之谓也。君子之学，何尝离去事为而废论说？但其从事于事为论说者，要皆知行合一之功，正所以致其本心之良知，而非若世之徒事口耳谈说以为知者，分知行为两事，而果有节目先后之可言也。

【白话翻译】

你来信说："先生，您认为《大学》中的'格物'是专指于本心来格求的，还能勉强理解。至于《六经》《四书》中记载的多闻多见、前言往行、好古敏求、博学审问、温故知新、博学详说、好问好察等，这些都很明显是在处事和辩论的过程中求得的，功夫的名目、顺序是不能乱的。"

有关"格物"的内涵，前面已经详细解析过了，关于你觉得牵强的疑问，想必已经不需要重复解释了。至于"多闻多见"，是孔子针对子张好高骛远的弊病才说的。子张以多闻多见作为学问，而不能认真存养本心，所以心存疑惑，这样他的言行难免有埋怨和悔恨，而他所谓的见闻恰恰助长了他好高骛远的气焰。这是孔子纠正子张专以多闻多见为学问的治学毛病的说法，而不是在教子张把多闻多见当做学问。

孔子曾经说过："大概有一种人，什么都不知道却喜欢凭空乱说，我不是这种人。"这和孟子的"是非之心，人皆有之"意思相近，这话正表明人的德行良知不是来自多闻多见。至于孔子所说的"多闻，择其善者而从之，多见而识之"，则是专门探求见闻的细枝末节，而这也是第二位的事情了，所以孔子才又加上一句"这是次一级的知了"。以多见多闻的知为第二位的，那么首要的学问又指的是什么呢？从这里可以窥见圣学致知用功的地方。孔子对子贡说："端木赐呀，你以为我是博闻强记的人吗？不是的，我的学问是由忠恕之道贯穿着的。"假使良知果真在于多闻多见，那么孔子不就是在欺骗子贡吗？

一以贯之，不是致良知又是什么？《易经》中说："君子多识前言往行，以畜其德。"如果以积蓄存养德性为目的，那么凡是更多地了解圣人言行的人，难道不是在做积蓄德性的事吗？这正是知行合一的功夫。

"好古敏求"就是喜好古人的学问而勤奋地探求心中的天理。心就是天理。学就是学习这个本心。求就是探求这个本心。孟子说："学问的道理没有其他的，只要将其放在心上就可以了。"不是像后人以广泛地记诵古人的话句来博得好古之名，而实际目的却是追求名利等外在的东西。

"博学审问"，前面已经谈过。

"温故知新"，朱熹也认为"温故"属于尊德性。德性难道可以从心外求得吗？知新必须通过温故，温故才能知新，那么也可以证明知行是不可以被分作两部分的。

至于"博学而详说之"，目的在于融会贯通后返归简约。如果没有返归简约的说法，那么"博学详说"其目的又是什么呢？

舜好问好察，就是用中正平和使其心至精至纯达到天理的境界。道心就是良知。君子学习，什么时候离开过践行、抛弃过辩论呢？但是从事践行和辩论，都要遵循知行合一的功夫，这正是致其本心的良知，而并非像后世学者只把空谈作为知，把知和行分成了两件事，从而产生了用功的名目有先有后的说法。

【跟进解读】

在阳明看来，能够致吾本心之良知，事事物物便可各得其理，这就是知行合一之功。按照"知行合一"的体用关系来认识日常事情，那么人的一切行为，如多闻多见、前言往行、好古敏求、博学慎思、温故知新等等都是知行合一的，绝非两截功夫。

10. 正本清源

【原典欣赏】

来书云："杨、墨之为仁义，乡愿之辞忠信，尧、舜、子之之禅让，汤、武、楚项之放伐，周公、莽、操之摄辅，谩无印证，又焉适从？且于古今事变、礼乐名物，未尝考识，使国家欲兴明堂，建辟雍，制历律，草封禅，又将何所致其用乎？故《论语》曰'生而知之者，义理耳。若夫礼乐名物、古今事变，亦必待学而后有以验其行事之实'。此则可谓定论矣。"

所喻杨、墨、乡愿、尧、舜、子之、汤、武、楚项、周公、莽、操之辨，与前舜、武之论，大略可以类推。古今事变之疑，前于良知之说，已有规矩尺度之喻，当亦无俟多赘矣。至于明堂、辟雍诸事，似尚未容于无言者。然其说甚长，姑就吾子之言而取正焉，则吾子之惑将亦可以少释矣。

夫明堂、辟雍之制，始见于《吕氏》之《月令》，汉儒之训疏，《六经》《四书》之中，未尝详及也。岂吕氏、汉儒之知，乃贤于三代之贤圣乎？齐宣之时，明堂尚有未毁，则幽、厉之世，周之明堂皆无恙也。尧、舜茅茨土阶，明堂之制未必备，而不害其为治。幽、厉之明堂，固犹文、武、成、康之旧，而无救于其乱。何邪？岂能以不忍人之心，而行不忍人之政，则虽茅茨土阶，固亦明堂也；以幽、厉之心，而行幽、厉之政，则虽明堂，亦暴政所自出之地邪？武帝肇讲于汉，而武后盛作于唐，其治乱何如邪？天子之学曰辟雍，诸侯之学曰泮宫，皆象地形而为之名耳。然三代之学，其要皆所以明人伦，非以辟不辟、泮不泮为重轻也。

孔子云："人而不仁，如礼何？人而不仁，如乐何？"制礼作乐，必具中和之德，声为律而身为度者，然后可以语此。若夫器数之末，乐工之事，祝史之守，故曾子曰："君子所贵乎道者三，笾豆之事则有司存也。"尧"命羲和，钦若昊天，历象日月星辰"，其重在于"敬授人时"也。舜"在璇玑玉衡"，其重在于"以齐七政"也。是皆汲汲然以仁民之心而行其养民之政。治历明时之本，固在于此也。羲和历数之学，皋、契未必能之也，禹、稷未必能之也，"尧、舜之知而不遍物"，虽尧、舜亦未必能之也。然至于今循羲和之法而世修之，虽曲知小慧之人，星术浅陋之士，亦能推步占候而无所忒。则是后世曲知小慧之人，反贤于禹、稷、尧、舜者邪？

封禅之说尤为不经，是乃后世佞人谀士所以求媚于其上，倡为夸侈，以荡君心而靡国费。盖欺天罔人无耻之大者，君子之所不道，司马相如之所以见讥于天下后世也。吾子乃以是为儒者所宜学，殆亦未之思邪？

夫圣人之所以为圣者，以其生而知之也。而释《论语》者曰："生而知之者，义理耳。若夫礼乐名物，古今事变，亦必待学而后有以验其行事之实。"夫礼乐名物之类，果有关于作圣之功也，而圣人亦必待学而后能知焉，则是圣人亦不可以谓之生知矣。谓圣人为生知者，专指义理而言，而不以礼乐名物之类，则是礼乐名物之类无关于作圣之功矣。圣人之所以谓之生知者，专指义理而不以礼乐名物之类，则是学而知之者，亦惟当学知此义理而已。困而知之者，亦惟当困知此义理而已。今学者之学圣人，于圣人之所能知者，未能学而知之，而顾汲汲焉求知圣人之所不能知者以为学，无乃失其所以希圣之方欤？

凡此皆就吾子之所惑者而稍为之分释，未及乎拔本塞源之论也。

夫拔本塞源之论不明于天下，则天下之学圣人者，将日繁日难，斯人沦于禽兽夷狄，而犹自以为圣人之学。吾之说虽或暂明于一时，终将冻解于西而冰坚于东，雾释于前而云滃于后，呶呶焉危困以死，而卒无救于天下之分毫也已。

夫圣人之心，以天地万物为一体，其视天下之人，无外内远近，凡有血气，皆其昆弟赤子之亲，莫不欲安全而教养之，以遂其万物一体之念。天下之人心，其始亦非有异于圣人也，特其间有我之私，隔于物欲之蔽，大者以小，通者以塞，人各有心，至有视其父、子、兄、弟如仇雠者。圣人有忧之，是以推其天地万物一体之仁以教天下，使之皆有以克其私，去其蔽，以复其心体之同然。其教之大端，则尧、舜、禹之相授受，所谓"道心惟微，惟精惟一，允执厥中"；而其节目，则舜之命契，所谓"父子有亲，君臣有义，夫妇有别，长幼有序，朋友有信"五者而已。唐、虞、三代之世，教者惟以此为教，而学者惟以此为学。当是之时，人无异见，家无异习，安此者谓之圣，勉此者谓之贤，而背此者，虽其启明如朱，亦谓之不肖。下至闾井田野，农、工、商、贾之贱，莫不皆有是学，而惟以成其德行为务。何者？无有闻见之杂，记诵之烦，辞章之靡滥，功利之驰逐，而但使之孝其亲，弟其长，信其朋友，以复其心体之同然。是盖性分之所固有，而非有假于外者，则人亦孰不能之乎？

学校之中，惟以成德为事。而才能之异，或有长于礼乐，长于政教，长于水土播植者，则就其成德，而因使益精其能于学校之中。迨夫举德而任，则使之终身居其职而不易。用之者惟知同心一德，以共安天下之民，视才之称否，而不以崇卑为轻重，劳逸为美恶。效用者亦惟知同心一德，以共安天下之民，苟当其能，则终身处于烦剧而不以为劳，安于卑琐而不以为贱。当是之时，天下之人熙熙皞皞，皆相视如一家之亲。其才质之下者，则安其农、工、商、贾之分，各勤其业，以相生相养，而无有乎希高慕外之心。其才能之异，若皋、夔、稷、契者，则出而各效其能。若一家之务，或营其衣食，或通其有无，或备其器用，集谋并力，以求遂其仰事俯育之愿，惟恐当其事者之或怠而重己之累也。

故稷勤其稼，而不耻其不知教，视契之善教，即己之善教也；夔司其乐，而不耻于不明礼，视夷之通礼，即己之通礼也。盖其心学纯明，而有以全其万物一体之仁，故其精神流贯，志气通达，而无有乎人己之分，物我之间。譬之一人之身，目视、耳听、手持、足行，以济一身之用。目不耻其无聪，而耳之所涉，目必营焉；足不耻其无执，而手之所探，足必前焉。盖其元气充周，血脉条畅，是以痒疴呼吸，感触神应，有不言而喻之妙。此圣人之学所以至易至简，易知易从，学易能而才易成者，正以大端惟在复心体之同然，而知识技能非所与论也。

三代之衰，王道熄而霸术猖，孔孟既没，圣学晦而邪说横。教者不复以此为教，而学者不复以此为学。霸者之徒，窃取先王之近似者，假之于外以内济其私己之欲，天下靡然而宗之，圣人之道遂以芜塞。相仿相效，日求所以富强之说，倾诈之谋，攻伐之计，一切欺天罔人，苟一时之得，以猎取声利之术。若管、商、苏、张之属者，至不可名数。既其久也，斗争劫夺，不胜其祸，斯人沦于禽兽夷狄，而霸术亦有所不能行矣。

世之儒者慨然悲伤，搜猎先圣王之典章法制，而掇拾修补于煨烬之余，盖其为心，良亦欲以挽回以先王之道。圣学既远，霸术之传，积渍已深，虽在贤知，皆不免于习染，其所以讲明修饰，以求宣畅光复于世者，仅足以增霸者之藩篱，而圣学之门墙，遂不复可睹。于是乎有训诂之学，而传之以为名；有记诵之学，而言之以为博；有词章之学，而侈之以为丽。若是者，纷纷藉藉，群起角立于天下，又不知其几家。万径千蹊，莫知所适。世之学者如入百戏之场，戏谑跳踉，骋奇斗巧，献笑争妍者，四面而竞出，前瞻后盼，应接不遑，而耳目眩瞀，精神恍惑，日夜遨游淹息其间，如病狂丧心之人，莫自知其家业之所归。时君世主亦皆昏迷颠倒于其说，而终身从事于无用之虚文，莫自知其所谓。间有觉其空疏谬妄，支离牵滞，而卓然自奋，欲以见诸行事之实者，极其所抵，亦不过为富强功利，五霸之事业而止。

圣人之学日远日晦，而功利之习愈趋愈下。其间虽尝瞀惑于佛老，而佛老之说卒亦未能有以胜其功利之心；虽又尝折衷于群儒，而群儒之论终亦未能有以破其功利之见。盖至于今，功利之毒沦浃于人之心髓，而习以成性也，几千年矣。相矜以知，相轧以势，相争以利，相高以技能，相取以声誉。其出而仕也，理钱谷者则欲兼夫兵刑；典礼乐者又欲与于铨轴；处郡县则思藩臬之高；居台谏则望宰执之要。故不能其事则不得以兼其官，不通其说则不可以要其誉。记诵之广，适以长其敖也；知识之多，适以行其恶也；闻见之博，适以肆其辨也；辞章之富，适以饰其伪也。是以皋、夔、稷、契所不能兼之事，而今之初学小生皆欲通其说，究其术。其称名僭号，未尝不曰"吾欲以共成天下之务"，而其诚心实意之所在，以为不如是则无以济其私而满其欲也。

呜呼，以若是之积染，以若是之心志，而又讲之以若是之学术，宜其闻吾圣人之教，而视之以为赘疣枘凿；则其以良知为未足，而谓圣人之学为无所用，亦其势有所必至矣！

呜呼！士生斯世，而尚何以求圣人之学乎？尚何以论圣人之学乎？士生斯世，而欲以为学者，不亦劳苦而繁难乎？不亦拘滞而险艰乎？呜呼，可悲也已！所幸天理之在人心，终有所不可泯，而良知之明，万古一日，则其闻吾拔本塞源之论，必有恻然而悲，戚然而痛，愤然而起，沛然若决江河，而有所不可御者矣。非夫豪杰之士，无所待而兴起者，吾谁与望乎？

【白话翻译】

你来信说："杨朱、墨子的义与仁，乡愿的近乎忠信，尧、舜、子之的禅让，商汤、周武王、项羽的放逐与杀戮，周公、王莽、曹操的摄政，这些事情都无从考证，又该听信谁呢？更何况对于古今事变、礼乐名物还未考察识别，倘若国家要建造明堂、设立学校、制定历法乐律、进行封禅大典，又能发挥什么作用呢？所以《论语集注》中说'生而知之者，义理耳。若夫礼乐、名物、古今事变，亦必待学而后有以验其行事之实'。这句话可以称得上是定论了。"

你提到的杨朱、墨翟、乡愿、尧、舜、子之、汤、武王、项羽、周公、王莽、曹操之间的区别，与之前所说的"虞舜的不告而娶"、"姬发的不葬而伐"的情况大致相同。对于古今事变的疑问，前面在谈到良知的学说时，已经用规矩尺度做过比喻，此处也无须多说了。至于建造明堂、设立学校等事，似乎不能不说，但说来话长，暂且就你信中提到的来谈一下吧，你的疑惑就会少些了。

明堂、学校的规制，最早在《吕氏春秋》的《月令》章和汉代大儒们的注释中出现，《六经》《四书》之中都没有详细记载。难道吕不韦、汉代儒生们的学问都要高于三代的圣贤们吗？齐宣王时期，周天子的明堂还没有被损毁，这说明就算是幽王、厉王的时代，周的明堂应该都安然无恙。尧舜时期，大家住的用的都是茅屋、土桌椅，明堂的规制还没有完备，但这并不影响他们很好地治理天下。幽王、厉王在位的时候，是沿袭文王、武王、成王、康王时的明堂，却也没有帮他们挽回天下大乱的形势。这是什么原因呢？这不正表明：用仁爱之心推行仁政，那么即使是茅屋和土台阶，也可以起到明堂的作用；而以幽厉的心性，行幽厉般的专政，就算是有明堂，也不成了施暴政的地方了吗？汉武帝曾经与臣子们谈论过立明堂的事，武则天曾毁了乾元殿而修建明堂，他们的治乱情形如何呀？天子所设的学校叫辟雍，诸侯所设的学校叫做泮宫，都是因为周边的地形而起的名字。可是夏商周三代时学问的要点都是要人明白伦常，并不在意建筑的样子像不像璧环，是不是建造在水边。

孔子说："人如果没有仁爱之心，有礼又能怎么样呢？人如果没有仁爱之心，有乐又能怎么样呢？"制礼作乐的人，肯定是要具备中和的德行。只有那些发出声音可以作为旋律，自身修为可以作为法度的人，才有资格出来制订礼乐。诸如礼仪乐器的细节和技巧，则是乐工和庙祝太史的职责，所以曾参说：

传习录全编

"君子重视的道有三个方面，至于行礼过程中的具体事项，则由有关官员负责安排。"尧"命令羲氏、和氏遵循天意，观测推算日月星辰的运行情况"，重点在于"恭敬地授予百姓农时"。舜"观测北斗七星的运行"，其重点在于"安排好七种政事"。这些都是争取尽快地用仁爱百姓的心来施行养民的政策。制定历法、明晓时令的根本就在这儿了。羲氏、和氏在历法和数学方面的学问，皋陶和契未必能比得上，大禹和后稷也未必有；根据《孟子》中"尧舜的智慧不能知晓万物"的说法，即使尧舜也未必能做到。可是至今，遵循羲、和二人的方法再进行世世代代的修正积累，即使一知半解稍有智慧的人，观星术浅陋的人，也能够正确地推算历法、占卜天象。那么难道后世稍一知半解稍有智慧的人，反而比大禹、后稷、唐尧、虞舜还要贤明吗？

"封禅"的做法尤其荒诞不经，是后世的阿谀奉承之徒溜须拍马以求皇帝宠幸，夸大其词，蛊惑君心，浪费国力，可以称得上祸国殃民，是最无耻的行径，这不是君子所该做的事情，这就是司马相如被天下耻笑的原因。你竟然以为这是儒学后生该学习的内容，恐怕是没有认真思考吧？

圣人之所以成为圣人，是因为他们是"生而知之"的。而朱熹解释《论语》时说："生而知之者，义理耳。若夫礼乐名物，古今事变，亦必待学而后有以验其行事之实。"如果真如他所说，礼乐名物之类确实是成圣功夫，圣人必须学习过后才能知晓，那么圣人就不能称为"生而知之"了。其实，说圣人"生而知之"是专指义理而言的，而不包括礼乐名物之类，那么礼乐名物这些和成为圣人无关。之所以说圣人"生而知之"是专指义理而不是礼乐名物之类，是由于它们属于"学而知之"的范畴，也就是所谓的学而后知义理。至于"困而知之"，也是疑惑之后通晓义理而已。现在的学者学习圣人，对于圣人能知晓义理，不能去学习知晓，却反过来念念不忘地去探求圣人所不知晓的东西作为学问，这难道不是迷失了成为圣人的方向吗？

以上都是仅就你所疑惑的方面稍加解释，并不是从根本上澄清问题的言论。

从根本上澄清问题的言论如果不能昌明于天下，那么天下学习圣人的人，将会感到越来越繁琐艰难，其人即便堕入禽兽、夷狄的人伦纲常，却还以为自己学的是圣人的学说。即使我的思想暂时昌明于天下，也终归似数九寒天的坚冰一样，西边刚消融可东边却又给冻实了；也终究像深秋的浓雾一般，前面的雾刚散开后面的云又涌了上来。我就是不顾艰难险阻喋喋不休地进行宣传，困惑致死，也丝毫不能起到拯救天下的作用。

圣人的心性与天地万物为一体，在他的眼里，人没有内外远近之分，但凡有生命的都是他的兄弟儿女都要教养他们，以成全他与天地万物为一体的意念。普天下的所有人心，其出生之时与圣人本来并没有什么差异，只是因为后来有了自我的私欲，被物欲所蒙蔽，为公的大心变成了为私的小心，通达的心被堵塞了，人人各怀心事，甚至于把父母兄弟看成仇人。圣人对此十分担忧，这才推广他的天地万物为一体的仁爱之心来教育天下人，其目的就是务使人人都能格除私欲、掀去前尘，归复人心本体的自然之性。圣人教化的主要内容，就是尧舜禹相沿袭的"道心惟微，惟精惟一，允执厥中"；而它的具体内容，就是舜让契教化天下的"父子有亲，君臣有义，夫妇有别，长幼有序，朋友有信"这五点。尧、舜、夏、商、周时代，老师教的就是这些，而学生也仅仅学这些。当时，人人没有不同意见，家家没有不同习惯，能自然遵循这些内容的就是圣人，能通过勉励自己得以实践的就是贤人，而背离这些的人即使聪明如丹朱，也被称做不肖之徒。下至穷街陋巷、田间地头，农、工、商、贾，也都要学习这些，把成就其德行当做第一要事。为什么会是这样的学习风气呢？不过是既没有杂乱的见闻，也没有死记硬背的繁难，也没有繁文缛节的泛滥，更没有功利之心的诱惑，只是通过孝敬父母、尊敬兄长、信任朋友来恢复人心本体所固有的本性良知。这是人性中本来就有的，而不是从外面借求来的，哪个人不能做到呢？

学校里所做的事，只是为了成就德行。人的才能各异，有的擅长礼乐，有的擅长政治教化，有的擅长水利、肥土、种植，这就需要依据他们所成就的德行，因材施教，从而提高他们的才能。根据他们各自的德行才能使他们终身担任某一职务。用人的人都仅知道同心同德，共同使天下百姓安居乐业，只看他的才能是否称职，而不以身份高低分轻重，不以职业分贵贱。被任用的人也只知道同心同德，齐心协力使天下百姓安居乐业。如果所在的岗位适合自己，那么哪怕是工作再繁重也不觉得辛苦，一生从事低下琐碎的工作也不觉得比人矮一头。那时候，所有的人都高高兴兴，亲如一家。那些才智平平的人，就安于农、工、商、贸的职业本分，各自在自己的岗位上兢兢业业，互相为对方提供生活必需品，相互间不攀比不嫉妒。而那些才智出众的人，譬如皋陶、夔、后稷和契，则出来做官以发挥他们的才能。整个天下就像一个大家庭，有人负责衣食的生产，有人负责经商互通有无，有人负责制造器具备用，大家集思广益，协力同心，来实现赡养父母、教养子女的心愿，都生怕自己从事的事情做不好给大家带来损失，因而特别重视自己的职责。

所以后稷负责农业，不怕别人笑话自己不知道教化，把契的善于教化当做自己的善于教化；夔负责音乐管理，也不为自己不明白礼仪发愁，他视伯夷的通晓礼仪为自己通晓礼仪。这都是由于他们心地纯明，才能成就"以天下万物为一体"的仁政，所以他们的精神、志气流贯通达，而没有你与我、人与物的区别。这就像一个人的身体，目视、耳听、手持、足行，都是为了满足自身的需要。眼睛不会因为自己不能听见而感到羞耻，耳朵听到声音时，眼睛自然会去看。脚不会因为自己拿不起东西而感到羞耻，手向前伸去拿东西时，脚自然会向前迈进。这是因为人体元气充沛循环，血脉畅通，所以痒痛呼吸都能做出神奇的反应，有言语所不能描绘的奇妙。而圣人的学说之所以简单非常、好懂易学、容易实践，正是因为它的中心思想只在于恢复人心本体所共有的良知，至于知识技能的学习不是这里要讨论的。

夏、商、周三代以后，王道衰退而霸术兴盛，孔子、孟子去世之后，圣学晦暗，而邪说横行。当时，教师不再教圣学，学生也不再学圣学。讲授霸术的人，盗用与先王相近似的东西，假借外在的技能来掩盖，以满足自己内心的私欲，致天下读书人昏昏然拜服其门下，圣人之道于是就荒芜阻塞了。世人相互仿效，天天探求富国强兵的学说、倾轧诡诈的计谋、攻打讨伐的策略，这一切都不过是欺天罔人，以求逞一时之效。以获取声名利益为目的的霸术家，像管仲、商鞅、苏秦、张仪这样的人，当时多得不计其数。霸术盛行日久，导致互相斗争抢夺，祸害无穷，这些人沦落为夷狄、禽兽，而霸道权术也没法再推行下去了。

当时的儒家学者，愤慨悲伤之余，搜罗前代圣王的典章制度，从秦始皇焚书余下的灰烬中捡掇补修，他们的目的也确实是为了挽回先王的圣道。然而圣学已经失传太久了，而霸术的流播已经积淀太深，就算是当世的贤人也不免受到习气的感染，他们希望讲明修饰，以求在现实生活中重新发扬光大，但所作的努力反而增加了霸术的影响力，而圣学的踪迹却再也寻不到了。于是产生了解释古书的训诂学，传播讲授为了虚名；于是产生了记诵学，所记言论让人觉得自己博学；于是产生了词章学，以华彩的句式求取文章的靓丽，像这样的人吵嚷喧嚣在世上群起争斗，又不知有多少家！他们流派众多，让人们无所适从。当时天下的学者就好像进入了百戏同演的剧场，嬉戏跳跃、竞奇斗巧。献媚取悦的人从四面八方竞相涌出，令人瞻前顾后，应接不暇，以致于耳聋眼花、精神恍惚。日夜遨游沉溺其中，就像丧心病狂的人，却不知道自家学术到底皈依于何处。当时的君王也都昏聩颠倒于这类学问中，终生沉湎于空洞的虚文，而不知道自己在干什么。有时，虽有人觉得这些学问的荒谬怪诞、零乱呆滞而卓然奋起，欲有所作为，也不过是些国家富强、争名夺利的霸术罢了。

圣人的学问，越来越晦暗；功利的习气，越来越严重。这期间有人曾经被佛、道的学说所迷惑，然而佛、道的学说却也没能使他的学说脱离功利性；还有人尝试着折中儒学各家的见解，但群儒的学说终究也阻止不了人们对功利的追逐。直到今天，功利心的流毒已经积习成性，有数千年之久。以学问知识作为自大的资本，以强权势力作为相互倾轧的工具，以物质利益作为相互争夺的标的，以技能大小标榜自己的高明，以声誉高低作为结党的准则。那些做官的，管钱粮的还想兼管军事和司法；管礼乐的还想占据吏部要职；在郡县上做官的，又想到省里当主管人事、财政和司法的大官；位居御史台和谏议大夫，却眼巴巴地盯着宰相的位子。不能做那样的事，就不能担任兼管那件事的官；不通晓那一方面的知识，就不能谋求那方面的名誉。实际上，记诵广正好助长了他们傲慢的气焰；知识丰富正好使他们得以行恶；见闻广博正好利于他们狡辩；文采华丽正好掩饰他们的虚伪。皋、夔、稷、契都不敢说自己能兼任的事，现今的初学后生却敢琢磨通晓其理论、研究其方法。其表面宣称"我想成就天下人共同的事业"，实则内心里想的却是如果不这样就不方便中饱私囊。

唉！以这样的积习，以这样的心态，又讲求这样的学术，当他们听到圣人的教化时，自然视为累赘迂腐之说；那么他们把良知看作是不完美的，把圣人的学说当做无用的东西，这也是势所必然的了！

唉！知识分子生于这样的时代，又怎么能求得圣人的学问？又怎么能讲明圣人的学问？知识分子生于这样的时代，想以学为志，不也是太劳累、太拘泥、太艰难了吗？唉，可悲呀！值得庆幸的是天理存在于人的内心，终归是不能泯灭的。良知的光明，万古如一日，那么听了我的正本清源之论，那些尚有良知的人必然恻然而悲，戚然而痛，愤然而起，激昂之状一如决堤的江河一样不可阻挡。如果没有英雄豪杰，不能期待他们愤然而起，我还能把希望寄托在谁身上呢？

【跟进解读】

在这段文字中，王阳明着重讲对时事学风"拔本塞源"的问题。作为一种主张来理解，即"正本清源"或"溯本浚源"。他从知行合一讲起，到了最后竟然有这么激烈的情感，阳明救世之情怀可见一斑。真真如刘宗周所言，读罢，"迫见先生一腔真血脉，洞彻万古"。使世人发现自己原初的、已为功利之见所尘封的良知之心，怕是阳明最大的希冀。

二、答周道通书——在事上磨炼

周道通就是周衡，号静庵，道通是他的字，江苏宜兴人，曾任知县。周道通曾求学于王阳明，后又从学湛若水，从而融合了王、湛两家的学说。

1. 心意之所向

【原典欣赏】

吴、曾两生至，备道道通恳切为道之意，殊慰相念。若道通真可谓笃信好学者矣。忧病中会不能与两生细论，然两生亦自有志向肯用功者，每见辄觉有进，在区区诚不能无负于两生之远来，在两生则亦庶几无负其远来之意矣。临别以此册致道通意，请书数语。荒愦无可言者，辄以道通来书中所问数节，略下转语，奉酬草草，殊不详细，两生当亦自能口悉也。

来书云："日用工夫只是立志，近来以先生诲言，时时体验，愈益明白。然于朋友不能一时相离，若得朋友讲习，则此志才精健阔大，才有生意；若三五日不得朋友相讲，便觉微弱，遇事便会困，亦时会忘。乃今无朋友相讲之日，还只静坐，或看书，或游衍经行，凡寓目措身，悉取以培养此志，颇觉意思和适。然终不如朋友讲聚，精神流动，生意更多也。离群索居之人，当更有何法以处之？"

此段足验道通日用工夫所得。工夫大略亦只是如此用，只要无间断，到得纯熟后，意思又自不同矣。大抵吾人为学，紧要大头脑，只是立志。所谓困、忘之病，亦只是志欠真切。今好色之人，未尝病于困忘，只是一真切耳。自家痛痒，自家须会知得，自家须会搔摩得，既自知得痛痒，自家须不能不搔摩得。佛家谓之"方便法门"。须是自家调停斟酌，他人总难与力，亦更无别法可设也。

传习录全编

【白话翻译】

吴、曾两位年轻人来到我这里，详细说明了道通你恳切向道的意思，我深感欣慰，同时也很想念你。你这样的态度真可以称得上是笃信好学的人了。只可惜我正在为家父守丧，所以无法与吴、曾两位年轻人深入交谈，但他们两位也是有志向肯用功的人，每次见面都会感觉到他们学业上的进步。从我的角度来讲，我实在不能辜负他们远道而来的诚意。对于他们来说，没有辜负他们远道而来的意愿。临走时，我写了这封信表达对你的问候。我此时内心糊涂、思绪紊乱也无言可讲，只就你信中提到的几个问题略作回答，做个简单解释，不太详尽的地方，他们两位自会向你口头转达的。

你信中说："先生说'平常功夫只是立志'，近来对先生的教诲时时加以体察检验，就更加明白了。可是我一向为学总也离不开朋友，如果学习时有朋友在一块互相探讨，那心中的志向就非常开阔宏大，才思亦且灵动；如果有三五天不和朋友探讨，便会觉得志向微弱，遇到事情就会产生困惑，有时还会忘掉志向。现今我在没有朋友讨论的时候，要么就是静坐、要么就是看书，或者是浏览一下经传之类的，举手投足间都不忘存养这个心志，深刻感觉到心情平和舒适。然而终究不如和朋友一起讲习时那样思维开动，更有生机。离开朋友隐居的人，还有什么更好的方法来求道呢？"

这段话足以说明你下功夫是有收获的。立志的功夫也大致如此，只要每天都坚持、从不间断，等到功夫纯正熟练后自然会感觉不同。大概我们这些人做学问，最关键的立足点就是立志。之所以会有困惑、遗忘的毛病，也只是志向欠缺，还不真实确切。就像好色的人，从来也不会有困惑或遗忘的时候，这就是因为好色的欲望已深入他的骨髓。自己哪里痛哪里痒自己必须知道，自己应会搔痒按摩，既然知道了痛痒，自己当然就不能不揉挠了。佛家把这叫"方便法门"。必须是自己调整琢磨，别人很难帮上忙，也更没有别的什么方法可以借鉴。

【跟进解读】

本文开篇交代了《答周道通书》的背景，紧接着针对道通"离群索居的人，该如何践行阳明先生的学说"等问题，阳明先生则以其一贯平实而严谨的说词，一针见血地指出，做学问时疲劳、遗忘的缺点，关键在于不真切，并强调做学问的核心就是立志。他说的"志"，就是心意之所向，就是要人们择善弃恶。

2. 所思所虑只是一个天理

【原典欣赏】

来书云："上蔡尝问'天下何思何虑'。伊川云：'有此理，只是发得太早。'在学者工夫，固是'必有事焉而勿忘'，然亦须识得'何思何虑'底气象，一并看为是。若不识得这气象，便有正与助长之病；若认得'何思何虑'，而忘'必有事焉'工夫，恐又堕于无也。须是不滞于有，不堕于无。然乎否也？"

所论亦相去不远矣，只是契悟未尽。上蔡之问，与伊川之答，亦只是上蔡、伊川之意，与孔子《系辞》原旨稍有不同。《系》言"何思何虑"，是言所思所虑只是一个天理，更无别思别虑耳，非谓无思无虑也。故曰："同归而殊途，一致而百虑，天下何思何虑。"云殊途，云百虑，则岂谓无思无虑邪？心之本体即是天理，天理只是一个，更有何可思虑得？天理原自寂然不动，原自感而遂通。学者用功，虽千思万虑，只是要复他本来体用而已，不是以私意去安排思索出来。故明道云："君子之学，莫若廓然而大公，物来而顺应。"若以私意去安排思索便是用智自私矣。"何思何虑"正是工夫。在圣人分上，便是自然的；在学者分上，便是勉然的。伊川却是把作效验看了，所以有"发得太早"之说。既而云："却好用功。"则已自觉其前言之有未尽矣。濂溪主静之论亦是此意。今道通之言，虽已不为无见，然亦未免尚有两事也。

【白话翻译】

你信中说："谢良佐（程门四大弟子之一）曾经问'天下何思何虑'。程颐先生说：'有道理，只是感慨发得太早了。'这放在学者下功夫上来说，固然是'必有事焉而勿忘'，但也必须明白'何思何虑'的景象，并放在一块看才对。如果不明白这种景象，就会有拔苗助长的弊端；可若是只晓得'何思何虑'是什么，却忘怀了'必有事焉'的功夫，恐怕又会堕入虚无。必须既不滞涩于有，又不堕落于无。这样说对吗？"

你这样说基本上正确，只是深度还不够。谢良佐与程颐的对话，也只是他们两个人的意思，与孔子《易经·系辞传》上说的宗旨稍稍有别。《系辞传》上说"何思何虑"是说所思索考虑的只是一个天理，没有别的可以思虑，并不是说没有任何思虑。所以系辞才会说："同归而殊途，一致而百虑，天下何思何虑。"说"殊途"，说"百虑"，岂是在说"无思无虑"？心的本体就是天理，天理只有一个，还有别的更多的天理可以通过思虑而得吗？天理原本就是寂静而无所变化的，感应后就能通达的。学者用功，即使有千思千虑，但也只是要恢复心体的本原而已，这不是用自己的意志去安排思索出来的。所以程颢说："君子之学，莫若廓然而大公，物来而顺应。"若用私意去安排思考，就是自私弄智。"何思何虑"正是做学问的功夫，在圣人身上是自然而然的，在学生身上必须下功夫去做到。程颐却把它看做功夫的效果，所以才会说出"发的太早"的话来。紧接着他又说："却好用功。"则是他自己已经觉察到前边所说的话尚有欠缺。周敦颐的"主静"说也是这个意思。现在你的看法，虽然有点见地，但仍不免把功夫当两回事看待了。

【跟进解读】

由上述文字可以看出，阳明先生对道通的求学之法基本持肯定的态度，但就"何思何虑"四字理解为"无思无虑"，先生则予以否定，正确的理解应为"所思所虑只是一个天理"。王阳明曾主张学者通过静坐的方式，达到《易经·系辞传》所说的"天下同归而殊途，一致而百虑，天下何思何虑"，以恢复良知本性。无事存养，静中体悟的方法，就是使良知时刻彰显天理的功夫，若良知时刻照应天理，则真心自然顺应无滞。

阳明先生的这种观点，不仅在本体论和方法论上革新了宋明理学，而且也将儒、佛二家的心法明确区分开来：若将"何思何虑"理解成"无思无虑"，两家心法则归于一处，坠入寂灭虚无之中。

3. 圣人气象

【原典欣赏】

来书云："凡学者才晓得做工夫，便要识认得圣人气象。盖认得圣人气象，把做准的，乃就实地做工夫去，才不会差，才是作圣工夫。未知是否？"

先认圣人气象，昔人尝有是言矣，然亦欠有头脑，圣人气象自是圣人的，我从何处识认？若不就自己良知上真切体认，如此无星之称而权轻重，未开之镜而照妍媸，真所谓以小人之腹，而度君子之心矣。圣人气象，何由认得？自己良知，原与圣人一般，若体认得自己良知明白，即圣人气象不在圣人而在我矣。程子尝云："觑着尧，学他行事，无他许多聪明睿智，安能如彼之动容周

传习录全编

旋中礼？"又云："心通于道，然后能辨是非。"今且说通于道在何处？聪明睿智从何处出来？

【白话翻译】

你信中说："凡是学者刚刚明白要下功夫开始，就要认识圣人的气象。只有认识了圣人的气象，把它当做准则，去脚踏实地地用功，这才不会走错了路，也才是成为圣人的根本。这样说对不对？"

先认识圣人气象，以前也有不少人这样说，然而也是缺乏要领，圣人的气象自然是圣人的，我们从何处体认呢？如果不从自己良知上真切体验，不就成了拿没有准星的秤去称轻重，用没有开光的铜镜去照美丑一样，这真是以小人之心度君子之腹。圣人的气象怎样才能体认得到呢？我们每个人的良知原本与圣人是一样的，如果能认清自己的良知，那么就是圣人的气象不在圣人身上而在我们自己身上了。程颐曾经说过："觑著尧，学他行事，无他许多聪明睿智，安能如彼之动容周旋中礼？"他又说："心通于道，然后能辨是非。"此刻，你能讲出在哪里可以"通于道"？"聪明睿智"又是从何处来的？

【跟进解读】

在这里，王阳明认为圣人气象是圣人特有的精神境界，如果学者只是"先认圣人气象"而不把握圣人之所以成为圣人的原因，就等于没有把握住要领。至于圣人之所以成为圣人的原因，他认为自家的良知是圣人的根据，不把握良知本体就不能实现圣人气象。

4. "致良知"是真切功夫之本

【原典欣赏】

来书云："事上磨炼，一日之内，不管有事无事，只一意培养本原。若遇事来感，或自己有感，心上既有觉，安可谓无事？但因事凝心一会，大段觉得事理当如此，只如无事处之，尽吾心而已。然仍有处得善与未善，何也？又或事来得多，须要次第与处，每因才力不足，辄为所困，虽极力扶起而精神已觉衰弱。遇此未免要十分退省。宁不了事，不可不加培养。如何？"

所说工夫，就道通分上也只是如此用，然未免有出入在。凡人为学，终身只为这一事，自少至老，自朝至暮，不论有事无事，只是做得这一件，所谓

"必有事焉"者也。若说宁不了事，不可不加培养，却是尚为两事也。"必有事焉而勿忘勿助"，事物之来，但尽吾心之良知以应之，所谓"忠恕违道不远"矣。凡处得有善有未善，及有困顿失次之患者，皆是牵于毁誉得丧，不能实致其良知耳。若能实致其良知，然后见得平日所谓善者未必是善，所谓未善者，却恐正是牵于毁誉得丧，自贼其良知者也。

【白话翻译】

你信中说："先生说'修养要在事上磨炼'，每日里，不管有事没事，只一心一意地培养本体。如果遇到事情有所感触，或自己动了念头，既然心有所动，怎么可以说没事呢？若依循着这些事情认真考虑，就会觉着道理理应如此，只是看做没有什么事一样，尽我们的本心罢了。可即便这样，仍有处理得好与不好之分，这是为什么？又或许是事情太多了，需要分出先后顺序来处理，每每因为我的才智不足，处理起来会觉得很困难。虽极力撑持，但精神早已疲惫。遇到这种情况，难免要经常退下来反省，宁可不把事情处理完，也不能不培养本体。这样做对不对？"

功夫，就你说的而言，也只能是这样做了，但是难免还有些出入。凡是做学问，一辈子也就为这一件事，从小到大，自朝至暮，无论有事没事，只要做这一件事就行了，这就是孟子所说的"必有事焉"。如果像你所说"宁可完不了事，也不能不培养本体"，就是尚且把做事与存养本体看做两件事了。孟子说："必有事焉而勿正，心勿忘，勿助长也。"有事情发生，只要尽我们的本心上的良知去处理就行了，这就是"忠恕违道不远"。但凡处事惟恐不好了或者是遇到困难患得患失的人，都不过是被毁誉得失所牵累，不能真正地致自己的良知罢了。如果能真正地致良知，就会发现平常所谓的处理好的事情未必就是好的，处理得不好的，却恐怕正是受到外在的毁誉得失所累，而自己丢掉了良知吧！

【跟进解读】

在阳明先生看来，在日常生活中，人们对善恶的判断往往出于利益考虑居多，这并非真良知。如果真以良知为出发点来看，答案也许完全不同。只从利益的角度考虑，就容易残害自己的良知。因此，他强调：学者的真切功夫还应当用在"致良知"这个根本上，也就是"能实致其良知"。

5.格物是致知功夫

【原典欣赏】

来书云："致知之说，春间再承诲益，已颇知用力，觉得比旧尤为简易。但鄙心则谓与初学言之，还须带格物意思，使之知下手处。本来致知格物一并下，但在初学未知下手用功，还说与格物，方晓得致知。"云云。

格物是致知工夫，知得致知便已知得格物。若是未知格物，则是致知工夫亦未尝知也。近有一书与友人论此颇悉，今往一通细观之，当自见矣。

【白话翻译】

你来信说："致知的学问，春天承蒙您再次教诲，已经深知如何用功了，觉得比以前容易多了。但是我心中认为，对于初学的人而言，最好还是讲讲格物，使他们知道下功夫的切入点。本来致知和格物就是一体的，但在初学者还不知道从何处下手用功时，还是该给他们讲讲格物，这样他们才能懂得致知。"等等。

格物是致知的功夫，明白致知也就明白了格物。如果不明白格物，那就是致知的功夫还未曾弄清楚。我最近写了一封信给朋友，详细讨论了这个问题，现在也给你寄去，你仔细看看自然就全明白了。

【跟进解读】

格致诚正是行积修养的一体功夫，格物是功夫的源头，正心是知意的结果。正心必须见物明理、随事就格，诚意方能格正心物、致其良知。在阳明心学中，本体只是"良知"之本体，致良知则是落实"本体的良知"。能识得这一点，便直来直去，全无挂碍了。

6.身体实践

【原典欣赏】

来书云："今之为朱、陆之辨者尚未已。每对朋友言，正学不明已久，且不须枉费心力为朱、陆争是非。只依先生'立志'二字点化人，若其人果能辨得此志来，决意要知此学，已是大段明白了。朱、陆虽不辨，彼自能觉得。又尝见朋友中见有人议先生之言者，辄为动气。昔在朱、陆二先生所以遗后世纷纷之议者，亦见二先生工夫有未纯熟，分明亦有动气之病。若明道则无此矣。观其与吴涉礼论介甫之学云：'为我尽达诸介甫，不有益于他，必有益于我也。'气象何等从容！尝见先生与人书中亦引此言，愿朋友皆如此，如何？"

此节议论得极是极是。愿道通遍以告于同志，各自且论自己是非，莫论朱、陆是非也。以言语谤人，其谤浅；若自己不能身体实践，而徒入耳出口，呶呶度日，是以身谤也，其谤深矣。凡今天下之论议我者，苟能取以为善，皆是砥砺切磋我也，则在我无非警惕修省进德之地矣。昔人谓"攻吾之短者是吾师"，师又可恶乎？

【白话翻译】

你信中说："目前，分别为朱熹、陆九渊争辩的人还很多。我常常对朋友说，正统儒学晦暗不明的日子已经很久了，大家没必要枉费心机去替朱、陆两派争是非，只依据先生'立志'两个字来点化人，如果这个人果真能吃透这个志向来，决意要弄明白你的学术，那么他就等于走了一大段光明心路了。即使不去刻意争辩朱、陆二人的是是非非，他自己也能感觉得到。我也曾经看到，朋友中有人非议先生言论的人，还很动气的样子。以前朱、陆两位先生之所以给后世留下了很多争议，可见二位先生的功夫还不纯熟，分明有意气用事的毛病。像程颢先生就不这样，他在与吴师礼谈介甫（王安石的字）之学的错处时对吴师礼说：'请替我向介甫先生转达我的全部观点，如果对他没有益处，则一定对我有益。'气度是何等从容淡定！我曾经看到先生写给朋友的信函中也常常引用此言论，是希望朋友们都能这样，是吧？"

你这段话说得非常好。希望你告诉所有志同道合的人，大家还是先各自反省自己的对错，不要谈论朱、陆二人的是与非。用言语诽谤别人，这种诽谤还不算严重；如果自己不能亲身实践，而只是从耳朵进又马上从嘴巴出，终日喋喋不休，就是自己在诽谤自己，这种诽谤就很严重了！凡是现在议论我的世人，假如其出发点是为善，那他们就是在跟我切磋磨砺，那么对我来说无非是更加警惕反省自己、增进品德的地方。荀子说"给我挑出毛病来的人就是我的老师"，老师还有什么可恶的吗？

【跟进解读】

明初朱学占有统治地位，至王阳明心学问世后，一方面，成为儒学的又一面旗帜，开了一代儒学之新风；另一方面，也成为众矢之的，遭到不少学者的异议。对于他人的异议和指责，王阳明表现得包容大度。同时，他进一步强调实践，在谈到朱、陆之辩时告诫他的朋友和学生，不重言辩要重"身体实践"。

7. 性气一体

【原典欣赏】

来书云："有引程子'人生而静，以上不容说，才说性便已不是性。'何故不容说？何故不是性？晦庵答云：'不容说者，未有性之可言；不是性者，已不能无气质之杂矣。'二先生之言皆未能晓，每看书至此，辄为一惑，请问。"

"生之谓性"，"生"字即是"气"字，犹言气即是性也。气即是性。"人生而静"以上不容说，才说"气即是性"，即已落在一边，不是性之本原矣。孟子性善，是从本原上说。然性善之端，须在气上始见得，若无气亦无可见矣。恻隐、羞恶、辞让、是非即是气。程子谓："论性不论气，不备；论气不论性，不明。"亦是为学者各认一边，只得如此说。若见得自性明白时，气即是性，性即是气，原无性气之可分也。

【白话翻译】

你信中说："有人引用程颐先生的'人天生就能静，以上境界不容说，才说性已不是性'这句话来反问朱熹，为什么不容说，又为什么不是性。朱熹答：'不容说是因为没有性可言；不是性，是指说了之后就不可能没有气夹杂在里边。'两位先生的话我都不大懂，每次看书看到这里，便感疑虑丛生，就会有困惑，想请先生给我解释一下。"

"生之谓性"的"生"字就是"气"字，就如同说"气即是性"。气就是性。"人天生就能静"这以上就不容说的，刚说"气就是性"时，性就已偏向一边了，就不是性的本来面目了。孟子认为人性本善，是从本原上说的。但性本善的开端，则必须是在气上才能寻到根儿，如果没有气也就无处可见。像恻隐之心、羞恶之念、辞让之德、是非之辩就都是气的表征。程颐认为："论性不论气，就不全面；论气不论性，也不明确。"这是由于做学问的人各执一词，他只能这么说。如果人能够清楚地认识到自己的性，那么气就是性，性就是气，原本是没有性和气之分的。

【跟进解读】

从性本体论出发，王阳明提出性气一体的思想，反对性气分二。他所谓的气，指良知的流行，气是良知流行的表现，无独立存在的地位，而从属于良知。他认为，性善是本原，即性是本原，由性发出的四端之情则是气。在他看来，性气分二是不必要的，二程如此区分性气，也是无可奈何罢了，但只要从本原上认得性为一的道理，就会明白性即气，气即性。

三、答陆原静书——良知学说

《答陆原静书》集中体现了王阳明有关良知的学说，并以此作为其整个学说的核心思想，作于王阳明晚年的嘉靖三年（1524年），当时王阳明五十三岁。此信是《传习录》中卷之中的重要内容。

陆原静即陆澄，在本书上卷《陆澄录》已作介绍，这里不再赘述。

1. 妄心与照心

【原典欣赏】

来书云："下手工夫，觉此心无时宁静，妄心固动也，照心亦动也。心既恒动，则无刻暂停也。"

是有意于求宁静，是以愈不宁静耳。夫妄心则动也，照心非动也。恒照则恒动恒静，天地之所以恒久而不已也。照心固照也，妄心亦照也。"其为物不贰，则其生物不息。"有刻暂停，则息矣，非至诚无息之学矣。

【白话翻译】

你来信说："着手用功时，感觉心中没有一刻的平静，妄心固然在活动，照心也在活动。心既然是恒久运动的，那就没有片刻的停息了。"

这是因为你在刻意追求心静，所以就越发地静不下来了。你的妄心本来就是活动的，照心本来就是不动的。良知永远处于既运动又静止的状态，这就是天地万物永久地不停息的原因。照心的本体就是良知，妄心的本体也是良知。《中庸》中说："其为物不贰，则其生物不息。"有片刻的停息，就会死亡，就不是至诚而毫不停止地实现人心本体的学问了。

【跟进解读】

在这段文字中，阳明先生首先指出了妄心与照心的区别：照心是如日一般动静恒久的，妄心乃是充满主观的私欲之蔽的意动。其次指出妄心与照心是一个心，即心之本体良知而非两个心。《说文解字》说"妄，乱也"、"照，明也"。这两者都是佛学用语。阳明先生认为，妄心虽然也是与良知本然的心是一个心，但是当恒静的良知之心生发私欲之意时，就变成了妄心。

2. 良知无始无终

【原典欣赏】

来书云："良知亦有起处。"云云。

此或听之未审。良知者，心之本体，即前所谓恒照者也。心之本体，无起无不起。虽妄念之发，而良知未尝不在，但人不知存，则有时而或放耳；虽昏塞之极，而良知未尝不明，但人不知察，则有时而或蔽耳。虽有时而或放，其体实未尝不在也，存之而已耳；虽有时而或蔽，其体实未尝不明也，察之而已耳。若谓良知亦有起处，则是有时而不在也，非其本体之谓矣。

【白话翻译】

你信中说："良知也有它开始的地方。"等等。

也许你听讲但没仔细思量。良知乃人心的本体，就是前面所讲的恒照。心的本体无所谓开始不开始。人即使生发了贪妄的念头，但此时良知也未曾泯灭，只不过是他不知道该时时存养良知，于是有时就会失去良知；人虽然有昏庸闭塞到了极点的时候，其良知未尝不是明亮的，只是人们不能体察它，有时就会被蒙蔽。虽然有时失去了它，但良知的本体并未消失，存养它就行了；虽然有时受到蒙蔽，但良知的本体仍旧光明，体察它就行了。如果说良知也有个开始的地方，那么就是认为它有时不存在，这样说良知就不为心之本体了。

【跟进解读】

在孟子那里，良知本来不具有抽象的意义。王阳明把它提高到与心、理异名同体的高度，说，心即理，理即良知，万物为一体。宇宙万物是无始无终的，根本谈不上开端和终止，所以，良知也是没有"起处"的。

3.精、一、理、气

【原典欣赏】

来书云："前日精一之论，即作圣之功否？"

"精一"之"精"以理言，"精神"之"精"以气言。理者，气之条理；气者，理之运用。无条理则不能运用；无运用则亦无以见其所谓条理者矣。精则精，精则明，精则一，精则神，精则诚；一则精，一则明，一则神，一则诚，原非有二事也。后世儒者之说与养生之说各滞于一偏，是以不相为用。前日"精一"之论，虽为原静爱养精神而发，然而作圣之功，实亦不外是矣。

【白话翻译】

你信中说："先生前段时间所提到的'精一'的论断，是不是成为圣人的功夫？"

"精一"的"精"是从理上来说的，"精神"的"精"是从气上来说的。理为气的条理，气为理的运用。没有条理就不能运用，不运用也就看不出所谓的条理来。做到了精，就可以精细，可以澄明，可以专一，可以神奇，可以至诚；做到了一，就可以精细，可以澄明，可以专一，可以神奇，可以至诚，精与一原本就不能当两件事看。但是后世儒生的学说同道家的养生的学说却各执一词，不能相互促进。前些天我关于"精一"的论断，虽然是针对你喜欢存养自己的精神才说的，然而对于希求成长为圣人的功夫，其实就在于此。

【跟进解读】

精和一原本并非两件事。然而，后世儒生的学说同道家的养生的学说却各执一词，无法相互促进。这里王阳明特别强调，无理即无气，而无气亦无以见理。因为阳明始终是在功夫论意旨上强调没有主体的实践就没有价值原理的呈显。所以，他更多的考虑是要主张心理为一、性气为一、理气为一的功夫论立场。

传习录全编

4. 良知流行发用

【原典欣赏】

来书云："元神、元气、元精，必各有寄藏发生之处。又有真阴之精，真阳之气。"云云。

夫良知一也，以其妙用而言谓之神，以其流行而言谓之气，以其凝聚而言谓之精，安可以形象方所求哉？真阴之精，即真阳之气之母；真阳之气，即真阴之精之父。阴根阳，阳根阴，亦非有二也。苟吾良知之说明，即凡若此类，皆可以不言而喻。不然，则如来书所云三关、七返、九还之属，尚有无穷可疑者也。

【白话翻译】

你来信说："元神、元气、元精必定各自有寄藏、生发的地方。又有真阴之精，真阳之气。"等等。

良知只有一个，以其奇妙来说叫做"神"，以其运行而言叫做"气"，以其凝聚而言叫做"精"，怎么可以从它的形象、处所、方位上求得良知呢？真阴之精是真阳之气的母体；真阳之气是真阴之精的父体。阴生阳，阳生阴，阴阳也是一个统一的整体。倘若能理解我的良知主张，那么，只要是与此类似的，都可以不言自明。如果不能，那么你信中所提到的那些三关、七返、九还之类，也还有无穷无尽的疑惑。

【跟进解读】

在此处，陆澄的本意是想让阳明先生对道教的修炼功夫中的宇宙论知识性概念，如"元气、元精、元神、真阳、真阴、三关、七返、九还"等叫法，做一个名词解释，王阳明直接以良知为论究天地万物运行的原理，因此都以良知流行发用注解了，即谓其为良知本体流行发用的宇宙论知识间架。

5. 良知在体用之内

【原典欣赏】

来书云："良知，心之本体，即所谓性善也，未发之中也，寂然不动之体也，廓然大公也，何常人皆不能而必待于学邪？中也，寂也，公也，既以属心之体，则良知是矣。今验之于心，知无不良，而中、寂、大公实未有也，岂良知复超然于体用之外乎？"

性无不善，故知无不良。良知即是未发之中，即是廓然大公、寂然不动之本体，人人之所同具者也。但不能不昏蔽于物欲，故须学以去其昏蔽。然于良知之本体，初不能有加损于毫末也。知无不良，而中、寂、大公未能全者，是昏蔽之未尽去，而存之未纯耳。体即良知之体，用即良知之用，宁复有超然于体用之外者乎？

【白话翻译】

你信中说："良知是心的本体，也就是所谓的'性善'、'未发之中'、'寂然不动'的本体，就是'廓然大公'，为什么寻常人都不明白而必须学而知之呢？中、寂、公，既然属于心的本体，那么就是良知了。现在在心中检验，知没有不是良的，而中、寂、公却没有感觉到，难道良知是超然于体用之外吗？"

性没有不是善的，所以知就没有不良的。良知就是'未发之中'，就是"廓然大公"之本体，人人都具有。但是良知很容易被物欲所蒙蔽，所以必须通过学习去除这种蒙蔽。可是对于良知的本体，刚开始时不能有丝毫损害。知没有不良的，但中、寂、公没有完全呈现，是因为私欲的蒙蔽还没有被完全去除，良知的存养还不够纯正罢了。体就是良知的本体，用就是良知的运用，又怎么会有超然于体用之外的良知呢？

【跟进解读】

王阳明认为，良知是天赋予人心的，人人具有的，它最初是处于本然状态的。主要是人自己被外物和私欲所蒙蔽，未能见得良知这个本体恒在，只从形式上去看，定然导致一种错误的观点，即良知会超然于体用之外。"学"只不过是为了恢复良知"未发之中、廓然大公、寂然不动"的本体。因此，此三者和良知自然归于"一"。

6. 天理是不动的

【原典欣赏】

　　来书云："周子曰'主静'，程子曰'动亦定，静亦定'，先生曰'定者，心之本体'，是静定也，绝非不睹不闻、无思无为之谓也。必常知、常存、常主于理之谓也。夫常知、常存、常主于理，明是动也，已发也，何以谓之静？何以谓之本体？岂是静定也，又有以贯乎心之动静者邪？"

　　理无动者也。常知、常存、常主于理，即不睹不闻、无思无为之谓也。不睹不闻、无思无为，非槁木死灰之谓也。睹闻思为一于理，而未尝有所睹闻思为，即是动而未尝动也。所谓"动亦定，静亦定"，体用一原者也。

【白话翻译】

　　你信中说："周敦颐先生主张'主静'，程颢先生主张'动亦定，静亦定'，先生主张'定者，心之本体'，这里的静和定，绝非不看不听、不思不做的意思。它一定是指经常认知、经常存养、经常遵循天理。经常认知、经常存养、经常遵循天理，明明就是动，就不是未发之中，这还怎么能称为静呢？还怎么能称为心的本体呢？这个静定难道又贯穿到本心的动静之中了吗？"

　　天理是不动的。经常认知、经常存养、经常遵循天理，也就是不看不听、不思不做的意思。不看不听、不思不做，不是形同槁木、心如死灰。看、听、思关键是要趋于天理，而不曾有其他的看、听、思、做，这也就是动而未曾动。程颐先生所说的"动亦定，静亦定"，也就是指体用一源。

【跟进解读】

本体之念，廓然大公。非本体之念，即是私念。真正的静，指的是无私欲。所以王阳明讲"理无动者"。"体"又是"理"。懂得"体用一原"的静，才能起大作用。如果不懂这个"体用一原"的静，你就死在这一潭死水里，不能动了。

7. 良知与情感交融一体

【原典欣赏】

来书云："尝试于心，喜、怒、忧、惧之感发也，虽动气之极，而吾心良知一觉，即廓然消阻，或遏于初，或制于中，或悔于后。然则良知常若居优闲无事之地而为之主，于喜、怒、忧、惧若不与焉者，何欤？"

知此，则知未发之中、寂然不动之体，而有发而中节之和、感而遂通之妙矣。然谓良知常若居于优闲无事之地，语尚有病。盖良知虽不滞于喜、怒、忧、惧，而喜、怒、忧、惧亦不外于良知也。

【白话翻译】

你信中说："我曾经在心中尝试过，在喜、怒、忧、惧这些情绪有感而发时，即使特别生气，但是只要我们心中良知一发现，就会慢慢缓和消解，或者是遏制于初始阶段，或者是阻滞于中间阶段，或者是悔悟于最后阶段。但是良知好像经常在悠闲无事的地方主宰着人的感情，与喜、怒、忧、惧好像没有关系，这是为什么？"

你明白这一点，就能明白"未发之中"、"寂然不动"的本体了，就能体悟到发而皆中节的和、感而遂通的妙。但是说"良知经常在悠闲无事的地方"，这话还是有问题的。良知虽不停滞在喜、怒、忧、惧的感情之中，但喜、怒、忧、惧也不会存在于良知之外。

【跟进解读】

作为道德本体的"良知"，在王阳明看来还应内涵着"情感"因素。他认为，良知不会为人的喜怒忧惧等情感因素所缠绕，但也并不排除情感的因素于其中，良知和情感就其本体意义上而言应是内在的、相互联系地交融于一体的整体性关系。这一点与其他理学家将"理"高高置于个体感性的情感因素之上，甚至完全将其视为与情感相异的外物等观点是不同的。

144

8. 洞彻无碍之心

【原典欣赏】

来书云："夫子昨以良知为照心。窃谓良知，心之本体也；照心，人所用功，乃戒慎恐惧之心也，犹思也。而遂以戒慎恐惧为良知，何欤？"

能戒慎恐惧者，是良知也。

【白话翻译】

你来信说："先生昨天讲良知即为照心。我私下里认为良知是心的本体；照心是人所用的功夫，就是戒慎恐惧之心，和'思'相类似。而先生却把戒慎恐惧当做良知，这是为什么？"

能让人戒慎恐惧的，就是良知。

【跟进解读】

戒慎恐惧来自于《中庸》的"戒慎乎其所不睹，恐惧乎其所不闻"。在阳明先生的观念中，良知即照心，都是指去除私意之后对事理洞彻无碍之心。因此，能让人戒慎恐惧的，不是别的东西，其本身就是良知。这体现了阳明先生"体用一元"的思想。

9. 无妄无照

【原典欣赏】

来书云："先生又曰：'照心非动也。'岂以其循理而谓之静欤？'妄心亦照也。'岂以其良知未尝不在于其中、未尝不明于其中，而视听言动之不过则者皆天理欤？且既曰妄心，则在妄心可谓之照，而在照心则谓之妄矣。妄与息何异？今假妄之照以续至诚之无息，窃所未明，幸再启蒙。"

"照心非动"者，以其发于本体明觉之自然，而未尝有所动也。有所动即妄矣。"妄心亦照"者，以其本体明觉之自然者，未尝不在于其中，但有所动耳。无所动即照矣。无妄、无照，非以妄为照，以照为妄也。照心为照，妄心为妄，是犹有妄、有照也。有妄、有照，则犹贰也，贰则息矣。无妄、无照则不贰，不贰则不息矣。

【白话翻译】

你信中说："先生又说：'照心非动也。'难道是因为它遵循天理而说它的静吗？'妄心亦照也。'难道是因为良知不是不在妄心中，不是不明于其中，而人的视听言动能够不违背原则的，都是天理吗？但是既然说是妄心，那么妄心也可说是照，而照心也可称之为妄了。妄与息有什么不同？现在把妄心之照与至诚无息联系起来，我还是不明白，请先生再启发我一下。"

"照心非动"，是指本体自然明觉，不曾有所动。有所动即是妄。"妄心亦照"，指它的本体自然明觉，未尝不在其中，只是有所动罢了。无所动就是照了。说"无妄无照"，并非是说妄等于照，照就是妄。如果说照心为照，妄心为妄，这还是有妄有照。认为有妄有照，就依然还是两个心，一心分为二，那么良知就息了。认为无妄无照就是把心视作一个统一的整体，这样就不存在良知停息的情况了。

【跟进解读】

王阳明所说的照心妄心，类似《起信论》一心二门：心真如门与心生灭门。照心妄心，犹良知，一心开二门，一心二门，二门一心，以成立其体用一源理论建构。"照心"为"妄心"之对，但妄心亦照心，不过为照心之动态。

阳明在此段最后提出"无妄无照"的说法，即在人之心体纯然于天理之时，不但妄心不会存在，连刻意去存照心之念也不存在了。随时随地，人之心体皆能循于一理，这也就将"照心妄心"回归到"心一而已"的理念上来。

10. 去欲存理

【原典欣赏】

来书云："养生以清心寡欲为要。夫清心寡欲，作圣之功毕矣。然欲寡则心自清，清心非舍弃人事而独居求静之谓也。盖欲使此心纯乎天理，而无一毫人欲之私耳。今欲为此之功，而随人欲生而克之，则病根常在，未免灭于东而生于西。若欲刊剥洗荡于众欲未萌之先，则又无所用其力，徒使此心之不清。且欲未萌而搜剔以求去之，是犹引犬上堂而逐之也，愈不可矣。”

必欲此心纯乎天理，而无一毫人欲之私，此作圣之功也。必欲此心纯乎天理，而无一毫人欲之私，非防于未萌之先而克于方萌之际不能也。防于未萌之先而克于方萌之际，此正《中庸》“戒慎恐惧”、《大学》“致知格物”之功。舍此之外，无别功矣。夫谓灭于东而生于西、引犬上堂而逐之者，是自私自利、将迎意必之为累，而非克治洗荡之为患也。今日养生以清心寡欲为要，只“养生”二字，便是自私自利、将迎意必之根。有此病根潜伏于中，宜其有灭于东而生于西、引犬上堂而逐之之患也。

【白话翻译】

你来信说：“养生最关键的就是清心寡欲。如果能清心寡欲，做圣人的功夫也就完成了。然而人的欲望少了，心自然会清明，清心不是说要抛弃人事跑去独居求静，只是要使自心纯然充盈天理而无一丝一毫的私欲罢了！现在要想在这方面下功夫，就必须随时克制私欲，但病根依旧存在，未免东边的私利克制成功了而西边的又生发出来了。可若想把私欲荡涤消灭在产生前，那么又不知道从何处用功，徒劳地只能使自己的心无法清净了。况且私欲产生前就四处搜寻并将其清除，就好比把狗带到屋里然后再将其赶出去似的，更加不行了。”

一定要使心体纯粹为天理，而没有一点私欲，这是成为圣人的功夫。想做到这一点，就要在私欲产生之前多加防范，并在私欲产生时克制它。在私欲产生前防范并克制它于萌芽状态，这正是《中庸》的“戒慎恐惧”、《大学》的“格物致知”的修身功夫，除此之外，没有其他功夫。你说的“灭于东而生于西”、“引犬上堂而逐之”都是被自私自利、刻意追求所牵累的结果，而不是克制荡涤私欲本身的问题。现在你说“养生的关键是清心寡欲”，这“养生”二字就是自私自利、刻意追求的病根。有这样的病根潜伏于心中，就容易产生“灭于东而生于西”、“引犬上堂而逐之”的弊端。

【跟进解读】

佛家“外人伦遗事物”、“清心寡欲”，只能“治一人一身”，是自私的养生哲学；儒家不仅养生，而且要齐家、治国、平天下，是为公的哲学。所以王阳明认为，清心寡欲的养生是自私自利、刻意追求，是私欲。必须去欲存理才能克服病根。

11. 明善就是诚身

【原典欣赏】

来书云："'质美者明得尽，渣滓便浑化'。如何谓明得尽？如何而能便浑化？"

良知本来自明。气质不美者，渣滓多，障蔽厚，不易开明。质美者，渣滓原少，无多障蔽，略加致知之功，此良知便自莹彻，些少渣滓，如汤中浮雪，如何能作障蔽？此本不甚难晓，原静所以致疑于此，想是因一"明"字不明白，亦是稍有欲速之心。向曾面论'明善'之义，"明则诚矣"，非若后儒所谓明善之浅也。

【白话翻译】

你信中说："程颢先生说'天质好的人善德尽显，缺点也都融化消失了'，'明得尽'指的是什么？怎样才能'浑化'呢？"

良知本来就是自然光明的。天质差些的人，思想里的渣滓多，障碍昏蔽得厚，良知不容易呈现出光明。天质好的人，思想里渣滓原本就少，没有太多的障碍和遮蔽，只要稍微下一点致知的功夫，他们的良知就自然晶莹剔透。那原本的少许渣滓就像滚汤上飘落的浮雪，怎么能构成障碍遮蔽呢？这本来不是太难理解，原静你之所以对此有疑惑，想必是因为一个"明"字的意思不明白吧，也是你稍微有些心急。以前和你曾经当面讨论过"明善"的含义，"明善就是诚身"，并不是像后世儒生所解释的那般浅薄。

【跟进解读】

陆澄问如何做功夫把不好的渣滓浑化，而阳明则强调良知发动必可消融渣滓。他说，良知本来自明，本就是一灵明的知觉主体，因此渣滓本不可能障蔽，"明则诚矣"。亦即强调以良知为主体，提起本心真做功夫，则渣滓不能成为障蔽。

12. 良知即是道

【原典欣赏】

来书云："聪明睿知，果质乎？仁义礼智，果性乎？喜怒哀乐，果情乎？私欲客气，果一物乎？二物乎？古之英才，若子房、仲舒、叔度、孔明、文中、韩、范诸公，德业表著，皆良知中所发也，而不得谓之闻道者，果何在乎？苟曰此特生质之美耳，则生知安行者，不愈于学知、困勉者乎？愚者窃云，谓诸公见道偏则可，谓全无闻，则恐后儒崇尚记诵训诂之过也。然乎否乎？"

性一而已。仁、义、礼、智，性之性也；聪、明、睿、知，性之质也；喜、怒、哀、乐，性之情也；私欲、客气，性之蔽也。质有清浊，故情有过不及，而蔽有浅深也。私欲、客气，一病两痛，非二物也。张、黄、诸葛及韩、范诸公，皆天质之美，自多暗合道妙，虽未可尽谓之知学，尽谓之闻道，然亦自有其学违道不远者也。使其闻学知道，即伊、傅、周、召矣。若文中子则又不可谓之不知学者，其书虽多出于其徒，亦多有未是处，然其大略，则亦居然可见。但今相去辽远，无有的然凭证，不可悬断其所至矣。

夫良知即是道，良知之在人心，不但圣贤，虽常人亦无不如此。若无有物欲牵蔽，但循著良知发用流行将去，即无不是道。但在常人多为物欲牵蔽，不能循得良知。如数公者，天质既自清明，自少物欲为之牵蔽，则其良知之发用流行处，自然是多，自然违道不远。学者学循此良知而已。谓之知学，只是知得专在学循良知。数公虽未知专在良知上用功，而或泛滥于多岐，疑迷于影响，是以或离或合而未纯。若知得时，便是圣人矣。后儒尝以数子者尚皆是气质用事，未免于行不著，习不察。此亦未为过论。

但后儒之所谓著、察者，亦是狃于闻见之狭，蔽于沿习之非，而依拟仿象于影响形迹之间，尚非圣门之所谓著、察者也。则亦安得以己之昏昏，而求人之昭昭也乎？所谓生知安行，"知行"二字亦是就用功上说。若是知行本体，即是良知良能。虽在困勉之人，亦皆可谓之生知安行矣。"知行"二字更宜精察。

【白话翻译】

你信中说："聪明睿智，真的是人天生的资质吗？仁义礼智，真的是人的本性吗？喜怒哀乐，真的是人原本就有的性情吗？私欲与客气，究竟是一件事，还是两件事？古代的英才如张良、董仲舒、黄宪、诸葛亮、王通、韩琦、范仲淹等人，功德卓著都是由良知生发出来的，却不能说他们是知道圣道的人，为什么？如果说他们的资质天生就好，那么生而知之、安而行之的人难道还不如学知利行、困知勉行的人吗？我私下里认为，说他们对道的认识不全面可以，但如果说他们全然不晓圣道，那么恐怕会导致后世儒生因推崇记诵训诂，对他们产生偏见，我这样说对吗？"

人性只有一个。仁义礼智，是人性的本质；聪明睿智，是人性的禀赋；喜怒哀乐，是人性的情感；私欲与客气，是人性的昏蔽。本质有清浊之分，所以感情有过与不及，而昏蔽有深有浅。私欲与客气，是一种病生发的两种痛苦，不是两件事。张良、黄宪、诸葛亮、韩琦、范仲淹等人，都是天生资质好，自然与道的许多地方都巧妙暗合，虽然不能因此说他们是知圣学，也不能说他们是全然不晓圣道，可是他们的学问才智离圣道已经不远了。假如他们知学闻道，那就成了伊尹、傅说、周公、召公了。至于王通，倒也不能说他不明白圣学，他的书虽然很多都是他的徒弟写出来的，其中也有很多错误，但是他的学问的大致轮廓还是显而易见的。只是因为时间久远，没有确凿的证据，所以不能凭空臆断他的学问与圣道相差多远。

良知就是圣道。良知自在人心，不论是圣贤还是平常人都是如此。如果没有物欲的牵累蒙蔽，只要遵循这良知并将其发扬光大、流传开来，则没有不是道的。只不过平常人被物欲牵累蒙蔽，不能遵循良知行事罢了。像上面提到的几个人，天生资质清明，也很少被物欲牵累蒙蔽，所以他们的良知发扬流传的地方就多，自然就离圣道不远。学者学的也就是遵循良知行事而已。说知学，只是要明白专门在学习遵循良知上用功。他们几个人虽然不知道专门在学习遵循良知上用功，有的兴趣太浓，受到别的东西影响或迷惑，因此或离道或合道而不精纯，如果得道，就是圣人了。后世儒生曾经以为他们几个尚且凭借天资成就事业，不免会"行不著"、"习不察"，这些都不是过分的评价。

但是后世儒生所谓的"著察"，是因为拘泥于狭隘的见闻，昏蔽于旧时习惯的错误，从而模拟仿照圣人的影响和事迹，并非圣学中所说的"著察"。这样连自己都是糊涂的，还怎么能使别人明白呢？所谓生而知之、安而行之，"知行"二字也是从用功上来说的。至于知行的本体，其实就是良知良能。即使是困知勉行的人，也都可以说是生而知之、安而行之。对"知行"二字更应该精心体察。

传习录全编

【跟进解读】

　　王阳明认为良知即是道，是主宰，是根本，良知包含良能在其内。良知作为"知的本体"一旦贞定，则良知与良能互为一体、同时现起，良能作为"行的本体"自然贞定。若能从知行本体即良知良能出发，则凡人即圣贤，困勉之人即生知安行之人。

13. 减一分私欲，增一分真乐

【原典欣赏】

　　来书云："昔周茂叔每令伯淳寻仲尼、颜子乐处。敢问是乐也，与七情之乐同乎？否乎？若同，则常人之一遂所欲，皆能乐矣，何必圣贤？若别有真乐，则圣贤之遇大忧、大怒、大惊、大惧之事，此乐亦在否乎？且君子之心常存戒惧，是盖终身之忧也，恶得乐？澄平生多闷，未尝见真乐之趣，今切愿寻之。"

　　乐是心之本体，虽不同于七情之乐，而亦不外于七情之乐。虽则圣贤别有真乐，而亦常人之所同有，但常人有之而不自知，反自求许多忧苦，自加迷弃。虽在忧苦迷弃之中，而此乐又未尝不存，但一念开明，反身而诚，则即此而在矣。每与原静论，无非此意，而原静尚有何道可得之问，是犹未免于骑驴觅驴之蔽也。

【白话翻译】

　　你信中说："以前周敦颐先生经常让程颢寻找孔子和颜回的乐处。我想问一下这里的乐和七情中的乐是否相同？如果相同，那么寻常人只要一偿所愿都能乐呀，何必非得作圣贤呢？如果另外还有什么真乐，那么圣贤遇到大忧、大怒、大惊、大惧之事，这些乐还存在吗？况且君子心中常存戒惧，此为终身的忧患意识，怎么能乐呢？我陆澄平日里有很多烦恼，不曾体会到真正的乐趣，现在很迫切地希望寻找到真乐。"

乐是心的本体，虽不简单相同于七情之乐，然而也不外乎于七情之乐。虽然圣贤别有真乐，但也是常人所共有的，只是平常人自己不知道，反而自寻很多忧愁苦恼，在迷茫中丢弃了真乐。虽然在忧苦迷茫中丢弃，但真正的快乐依旧存在，只要一念开明，回过头来求得自身的虔诚，那么就能感到这种快乐。我每回和原静你所讨论的，说的无非都是这个意思，而你还问有什么办法找到快乐，这种做法未免是骑驴找驴的毛病了啊。

【跟进解读】

陆澄总是分不清"七情之乐"和"圣人之乐"到底有什么不同，才提出这里的问题。在阳明先生看来，儒家的"圣人之乐"不离七情，故普通人的"七情之乐"中，其实就孕育着"圣人之乐"的萌芽，惟有不被"七情之乐"所羁绊，方可达到"圣人之乐"。

先生在这里直接把乐说成心本体，还有一层意思：减一分私欲，就能增一分真乐。良知的精度和纯度越高，能体会到的乐也就越大，这也是渐入乐与良知合而为一之佳境的最好途径。

14. 致知功夫，至诚不息

【原典欣赏】

来书云："《大学》以心有好乐、忿懥、忧患、恐惧为不得其正，而程子亦谓'圣人情顺万事而无情'。所谓有者，《传习录》中以病疟譬之，极精切矣。若程子之言，则是圣人之情不生于心而生于物也，何谓耶？且事感而情应，则是是非非可以就格。事或未感时，谓之有则未形也，谓之无则病根在有无之间，何以致吾知乎？学务无情，累虽轻，而出儒入佛矣，可乎？"

圣人致知之功，至诚无息，其良知之体，皦如明镜，略无纤翳，妍媸之来，随物见形，而明镜曾无留染，所谓情顺万事而无情也。"无所住而生其心"，佛氏曾有是言，未为非也。明镜之应物，妍者妍，媸者媸，一照而皆真，即是生其心处；妍者妍，媸者媸，一过而不留，即是无所住处。病疟之喻，既已见其精切，则此节所问可以释然。病疟之人，疟虽未发，而病根自在，则亦安可以其疟之未发，而遂忘其服药调理之功乎？若必待疟发而后服药调理，则

传习录全编

既晚矣。致知之功，无间于有事无事，而岂论于病之已发未发邪？大抵原静所疑，前后虽若不一，然皆起于自私自利、将迎意必之为祟。此根一去，则前后所疑，自将冰消雾释，有不待于问辨者矣。

【白话翻译】

你信中说："《大学》认为心有好乐、愤怒、忧患、恐惧等情感，心就不能平静，而程颢先生说'圣人情顺万事而无情'。所谓有，《传习录》中用病疟来比喻，极其精辟。若按程先生说的，就是圣人的情不生于心而生于万物，这是为什么？况且事有所感而情有所应，那么其中的是是非非就可以格去。但是，在事情未来之时，说有情，它并没有显现；说无情，但情又像病根一样潜在。说有却无，说无却有，这怎么能致知呢？学要致力求得无情，这样牵累虽然少了，却又从儒家滑落入佛教的泥潭，人若无情，行吗？"

圣人的致知功夫，至诚不息，其良知的本体，皎洁如明镜，没有一丝一毫的纤尘沾染，不管是美还是丑，只要来照必见原形，过后，镜子上并未留下什么，这就是所谓的"情顺万事而无情"。"无所住处而生其心"，佛家曾经这样说，并非不对。明镜照物，美就是美，丑就是丑，只要照就显真形，这就是"生其心"的地方；美就是美，丑就是丑，照完不留下一丝痕迹，这就是"无所住"。有关病疟的比喻，既然你认为精辟，那么你此节所问的问题就迎刃而解了。得了疟疾的人，即使没有发病，然而只要病根存在，怎么能因为没有发病，就忘记服药调理的功夫呢？如果一定要等到疟疾复发后再服药调理，那么已经晚了。致知的功夫不在于有事还是没事，哪里管病是否发作呢？大抵原静你的疑惑，前后虽然不统一，但都是因为自私自利、刻意追求这一弊端。如果除掉这一弊端，那么你前后的疑惑必将烟消云散，用不着再去问辨了。

【跟进解读】

在此处，陆澄从程颢的话中，得出了一个"圣人之情不生于心而生于物"的结论，并牵扯出后面一系列的问题。阳明先生一直强调在"知行"上下功夫，去认真体察知行的本体。因此，面对陆澄的发问，先生则并未从正面回答，而只是几近圆融地指出："致知功夫，至诚不息。"从这里，我们可以看出一点就是，阳明心学甚至涵盖到中国古代哲学，其最明显的特点之一，就是"心物一体"，而从来不把"心"和"物"到底谁是第一位的问题放在心上。

15. 钱德洪跋

【原典欣赏】

钱德洪曰：答原静书出，读者皆喜，澄善问，师善答，得闻所未闻。师曰："原静所问只是知解上转，不得已与之逐节分疏。若信得良知，只在良知上用工，虽千经万典无不吻合，异端曲学一勘尽破矣，何必如此节节分解？佛家有扑人逐块之喻，见块扑人，则得人矣，见块逐块，于块奚得哉？"在座诸友闻之，惕然皆有惺悟。此学贵反求，非知解可入也。

【白话翻译】

钱德洪说：答陆原静的书信一经公布，读者们都大加赞赏，认为陆澄问得漂亮，先生答得精彩，都说内容是闻所未闻的。先生说："原静的问题，只是在认知上纠缠，我没办法只好跟他分段解释。如果真的懂得了良知，只在致良知上下功夫，虽千经万典无不吻合，异端典学一看就穿，何必像这样层层分解来论述！佛学中有狗不咬人而追逐石块的比喻，看到石块去扑人，才能咬住人；见到石块追逐石块，在石块上能得到什么呢？"当时在座的诸位朋友听了，都顿然有所醒悟。先生的致良知学问贵在反省内求，并不是从认知解释上可以轻易获得的。

【跟进解读】

这是钱德洪为《答陆原静书》作的跋，跋中引用了王阳明的一段话，进一步说明：要用实际行动时时致良知，以趋于纯！如果舍去良知不求，反去求无意义的文字，正如扑人逐块，是无法得到真知的。那块就是经典文字语言，那人就是良知。

四、答欧阳崇一——万物皆备于我心

欧阳崇一即欧阳德，号南野，崇一为他的字，王阳明江右王学正传的主要代表人物之一。欧阳崇一在发明师旨、卫护师说方面功不可没，尤其对"格物致知"义旨的阐发，对于挽救王门中"归寂"派的流弊，作用尤大。他为人敢于"谠言正论"，不避权贵，临危不惧，经常与邹守益、聂豹、罗洪先等人讲学论道，前来学习之人非常多。著有《欧阳南野集》。

1. 良知与见闻

【原典欣赏】

崇一来书云："师云：'德性之良知，非由于闻见，若曰多闻择其善者而从之，多见而识之，则是专求之见闻之末，而已落在第二义。'窃意良知虽不由见闻而有，然学者之知，未尝不由见闻而发。滞于见闻固非，而见闻亦良知之用也。今日落在第二义，恐为专以见闻为学者而言，若致其良知而求之见闻，似亦知行合一之功矣。如何？"

良知不由见闻而有，而见闻莫非良知之用。故良知不滞于见闻，而亦不离于见闻。孔子云："吾有知乎哉？无知也。"良知之外，别无知矣。故致良知是学问大头脑，是圣人教人第一义。今云专求之见闻之末，则是失却头脑，而已落在第二义矣。近时同志中，盖已莫不知有致良知之说，然其功夫尚多鹘突者，正是欠此一问。

大抵学问功夫只要主意头脑是当。若主意头脑专以致良知为事，则凡多闻多见，莫非致良知之功。盖日用之间，见闻酬酢，虽千头万绪，莫非良知之发用流行；除却见闻酬酢，亦无良知可致矣。故只是一事。若曰致其良知而求之见闻，则语意之间未免为二。此与专求之见闻之末者虽稍不同，其为未得精一之旨，则一而已。"多闻择其善者而从之，多见而识之。"既云"择"，又云"识"，其良知亦未尝不行于其间。但其用意乃专在多闻多见上去择识，则已失却头脑矣。崇一于此等处见得当已分晓，今日之问，正为发明此学，于同志中极有益。但处意未莹，则毫厘千里，亦不容不精察之也。

【白话翻译】

欧阳崇一来信写道："先生曾说：'人的德性良知不倚仗见闻，若说多闻而选择其中的善依从，多看自然有认知，那只在见闻的细枝末节上寻求，这就成为次要的问题了。'我认为良知虽然不是因为倚仗见闻才存在的，然而，学者的知识，未尝不是从见闻中产生的。拘泥于见闻当然不对，但是见闻也是良知的应用。现在先生说'落在第二义'，恐怕是针对那些专门把见闻当做学问的人来说的，如果为了致知而在见闻上探求，似乎也是知行合一的功夫。不知这样理解是否得当？"

良知并不是从见闻上产生的，而见闻却是良知的应用。所以良知不能拘泥于见闻，但又离不开见闻。孔子说："我有知识吗？没有。"良知之外，没有别的知识了。因此，致良知是做学问的关键，是圣人教育人的第一教义。现在说专门探求见闻的细枝末节，那就失去了主宰，把良知落到了次要位置上。最近一段时间，同志们都已经知道了致良知的学说，可是大家下功夫还是有许多模糊之处，正是因为缺少了你这一疑问。

一般说来，学问功夫关键是要抓住核心问题，如果明确了核心问题就是"致良知"，那么凡是见闻也都是"致良知"的功夫。所有日常琐事，见闻应酬，虽然头绪繁多，但都是良知的作用与流传；没有了见闻应酬，也就没有什么良知可致了。因此见闻与致良知都是一件事。如果说致良知要从见闻中探求，那么话语之间难免会把良知和见闻看成两件事。这虽然与只在见闻的细枝末节上寻求良知的人稍有不同，然而从没有领会"精一"的宗旨上来看，都是类似的。至于"多闻择其善者而从之，多见而识之"，既然说到"择"，又说到"识"，可见良知已经在中间发挥作用了，但其用意乃是专门在多闻多见上去选择、认识的，就已经失去关键了。你对这些问题认识得已经十分清楚，今天的这个问题，正是为了阐明致良知的学说，这对于同学都有很大益处。只是语意表达还不太透彻，会产生差之毫厘谬之千里的情况，不能不精心体察。

【跟进解读】

欧阳崇一被时人誉为"南野门人者半天下"，其学说在阳明所处的时代也占有着一席之地。此段文字中，对欧阳崇一所阐发的观点，阳明先生基本持肯定态度。不过，对"若致其良知而求之见闻"之句，先生提出了质疑，在阳明这里，致良知与求见闻并非两样功夫，在实际的道德实践中难以分开。良知作为先验的道德意识，不依赖于后天的见闻知识，是生而具有的；经验认识活动都是良知发生作用的表现，而对于种种经验认识活动，良知都是其中的主宰。

2. 思索是良知的发挥运用

【原典欣赏】

来书云："师云：《系》言何思何虑，是言所思所虑只是天理，更无别思别虑耳，非谓无思无虑也。心之本体即是天理，有何可思虑得？学者用功，虽千思万虑，只是要复他本体，不是以私意去安排思索出来。若安排思索，便是自私用智矣。'学者之蔽，大率非沈空守寂，则安排思索。德辛壬之岁著前一病，近又著后一病。但思索亦是良知发用，其与私意安排者何所取别？恐认贼作子，惑而不知也。"

"思曰睿，睿作圣。""心之官则思，思则得之。"思其可少乎？沈空守寂，与安排思索，正是自私用智，其为丧失良知一也。良知是天理之昭明灵觉处，故良知即是天理，思是良知之发用。若是良知发用之思，则所思莫非天理矣。良知发用之思，自然明白简易，良知亦自能知得。若是私意安排之思，自是纷纭劳扰，良知亦自会分别得。盖思之是非邪正，良知无有不自知者。所以认贼作子，正为致知之学不明，不知在良知上体认之耳。

【白话翻译】

你信中说："先生说：'《易经·系辞下》孔子注中所说的何思何虑，是说所思所虑只有天理，再没有别的思虑了，并非说无思无虑。心的本体就是天理，有什么可思可虑的？学者下功夫，虽千思万虑，但目的只是要恢复心的本体，不是以私意来安排、思索出天理来的。如果刻意安排思索就是自私用智。'学者的弊病，大多不是空守沉寂，就是私意揣度刻意安排思索。我在辛巳到壬午年间犯前一个毛病，最近又犯后一个毛病。但是思索也是良知的发挥运用，它和私意揣度刻意安排有什么区别呢？恐怕我认了贼做儿子，还迷惑而不自知呢！"

"思曰睿，睿作圣。""心之官则思，思则得之。"思考怎么少得了呢？空守沉寂与安排思索都属于私欲用智，这也是丧失良知。良知是天理昭然灵觉之所在，因此良知就是天理，思索是良知的发挥运用。如果是良知发挥运用之思，则所思的就是天理。良知发挥运用之思，自然明白简单，良知也自然能认识。如果是私意安排之思，自然思绪万千，纷纭繁扰，但良知也自然能分辨。大凡思索的是非邪正，良知没有不知道的。之所以会出现认贼作子的情况，正是因为致知之学术还没完全明白，不知道应该在良知上体察认知罢了。

【跟进解读】

王阳明这里所说的"思"并不是理性的思维活动，而是"在良知上体认"，从"为善去恶"来拂拭自己的昭明灵觉的本体。同时，在他看来，衡量正确与谬误的标准，是"良知"的自明，"天理"的自发。这就是说，合于道德律的，才是"是"和"正"，而违背道德律的，便是"非"与"邪"。

3. 素其位而行

【原典欣赏】

来书又云："师云：'为学终身只是一事，不论有事无事，只是这一件。若说宁不了事，不可不加培养，却是分为两事也。'窃意觉精力衰弱，不足以终事者，良知也。宁不了事，且加休养，致知也。如何却为两事？若事变之来，有事势不容不了，而精力虽衰，稍鼓舞亦能支持。则持志以帅气可矣。然言动终无气力，毕事则困惫已甚，不几于暴其气已乎？此其轻重缓急，良知固未尝不知，然或迫于事势，安能顾精力？或困于精力，安能顾事势？如之何则可？"

宁不了事，不可不加培养之意，且与初学如此说亦不为无益。但作两事看了，便有病痛。在孟子言"必有事焉"，则君子之学终身只是"集义"一事。义者，宜也，心得其宜之谓义。能致良知则心得其宜矣，故集义亦只是致良知，君子之酬酢万变，当行则行，当止则止，当生则生，当死则死，斟酌调停，无非是致其良知，以求自慊而已。故"君子素其位而行""思不出其位"。凡谋其力之所不及，而强其知之所不能者，皆不得为致良知。而凡"劳其筋骨，饿其体肤，空乏其身，行拂乱其所为，动心忍性以增益其所不能"者，皆所以致其良知也。若云宁不了事，不可不加培养者，亦是先有功利之心，计较

传习录全编

成败利钝而爱憎取舍于其间，是以将了事自作一事，而培养又别作一事，此便有是内非外之意，便是自私用智，便是义外，便有"不得于心，勿求于气"之病，便不是致良知以求自慊之功矣。

所云鼓舞支持，毕事则困惫已甚，又云迫于事势，困于精力，皆是把作两事做了，所以有此。凡学问之功，一则诚，二则伪。凡此皆是致良知之意，欠诚一真切之故。《大学》言："诚其意者，如恶恶臭，如好好色，此之谓自慊。"曾见有恶恶臭，好好色，而须鼓舞支持者乎？曾见毕事则困惫已甚者乎？曾有迫于事势，困于精力者乎？此可以知其受病之所从来矣。

【白话翻译】

你来信接着写道："先生说：'为学终身只是一件事，不论有事无事，也只是这一件。如果说宁愿不做事，也不能不培养良知，那就是把致良知和做学问分成两件事了。'"我认为，感到精力衰弱，不能做完事，是良知。宁可不做事，也要修养本心，是致良知。怎么就成了两件事了呢？如果有事发生了，就不能不处理，就算是精力衰竭，只要稍加勉励，也是可以坚持下来的，由此可知，意志还是统领着气力的。但是，这时的言语行动终究有气无力，做完事就已疲惫不堪，这不是等于在滥用气力吗？这里边的轻重缓急，良知固然不会不明白，但是有时迫于形势紧急，怎能顾及精力呢？有时筋疲力尽，又怎能顾及形势呢？这究竟怎么办呢？"

我当初说"宁不了事，不可不加培养"的初衷，是从初学者的角度来说的，对他们这样说也不能说没有好处。但把做事情和存养本性分成两件事来看，问题就来了。孟子说"必有事焉"，是说君子之学终身就是"集义"这一件事。义，就是宜，心做到了它应该做的就是义。能致良知，心就能做到它该做的事，所以"集义"也就是致良知。君子待人接物应对种种事变，当做就做，当停就停，当生就生，当死就死，这样斟酌考虑，也无非是致良知，以求意诚心安罢了。所以"君子素其位而行"、"思不出其位"。凡是谋求自己力所不能及的事，勉强做智力不能完成的事，都不是致良知。而凡是"劳其筋骨，饿其体肤，空乏其身，行拂乱其所为，动心忍性以增益其所不能"的人，均是为了致良知。如果说"宁愿不做事，也不能不存养本性"，也是因为先存养了份功利心，计较成败得失，之后做出的爱憎取舍，是把处理事情当成了一件事，而把存养本性又当成了另一件事，这就是有了重视本心而忽视做事的心态，就是把才智用到私欲上了，就是把义看做外在的东西，便会有"不得于心，勿求于气"的弊病，就不是致良知以求心安意诚的功夫了。

你所说的"鼓舞支持，完成事后疲惫不堪"，以及"迫于形势，困于筋疲力尽"，都是把处理事情和存养本性当做两件事了，所以才导致了这样的结果。凡是做学问的功夫，精一就是真诚，一分为二就会虚伪。这都是因为致良知的心还缺乏真切。《大学》中说："诚其意者，如恶恶臭，如好好色，此之谓自慊。"谁见过讨厌恶臭、喜欢美色还需要鼓舞振作的？谁见过这些事情做完后觉得疲惫不堪吗？谁见过有迫于形势、没精力趋避而做的吗？由此可知病根从何而来了。

【跟进解读】

"素其位而行"源自《中庸》，近似于《道德经》里面所说的"千里之行始于足下"、《大学》中的"知其所止"，都是"行远必自迩，登高必自卑"的意思。这也正是阳明先生在答复欧阳崇一的此信中所强调的核心观点：作为一个有见识、有学养的读书人，必须从现实的情况出发，不能有外慕之心。大凡谋求力所不及的事，就不是致良知。这是对《大学》修、齐、治、平循序渐进之道理的进一步阐述。

4. 至诚自可前知

【原典欣赏】

来书又有云："人情机诈百出，御之以不疑，往往为所欺。觉则自入于逆、臆。夫逆诈，即诈也；臆不信，即非信也；为人欺，又非觉也。不逆不臆，而常先觉，其惟良知莹彻乎？然而出入毫忽之间，背觉合诈者多矣。"

不逆不臆而先觉，此孔子因当时人专以逆诈、臆不信为心，而自陷于诈与不信；又有不逆、不臆者，然不知致良知之功，而往往又为人所欺诈，故有是言。非教人以是存心，而专欲先觉人之诈与不信也。以是存心，即是后世猜忌险薄者之事。而只此一念，已不可与入尧、舜之道矣。不逆、不臆而为人所欺者，尚亦不失为善。但不如能致其良知，而自然先觉者之尤为贤耳。崇一谓其惟良知莹彻者，盖已得其旨矣。然亦颖悟所及，恐未实际也。

盖良知之在人心，亘万古、塞宇宙而无不同。"不虑而知"、"恒易以知险"、"不学而能"、"恒简以知阻"、"先天而天不违，天且不违，而况于人乎？况于鬼神乎？"

夫谓背觉合诈者，是虽不逆人，而或未能无自欺也；虽不臆人，而或未能果自信也。是或常有求先觉之心，而未能常自觉也。常有求先觉之心，即已流于逆、臆，而足以自蔽其良知矣。此背觉合诈之所以未免也。

君子学以为己，未尝虞人之欺己也，恒不自欺其良知而已；未尝虞人之不信己也，恒自信其良知而已；未尝求先觉人之诈与不信也，恒务自觉其良知而已。是故不欺则良知无所伪而诚，诚则明矣；自信则良知无所惑而明，明则诚矣。明、诚相生，是故良知常觉、常照。常觉、常照则如明镜之悬，而物之来者自不能遁其妍媸矣。何者？不欺而诚，则无所容其欺，苟有欺焉而觉矣；自信而明，则无所容其不信，苟不信焉而觉矣。是谓"易以知险，简以知阻"，子思所谓"至诚如神，可以前知"者也。然子思谓"如神"，谓"可以前知"，犹二而言之，是盖推言思诚者之功效，是犹为不能先觉者说也。若就至诚而言，则至诚之妙用，即谓之"神"，不必言"如神"。至诚则无知而无不知，不必言'可以前知'矣。

【白话翻译】

你信中还说："人情机诈百出，如果对人信而不疑，常常会被欺骗。想发现他人是否诡诈，自己就会预先猜度别人会欺诈我，就会臆想别人不诚信。逆诈就是欺诈，臆不信就是不诚信，被人欺骗又不觉悟。不事先怀疑别人的欺诈和不诚实，而又常常能预先觉知一切的，惟有光明纯洁的良知才做得到吧？然而欺诈和诚信看起来差别甚微，因此背离知觉而暗合欺诈的人很多。"

不逆诈、不臆想却能事先发觉，这是孔子针砭时弊而言的，当时人们一心欺诈别人，做不诚信的事，而深陷于欺诈和不诚信的泥潭中；同时也有人虽不逆诈、不臆不信，但不懂得致良知的功夫，往往又被别人所欺骗，因此孔子有感而发，说了这番话。孔子的话并非是教人专门寻思着怎样才能先觉别人的欺诈与不守信。事先存心，正是后世猜忌险薄的人所做的事。有了事先存心的念头，就已经不能进入尧舜的圣道了。不臆不信却被人欺骗的人，尚且还没有失去善的本性，但不如那些能致其良知从而自然能事先察觉欺诈虚伪的人贤明。你说只有良知晶莹透彻的人才能这样，基本上已经掌握了孔子话语的宗旨，但也只是你的聪颖领悟到的，并不能落实到实践之中去。

良知在人的心中，横亘万古、充塞宇宙，无不同。此正是古人所说的"不虑而知"、"恒易以知险"、"不学而能"、"恒简以知阻"、"先天而天不违，天且不违，而况于人乎？况于鬼神乎？"

你所说的背离知觉而暗合欺诈的人，虽能不逆诈，但他们也许会有自我欺诈；虽然不去猜想别人是否诚信，但他们也许不能真有自信。这使他们常常有寻求先觉的念头，但却不能常常自我觉悟。常有探求先觉的念头，就已经是流于逆臆，而这足以蒙蔽他们的良知。这也就是不觉悟和欺诈不实不能避免的原因。

君子为学是为了提高自身修养，不能总是顾虑别人的欺骗，只要不自欺于自己的良知也就够了；不担忧别人对自己不诚信，只要永远相信自己的良知就够了；不求预先觉知他人的欺诈和不诚信，只是永远存养自己的良知就够了。所以，君子不欺则良知无伪而至诚，诚则明；君子自信则良知无惑而空明，明则诚。明诚相互促进，因此良知能经常觉悟、经常澄澈。经常觉悟、经常澄澈的良知就如明镜高悬，而万事万物在它面前自然不能掩饰其美丑原形了。这是为什么呢？良知不欺而诚，也就不容欺骗，若有欺骗就能觉察；良知自信而光明，也就不容不诚，如果有不诚信存在就能觉察。这就是所谓的"易以知险，简以知阻"，以及子思所谓的"至诚如神，可以前知"。可是子思说的"如神"、"可以前知"，还是分成两件事来说了。因为他是从思、诚的功效上来说的，是针对不能先知先觉的人说的。如果仅就至诚而言，那么对至诚的妙用就称做"神"，而不用说"如神"。至诚就能无知而又无所不知，所以就不用说"可以前知"了。

【跟进解读】

这里，王阳明回答了应当如何正确对待先知的问题。他认为，存心先知是小人的行径，不是正人君子所当为。不要说去存心先知，即便有此一念头，就已经远离尧舜之道了。与其存心先知，还不如被人所骗，尚不失为善。不致良知，不能先觉，往往为人所欺。所以，最好的做法还是实地用功致良知而自然地先知先觉。

五、答罗整庵少宰书——正心诚意

罗整庵（1465—1547 年），名钦顺，字允升，江西泰和人。整庵是他的号，少宰是官职名。罗整庵是著名哲学家和儒家学者，时称"江右大儒"，明代"气学"的代表人物之一，在明中叶，罗整庵是和王阳明分庭抗礼的大学者。终年八十三岁，赐太子太保。

正德十五年（1520 年）夏，罗钦顺请假住在老家，听说时任江西巡抚的王阳明将溯赣江至赣州，就写了《与王阳明书》，在王阳明经过泰和时交给他。《答罗整庵少宰书》即是王阳明对该信的答复。

1. 德之不修，学之不讲

【原典欣赏】

某顿首启：昨承教及《大学》，发舟匆匆，未能奉答。晓来江行稍暇，复取手教而读之。恐至赣后人事复纷沓，先具其略以请。

来教云："见道固难，而体道尤难。道诚未易明，而学诚不可不讲。恐未可安于所见而遂以为极则也。"

幸甚幸甚！何以得闻斯言乎？其敢自以为极则而安之乎？正思就天下之有道以讲明之耳。而数年以来，闻其说而非笑之者有矣，诟詈之者有矣，置之不足较量辨议之者有矣。其肯遂以教我乎？其肯遂以教我，而反覆晓谕，恻然惟恐不及救正之乎？然则天下之爱我者，固莫有如执事之心深且至矣，感激当何如哉！

夫"德之不修，学之不讲"，孔子以为忧。而世之学者稍能传习训诂，即皆自以为知学，不复有所谓讲学之求，可悲矣！夫道必体而后见，非已见道而后加体道之功也。道必学而后明，非外讲学而复有所谓明道之事也。然世之讲学者有二，有讲之以身心者，有讲之以口耳者。讲之以口耳，揣摸测度，求之影响者也；讲之以身心，行著习察，实有诸己者也。知此，则知孔门之学矣。

【白话翻译】

阳明顿首谨启：昨日承蒙教诲《大学》，因匆匆乘船，未能一一作答。今天早上，在船上稍有空闲，重新取出您的信读了一遍。惟恐到江西后事务繁忙，首先在这里略作答复，请您指教。

您来信说："明白圣道固然很难，但体悟圣道就更加困难了。道的确不容易理解，但是学问也确实不能不讲。恐怕不能把自己的观点当做最高标准吧？"

真是非常荣幸！我从哪里还能得到这样的教诲呢？我怎敢自以为达到最高标准而心安理得呢？我正想着寻访天下有识之士以便讨论圣道。数年来，对于我的学说，天下之人，有的讥讽，有的辱骂，有的不屑一顾。这些人愿意教导我吗？他们哪里肯为了教诲我而反复比喻、心存仁慈只怕不能纠正我的纰漏呢？这样看来，普天之下爱护我的人，没有像您这般深切备至的，我该怎样感激您呢？

"德之不修，学之不讲"是孔子最为忧虑的。而后世的学者稍微能读经解释，就自以为是有学问了，于是就不再有探究学问的迫切愿望了，真可悲呀！圣道必须身体力行才能领会，不是先弄明白了而后再去身体力行。圣道必须学习后才能明白，并非在讲求学问之外还有其他的认识圣道的途径。世上的研学者有两种，一种是讲究身心体认的，一种是讲究口说耳听的。用口耳的人，通过揣摸推断，力求扩大自己的影响；用身心的，力行自省，所言所行，的确是自己具备的东西。知道这些，就知晓了孔子的学说。

【跟进解读】

这封信里，阳明先生先诉说了自己宣讲良知之学中所遭遇的种种误解和诽谤，接着对当时人们求学的态度进行了分析。先生通过切身体验后指出，当时只要有人稍微读了点古人的圣贤之书，就自以为学问已求得，从而放弃探寻真正学问的追求。借用陆游的一句诗来作一阐释，"纸上得来终觉浅，绝知此事要躬行"，世界上没有可以先看见而后加以体验的"道"，我们所看到的，也只不过是"道"的浮光掠影，而非"道"的实体。

2. 恢复《大学》旧本

【原典欣赏】

来教谓某《大学》古本之复，以人之为学但当求之于内，而程、朱格物之说不免求之于外，遂去朱子之分章，而削其所补之传。

非敢然也。学岂有内外乎？《大学》古本乃孔门相传旧本耳，朱子疑其有所脱误而改正补缉之，在某则谓其本无脱误，悉从其旧而已矣。失在于过信孔子则有之，非故去朱子之分章而削其传也。

夫学贵得之心。求之于心而非也，虽其言之出于孔子，不敢以为是也，而况其未及孔子者乎？求之于心而是也，虽其言之出于庸常，不敢以为非也，而况其出于孔子者乎？且旧本之传数千载矣，今读其文词，即明白而可通，论其工夫，又易简而可入。亦何所按据而断其此段之必在于彼，彼段之必在于此，与此之如何而缺，彼之如何而补，而遂改正补缉之？无乃重于背朱而轻于叛孔已乎？

【白话翻译】

在信中，您认为我之所以恢复《大学》的旧本，是因为我认为人做学问只需要求诸于心，而程朱的格物学说却免不了向心外探求，于是不采信朱熹的分章法，并删掉了他增补的传。

我并不敢这样。学习哪还分什么内外呀！《大学》旧本乃是孔门传下来的，朱熹怀疑它有遗漏和错误的地方，而加以改正补充，而在我看来，旧本中本来就没有什么遗漏和错误之处，所以就完全采信古本罢了。我的过失可能在于过分相信孔子，绝不是刻意要否定朱熹的分章法，并删掉他增补的传。

做学问最重要的是用心来体悟。如果心里认为不对，即使是孔子所说的话，我也不敢说它是正确的，何况那些比不上孔子的人？如果心里认为正确，即使是普通人说的话，也不敢认为是不对的，更何况是孔子说的话呢？况且《大学》旧本已经流传了几千年，现在阅读，书中词语句子还明白通顺，论述的学问功夫，又简明易懂而容易下手。有什么依据断定这一段一定在这里，那一段一定在那里，这里缺了什么，那里又有什么错误，于是加以改正增补辑录？这难道不是更看重是否违背了朱熹而不看重是否违背了孔子吗？

【跟进解读】

关于《大学》旧本和新本的辨析在《徐爱录》"亲民与新民"一节已谈及过，这段话则进一步批判了朱熹改《大学》之非，以不容置疑的严密论述把先生自己的论说策略与评判原则给亮了出来。"传"往往不可信，故须由传回到原典（旧本），如果说尊传与尊贤相连，那么，尊经是与尊圣相连。经无疑比传具有更高的合法性，此评判原则亦与圣比贤具有更高的合法性相连。但回到原典并不是终点，尊经是为了尊道，而最终必落实于"尊心"上面。

3. 不可不辨

【原典欣赏】

来教谓："如必以学不资于外求，但当反观内省以为务，则正心诚意四字亦何不尽之有？何必于入门之际，便困以格物一段工夫也？"

诚然诚然！若语其要，则"修身"二字亦足矣，何必又言"正心"？"正心"二字亦足矣，何必又言"诚意"？"诚意"二字亦足矣，何必又言"致知"，又言"格物"？惟其工夫之详密，而要之只是一事，此所以为"精一"之学，此正不可不思者也。夫理无内外，性无内外，故学无内外。讲习讨论，未尝非内也；反观内省，未尝遗外也。夫谓学必资于外求，是以己性为有外也，是"义外"也，"用智"者也；谓反观内省为求之于内，是以己性为有内也，是有我也，自私者也。是皆不知性之无内外也。故曰："精义入神，以致用也；利用安身，以崇德也。""性之德也，合内外之道也。"此可以知格物之学矣。"格物"者，《大学》之实下手处，彻首彻尾，自始学至圣人，只此工夫而已，非但入门之际有此一段也。夫正心、诚意、致知、格物，皆所以修身。而格物者，其所用力，日可见之地。故格物者，格其心之物也，格其意之物也，格其知之物也；正心者，正其物之心也；诚意者，诚其物之意也；致知者，致其物之知也。此岂有内外彼此之分哉？理一而已。以其理之凝聚而言则谓之性，以其凝聚之主宰而言则谓之心，以其主宰之发动而言则谓之意，以其发动之明觉而言则谓之知，以其明觉之感应而言则谓之物。故就物而言谓之格，就知而言谓之致，就意而言谓之诚，就心而言谓之正。正者，正此也；诚者，诚此也；致者，致此也；格者，格此也。皆所谓穷理以尽性也。天下无性外之理，无性外之物。学之不明，皆由世之儒者认理为外，认物为外，而不知

传习录全编

义外之说，孟子盖尝辟之。乃至袭陷其内而不觉，岂非亦有似是而难明者欤？不可以不察也。

凡执事所以致疑于格物之说者，必谓其是内而非外也；必谓其专事于反观内省之为，而遗弃其讲习讨论之功也；必谓其一意于纲领本原之约，而脱略于支条节目之详也；必谓其沈溺于枯槁虚寂之偏，而不尽于物理人事之变也。审如是，岂但获罪于圣门，获罪于朱子？是邪说诬民，叛道乱正，人得而诛之也。而况于执事之正直哉？审如是，世之稍明训诂，闻先哲之绪论者，皆知其非也。而况执事之高明哉？凡某之所谓格物，其于朱子九条之说，皆包罗统括于其中。但为之有要，作用不同，正所谓毫厘之差耳。无毫厘之差，而千里之谬，实起于此，不可不辨。

【白话翻译】

您的来信中说："如果认为做学问不必到心外探求，只是要以在心中反省体察为第一要务，那么'正心诚意'这四个字，还有什么没有说尽的呢？又何必在学问的着手处用格物的功夫让人迷惑不解呢？"

正是，正是！若讲做学问的关键，"修身"二字已经足够，何必还要讲"正心"呢？"正心"二字已经足够，何必还要讲"诚意"呢？"诚意"二字已经足够，何必还要讲"致知"和"致知格物"呢？之所以如此，是因为要使做学问的功夫详细而周密，而概括起来只是一件事，如此才是"精一"的学问，这里正是不得不深思的。天理没有内外之分，本性没有内外之分，所以学问也没有内外之分。讲习讨论，未尝就不是内；反观内省，未尝就摒弃了外。如果说学习必须要从外在事物上求，这就是把本性分成了内外两部分了，这就是"义外""用智"；如果说反观内省必须要从内心来求得，就是把本性分成了内外两部分了，就是"有我""自私"。这两种观点都是不知道人性没有内外之分。所以孔子说："精义入神，以致用也；利用安身，以崇德也。"《中庸》讲："性之德也，合内外之道也。"由此便可以明白"格物"的学说了。"格物"是《大学》实际下手的地方，从头到尾，从开始学到成为圣人，只有这一个功夫，并非仅仅在刚开始学的时候有"格物"的功夫。"正心"、"诚意"、"致知"、"格物"都是为了"修身"，而格物所下的功夫，每天都可以见到效果。所以"格物"就是清除自己内心的物欲，清除自己思想中的物欲，清除自己认识上的物欲；"正心"就是纠正物欲之心；"诚意"就是使物欲之心精诚；"致知"就是致其物欲的良知。这哪有内外彼此之分呢？理只有一个。从理的凝聚上来说就是性，从凝聚的主宰上来说就是心，从主宰的发动上来说就是意，从发动的明觉上来说就是知，从对天理的光明觉悟的感应上来说就是物。所以理就物而言就是格，就知而言就是致，就意而言就是诚，就心而言就是正。正就是正心，诚就是诚意，致就是致知，格就是格物，都是为了穷理而尽性。天下没有本性之外的理，没有本性之外的物。圣学不昌明，都是因为后世儒生认为理属于内，物属于外，而不知道孟子曾经批评过"义外"的学说，以致于沿袭并陷入错误而不自知，这难道不是也有似是而非而难以明白之处吗？不可不仔细体察啊！

您之所以质疑我的格物学说，无非是认为我肯定内求而否定外求；认为我一定专门致力于反观内省，而放弃了外在讲习讨论的功夫；认为我一定一心在纲领本原的框架上，而忽视了详细的条目；认为我一定沉溺于枯槁虚寂的偏执中，而不能穷尽事理人情的变化。如果真是这样，岂是只得罪了圣门和朱熹？这简直是用邪说欺骗百姓，离经叛道，人人都可以杀了我，更何况您这样的正直之士呢？如果真是这样，世上稍稍明白训诂、闻听过先贤往哲绪论的人，都知道它是谬论，更何况您这样的高明之士呢？我所说的"格物"包含了朱熹的九条，但我的格物学说自有重要的地方，作用也和朱熹先生的九条不同，实在只是差之毫厘。然而差之毫厘，谬以千里，所以我不得不辨明。

【跟进解读】

王学绝不像普通学者所想象的那样简单，它和朱学的差别也很微渺，不是随便一瞥就可以辨认出来的。凡什么读书稽古讲习讨论，朱子所从事者，阳明也未尝不从事。但在朱子，知是知，行是行，讲习讨论是讲习讨论，反观内省是反观内省，划然各为一事；在阳明，则提出个良知做头脑，讲习讨论是致良知，反观内省也是致良知，无论知还是行，都是从良知出发。只要一个"致良知"，就把什么功夫都"包罗统括于其中"。前者是多元的，而后者是一元的。前者是头疼治头，脚疼治脚；而后者是直抉根源。

4. 公天下

【原典欣赏】

孟子辟杨、墨至于无父、无君。二子亦当时之贤者，使与孟子并世而生，未必不以之为贤。墨子兼爱，行仁而过耳；杨子为我，行义而过耳。此其为说，亦岂灭理乱常之甚而足以眩天下哉？而其流之弊，孟子至比于禽兽、夷狄，所谓以学术杀天下后世也。今世学术之弊，其谓之学仁而过者乎？谓之学义而过者乎？抑谓之学不仁、不义而过者乎？吾不知其于洪水、猛兽何如也。孟子云："予岂好辩哉？予不得已也。"杨、墨之道塞天下。

孟子之时，天下之尊信杨、墨，当不下于今日之崇尚朱说，而孟子独以一人呶呶于其间。噫。可哀矣！韩氏云："佛、老之害，甚于杨、墨。"韩愈之贤，不及孟子，孟子不能救之于未坏之先，而韩愈乃欲全之于已坏之后。其亦不量其力，且见其身之危，莫之救以死也矣。

呜呼！若某者，其尤不量其力，果见其身之危，莫之救以死也矣！夫众方嘻嘻之中，而独出涕嗟若；若举世恬然以趋，而独疾首蹙额以为忧。此其非病狂丧心，殆必诚有大苦者隐于其中，而非天下之至仁，其孰能察之？

其为《朱子晚年定论》，盖亦不得已而然。中间年岁早晚，诚有所未考，虽不必尽出于晚年，固多出于晚年者矣。然大意在委曲调停，以明此学为重。平生于朱子之说，如神明蓍龟，一旦与之背驰，心诚有所未忍，故不得已而为此。"知我者谓我心忧，不知我者谓我何求。"盖不忍抵牾朱子者，其本心也，不得已而与之抵牾者，道固如是，不直则道不见也。执事所谓决与朱子异者，仆敢自欺其心哉？

夫道，天下之公道也；学，天下之公学也。非朱子可得而私也，非孔子可得而私也。天下之公也，公言之而已矣。故言之而是，虽异于己，乃益于己也；言之而非，虽同于己，适损于己也。益于己者，己必喜之；损于己者，己必恶之。然则某今日之论，虽或于朱子异，未必非其所喜也。"君子之过，如日月之食。其更也，人皆仰之"。而"小人之过也必文"。某虽不肖，固不敢以小人之心事朱子也。

【白话翻译】

孟子批评杨朱、墨翟，说他们是"无父无君"。其实这两位先生也是当时的贤明之士，假如他们和孟子同处于一个时代，那么孟子也未必就不认可他们的贤德。墨子的"兼爱"思想，是行仁行过头了；杨朱的"为我"思想，是行义行过头了。他们的学说，并不是要灭天理、乱纲常而眩惑天下，但是，其所产生的弊端，孟子用禽兽、夷狄来比喻，说他们用学术杀害了天下后世的人。当今学术的弊端，能说是学仁过头了吗？或者说是学义过头了？还是学不仁不义过头了？我不知道它们和洪水猛兽有何分别！孟子说："我难道是好辩论吗？我是不得已呀。"因为杨墨的学说充塞天下！

孟子所处的时代，天下的人对杨朱、墨子学说的崇信，应当不亚于当下人们对朱熹学说的崇拜，而只有孟子独自一人与他们争辩。哎，可悲呀！韩愈说："佛道两家对社会的危害程度甚于杨朱与墨翟。"可见，韩愈的贤明远不如孟子，孟子没能做到救之于未坏之先，而韩愈却想恢复世道人性于败坏之后，他这是自不量力，后来我们果然看到他把自己置于政治的危险境地也没有人救他以至于死去。

唉！像我这样的人，更是自不量力，发现自己面临危境，却没有人能救我于死地！大家正在高兴地嬉笑，我却暗自啜泣；世人都怡然自得地同流合污，我却独自忧心忡忡疾首蹙额。这如果不是我丧心病狂，就一定是有大苦隐于心中，如果不是天下最仁爱的人，那么，谁又能明察呢？

我写《朱子晚年定论》一书，也是迫不得已而为之，其中，书上年代的早晚，的确有些未经考证，虽不一定都是出自晚年，但大部分是写于晚年的。我的本意是就世间关于朱熹和陆九渊的纷争进行调和，以昌明圣学于天下为重。我一生始终把朱熹先生的学说奉做神明，一旦要与它相背离，内心都很煎熬，所以只是不得已而为之。"知我者谓我心忧，不知我者谓我何求。"我本不忍和朱熹的学说相抵触，而又不得不这样做，是因为圣道本来就是这样的，不作直说，道就不能显现啊！您说我"决心和朱熹相对立"，在下怎敢欺骗自己的心呢？

道是天下人公有的道，学是天下共同的学，不是朱熹一人可得而私有的，也不是孔子一人可得而私有的。对天下公有的东西，应该秉公而论。所以只要说得对，即便与自己的不同，也对自己有益；说得不对，即便与自己的相同，也对自己有损害。对自己有益的，自己一定会喜欢；对自己有害的，自己一定厌恶。那么，我今天所讲的即使与朱熹不同，但也未必不是他喜欢的。子贡说："君子的过错就像日食月食一样：有过错时，人人都看得见；改正的时候，人人都仰望着。"然而子夏又说："小人对自己的过错一定要掩盖文饰。"我虽然不贤，但也不敢以小人之心去对待朱熹先生。

【跟进解读】

对于此段言论，清代的孙锵认为阳明在这里说"委曲调停"四字，还是有点"乡愿"之见。因为王学本来就是千古独有，又何必非要借助朱学才有底气呢？站在事外论人的角度，则是仁者见仁，智者见智了，无论如何，王学已经在时间长河的反复检验中，证实了自己的成色。阳明这里所言及的"公道""公学"等概念，可以与黄宗羲等人所言及的以"公天下"为代表的"公权"，同样看做是宋明儒学内部逻辑演变的结果。这种在学问与思想上鄙视世俗权威，尊重个人自我意识的做法在后来被黄宗羲总结为："学问之道，以各人自用得著者为真。凡依门傍户，依样葫芦者，非流俗之士，则经生之业也。"

5. 笃信自己学说

【原典欣赏】

执事所以教，反复数百言，皆以未悉鄙人格物之说。若鄙说一明，则此数百言皆可以不待辨说而释然无滞，故今不敢缕缕，以滋琐屑之渎。然鄙说非面陈口析，断亦未能了了于纸笔间也。嗟乎！执事所以开导启迪于我者，可谓恳到详切矣。人之爱我，宁有如执事者乎？仆虽甚愚下，宁不知所感刻佩服？然而不敢遽舍其中之诚，然而姑以听受云者，正不敢有负于深爱，亦思有以报之耳。秋尽东还，必求一面，以卒所请，千万终教。

【白话翻译】

您的谆谆教诲，反反复复数百言，都是因为没有弄清我的格物的学说。如果明白了我的学说，那么，您所讲的都可以不用辩论也能毫无疑问。所以我今天不敢再详细陈述，以避琐碎之嫌，可是我除非面对面和您解说清楚，断不能仅凭信上所写的这几句话就完全能说明白。唉！您开导启迪我的话，真的是非常之恳切详尽了，关爱我的人，没有超过您的！我虽然很愚钝，怎么能不感激佩服您呢？然而我不敢舍去心中的真诚而轻易接受您的看法，正是因为不敢辜负您的厚爱，也是想对您有所回报呀。秋后返家时，我一定登门拜访，当面向您请教，到时还请千万不要吝惜赐教。

【跟进解读】

此段为阳明先生在充分照顾罗整庵自尊心的前提下，用极尽委婉的口气，对罗整庵与自己观点的不同之处予以反驳，从而坚定地声明了笃信自己学说的立场。

六、答聂文蔚——人即天地之心

聂文蔚（1487—1563年），即聂豹，文蔚是他的字，江西吉安永丰人，号双江。是明代有名的廉吏之一，官至兵部尚书。嘉靖五年（1526年）春，因公赴闽，途经杭州，当时王阳明在绍兴讲学，聂豹不顾别人劝阻，前往就教。著有《困辨录》一书，在"心即理"的基础上，提出了"归寂"说，表现出不同于王学的思想特色。但他对王阳明却极为崇拜，王阳明在浙江时曾与之相见，王死后，聂豹立位北面再拜，始称门生。

1. 言而信，行而说

【原典欣赏】

春间远劳迂途枉顾，问证惓惓，此情何可当也？已期二三同志，更处静地，扳留旬日，少效其鄙见，以求切劘之益。而公期俗绊，势有不能，别去极快快如有所失。忽承笺惠，反复千余言，读之无甚浣慰。中间推许太过，盖亦奖掖之盛心，而规砺真切，思欲纳之于贤圣之域。又托诸崇一以致其勤勤恳恳之怀，此非深交笃爱何以及是？知感知愧，且惧其无以堪之也。虽然，仆亦何敢不自鞭勉，而徒以感愧辞让为乎哉？

其谓"思、孟、周、程无意相遭于千载之下，与其尽信于天下，不若真信于一人。道固自在，学亦自在，天下信之不为多，一人信之不为少"者，斯固君子"不见是而无闷"之心，岂世之谍谍屑屑者知足以及之乎？乃仆之情，则有大不得已者存乎其间，而非以计人之信与不信也。

夫人者，天地之心，天地万物本吾一体者也。生民之困苦荼毒，孰非疾痛之切于吾身者乎？不知吾身之疾痛，无是非之心者也。是非之心，不虑而知，不学而能，所谓良知也。良知之在人心，无间于圣愚，天下古今之所同也。世之君子惟务致其良知，则自能公是非，同好恶，视人犹己，视国犹家，而以天地万物为一体，求天下无治，不可得矣。古之人所以能见善不啻若己出，见恶不啻若己入，视民之饥溺，犹己之饥溺，而一夫不获，若己推而纳诸沟中者，非故为是而以蕲天下之信己也，务致其良知求自慊而已矣。尧、舜、三王之圣，言而民莫不信者，致其良知而言之也；行而民莫不说者，致其良知而行之也。是以其民熙熙皞皞，杀之不怨，利之不庸，施及蛮貊，而凡有血气者莫不尊亲，为其良知之同也。呜呼！圣人之治天下，何其简且易哉！

【白话翻译】

有劳您春天绕道光临寒舍，又不知疲倦地反复询问论证，此等真情我怎能担当得起呢！本来已经约好了几个志同道合的朋友，选一处安静的地方，待上十几天，探讨一下我的观点，以便在彼此切磋中有所裨益。但是您公务繁忙，身不由己，不得不离开，我心中怅然若失。突然收到您的来信，前后数千言，我读后感到非常欣慰。信中对我的过奖之处，是对我的一片提携鼓舞之情，其中的真切的规劝，令我感动，是想促进我跨入圣贤的领域。您又委托欧阳德转达对我的诚恳的关怀之情，要不是深交厚爱的朋友，又怎能做到这样呢？我既感动又愧疚，生怕辜负了您的厚爱。虽然如此，我怎敢不更加勉励自己，而仅仅以愧不敢当为借口推辞呢？

您所说的"子思、孟子、周敦颐、程颢、程颐并不期望千年之后仍为人们所理解，与其让天下人都相信，倒不如让一个人真相信。圣道自然存在，圣学也自然存在，普天之下的人全信奉不算多，只有一个人信奉也不算少"的话，这固然是君子"不被肯定也不烦闷"的心胸，但这难道是世上那些体认浅薄的人所能明白的吗？对我来说，心中有很多迫不得已的苦衷，并非要计较别人到底信还是不信。

人就是天地的心。天地万物与我原本是一体的。民间疾苦，又有哪一件不是自己的切肤之痛？不知道自身痛苦的人，就是没有是非之心的人。是非之心，不需要思考就能知道，不用学就能分辨，这就是所谓的良知。良知自在人的心中，不论贤愚，从古到今都是一样的。世上的君子，只要专心在致良知上，那么自然能具备共同的是非好恶，待人如待己，爱国如爱家，视天地万物与己为一体，以求得天下的大治。古人之所以见到善就能犹如自己做了好事；见到恶就好像自己做了坏事；把百姓的疾苦当做自己的疾苦；有一个人生活没有着落，就像自己把他推到了沟中去似的，他们并不是故意这样做以博得天下人的信任，而是凭着良知做事求得自己的快乐而已。尧、舜、禹、汤、周文王、周武王说的话百姓们没有不相信的，这是因为他们所说的也只是推致了自己的良知；他们的行为百姓没有不心悦诚服的，这是因为他们所做的也只是推致了自己的良知。所以当时的民风光明祥和，百姓获刑而不抱怨，百姓们获得利益，圣人也不会引以为功，将其推广到蛮夷地区，凡是有血气的人无不孝敬自己的父母，因为大家的良知都是一样的。唉！圣人治理天下，是多么简单容易呀！

【跟进解读】

这段文字中，王阳明先是点明写信的原因，见其文如见其人，开头数语，一位谦谦君子的文人形象跃然纸上。随后，先生阐述了致良知的重大意义。他认为，尧、舜、禹三王之所以能治理天下，达到"言而民莫不信，行而民莫不说"的至高境界，其实道理非常简易，那就是本着良知而言行。

这表明，政治家作为掌握政治资源进行政治统治和社会治理的一方，如果按照良知处理政治事务，必然符合民众的愿望，因为不管是政治人物还是一般民众，在所具有的良知上并没有什么不同。上下一致，圣凡同心，天下便可得而治也。这个境界，便是阳明梦寐以求的社会大同。

2. 良知之学不明

【原典欣赏】

后世良知之学不明，天下之人用其私智以相比轧，是以人各有心，而偏琐僻陋之见，狡伪阴邪之术，至于不可胜说。外假仁义之名，而内以行其自私自利之实，诡辞以阿俗，矫行以干誉。掩人之善而袭以为己长，讦人之私而窃以为己直。忿以相胜而犹谓之徇义，险以相倾而犹谓之疾恶，妒贤忌能而犹自以为公是非，恣情纵欲而犹自以为同好恶。相陵相贼，自其一家骨肉之亲，已不能无尔我胜负之意，彼此藩篱之形，而况于天下之大，民物之众，又何能一体而视之？则无怪于纷纷籍籍而祸乱相寻于无穷矣。

【白话翻译】

后来，世上良知的学问不再昌明，天下的人各自用自己的私心才智互相倾轧，各自包藏私心，而那些偏执浅陋、琐碎繁杂的见解，虚伪阴险的手段，就更是达到了数不胜数的地步。一部分人以仁义为招牌，做着一些自私自利的勾当；用诡辩去取悦世俗，用虚伪的行为来博得名誉。把掩盖别人的善良当做自己的长处，攻击别人的隐私窃取正直的虚名。为泄私愤而相互争斗却认为是为正义而献身，阴险地互相倾轧却说是嫉恶如仇，嫉贤妒能却以为自己能主持公道，恣意放纵却以为自己爱憎分明。人与人之间彼此侵害，即使是骨肉之亲，彼此之间也要分出个胜负高低，彼此间隔膜丛生，更何况天下之大、人民之众，又怎么可能做到一体视之？这就难怪天下动荡、纷争迭起没有穷尽了。

【跟进解读】

王阳明提出良知的普遍性和绝对性，是对现实的社会状况有深刻的切肤之痛。社会上"良知之学不明"，也就意味着对传统儒家价值的信仰淡薄了。由此而来，对朱子穷尽万理所蕴含的那种切己功夫也就逐渐地演变成书上的义理，良知德性之知也就流入到自然物理知识或文字知识的误区里面，积重难返，越来越难以自拔。可以说阳明心学是对朱子学后人流弊的一个拨乱反正。

3. 天下皆吾心

【原典欣赏】

仆诚赖天之灵，偶有见于良知之学，以为必由此而后天下可得而治。是以每念斯民之陷溺，则为之戚然痛心，忘其身之不肖，而思以此救之，亦不自知其量者。天下之人见其若是，遂相与非笑而诋斥之，以为是病狂丧心之人耳。呜呼，是奚足恤哉？吾方疾痛之切体，而暇计人之非笑乎？人固有见其父子兄弟之坠溺于深渊者，呼号匍匐，裸跣颠顿，扳悬崖壁而下拯之。士之见者，方相与揖让谈笑于其傍，以为是弃其体貌衣冠而呼号颠顿若此，是病狂丧心者也。故夫揖让谈笑于溺人之傍而不知救，此惟行路之人，无亲戚骨肉之情者能之。然已谓之"无恻隐之心，非人矣"。若夫在父子兄弟之爱者，则固未有不痛心疾首，狂奔尽气，匍匐而拯之，彼将陷溺之祸有不顾，而况于病狂丧心之讥乎？而又况于蕲人之信与不信乎？呜呼！今之人虽谓仆为病狂丧心之人，亦无不可矣。天下之人心，皆吾之心也。天下之人犹有病狂者矣，吾安得而非病狂乎？犹有丧心者矣，吾安得而非丧心乎？

【白话翻译】

托上天的洪福，我在偶然间发现了良知的学问，觉得必须致良知而后天下才能得到大治。所以我每当想到百姓的困苦，就会为之伤心痛苦，而忘了自己才疏学浅，想以此救世，也是自不量力。天下人看见我这样做，于是争相嘲弄讥讽我，以为我是个丧心病狂之徒。唉，有什么值得我顾虑的！我正有切肤之痛，还能顾虑别人的非议和诋毁吗？如果人们看见自己的父子兄弟掉进了深渊，一定会大喊大叫，不顾弃鞋丢帽，攀着崖壁奋不顾身地下去拯救。世人见到他如此这般，还能若无其事地揖让谈笑，认为这样衣冠不整、大喊大叫有失礼节，指斥他这是丧心病狂。因此作揖打躬、谈笑风生，旁边有人落水了也不去救，这只有没有亲戚骨肉之情的山野之人才这样做。这种行为正如孟子已经说过的"无恻隐之心，非人矣"。如果是有父子兄弟亲情的，那么一定会痛心疾首，狂奔尽气，撕袍捽带，竭尽全力拯救之，他们不顾有溺水的危险，哪还会在乎别人的闲言碎语呀？哪还有心乞求别人信不信自己呀？唉！现在的人即使说我是丧心病狂，我也不在乎。天下人的心，都是我的心。天下的人中尚还有病狂的，我为什么非得不病狂呢？天下人中还有丧心的，我为什么非得不丧心呢？

【跟进解读】

阳明借这段文字表明了对其学说进行讥讽和嘲弄之世人的态度。王阳明一生历经"百死千难"，但是并没有像许多饱受忧患的文人那样转入佛老，而是一直坚持儒家的立场。面对当时已是江河日下的世道人心，弘道救世的迫切需要，成为阳明先生道德实践的真实原动力，使得王阳明即使遭"病狂丧心"之讥也不坠其志。

4. 以天地万物为一体

【原典欣赏】

昔者孔子之在当时，有议其为谄者，有讥其为佞者，有毁其未贤，诋其为不知礼，而侮之以为东家丘者，有嫉且沮之者，有恶而欲杀之者。晨门、荷蒉之徒，皆当时之贤士，且曰："是知其不可而为之者欤？""鄙哉！硁硁乎！莫己知也，斯已而已矣。"虽子路在升堂之列，尚不能无疑于其所见，不悦于其所欲往，而且以之为迂，则当时之不信夫子者，岂特十之二三而已乎？然而夫子汲汲遑遑，若求亡子于道路，而不暇于暖席者，宁以薪人之知我、信我而已哉？盖其天地万物一体之仁，疾痛迫切，虽欲已之而自有所不容已，故其言曰："吾非斯人之徒与而谁与？""欲洁其身而乱大伦。""果哉，末之难矣！"呜呼！此非诚以天地万物为一体者，孰能以知夫子之心乎？若其"遁世无闷"、"乐天知命"者，则固"无入而不自得"、"道并行而不相悖"也。

【白话翻译】

孔子在世时，时人有议论他谄媚的；有讥讽他奸佞的；有诋毁他不贤的；有诽谤他不懂礼仪，说他是"东家丘"的；有因妒忌而阻止他振兴鲁国的；有憎恨他而想要他命的。即使当时的贤士晨门、荷蒉也说："是知其不可而为之者欤？""鄙哉！硁硁乎！莫己知也，斯已而已矣。"子路在孔子那里该算是登堂入室之徒了，尚且怀疑孔子的见解，孔子去见南子，他表示极大的不满。那么当时不相信孔子学说的人，难道只有十分之二三吗？然而孔子依然好像在路上寻找丢失的儿子一样，汲汲遑遑地奔波于诸国之间，都没工夫把炕席坐暖，难道就是为了让人相信、理解自己吗？因为他有天地万物为一体的仁爱之心，能够深深感到切肤之痛，即使不想管也身不由己。因此他才说："吾非斯人之徒与而谁与？""欲洁其身而乱大伦。""果哉，末之难矣！"哎！要不是以天下万物为一体的人，怎么能了解孔夫子的心呢？世上如许"遁世无闷"、"乐天知命"的人，自然会"无入而不自得"和"道并行而不相悖"了！

【跟进解读】

王阳明把责任与一体之仁联系在一起，将"以天地万物为一体"之"仁"，视为儒者的本怀，"知"天、"知"万物一体则必然要负起万物一体的责任，所以阳明对孔子有如此的推崇。孔子与阳明，先圣后圣，以天地万物为一体之仁，彰显儒家悲天悯人之怀，也成就了儒家人文化成之世界。

5. 回归自性良知

【原典欣赏】

仆之不肖，何敢以夫子之道为己任？顾其心亦已稍知疾痛之在身，是以傍徨四顾，将求其有助于我者，相与讲去其病耳。今诚得豪杰同志之士，扶持匡翼，共明良知之学于天下，使天下之人皆知自致其良知，以相安相养，去其自私自利之蔽，一洗谗妒胜忿之习，以济于大同。则仆之狂病固将脱然以愈，而终免于丧心之患矣，岂不快哉！

嗟乎！今诚欲求豪杰同志之士于天下，非如吾文蔚者，而谁望之乎？如吾文蔚之才与志，诚足以援天下之溺者。今又既知其具之在我，而无假于外求矣，循是而充，若决河注海，孰得而御哉？文蔚所谓一人信之不为少，其又能逊以委之何人乎？

会稽素号山水之区。深林长谷，信步皆是，寒暑晦明，无时不宜。安居饱食，尘嚣无扰，良朋四集，道义日新，优哉游哉！天地之间宁复有乐于是者？孔子云："不怨天，不尤人，下学而上达。"仆与二三同志方将请事斯语，奚暇外慕？独其切肤之痛，乃有未能恝然者，辄复云云尔。咳疾暑毒，书札绝懒，盛使远来，迟留经月，临岐执笔，又不觉累纸。盖于相知之深，虽已缕缕至此，殊觉有所未能尽也。

【白话翻译】

鄙人才疏学浅，哪里敢以振兴孔子的圣道为己任？只是我的心里也稍微知道自己身上的病痛，因此彷徨四顾，想找到能帮助我的人，相互讲习讨论以去除我身上的毛病。现在如果真能有豪杰同志支持我，提携匡正我，共同昌明良知之学于天下，让全天下所有的人都知道致自己的良知，以和平共处，相安无事，去除掉每个人自私自利的贪欲，清除谗言、嫉妒、好胜和易怒的恶习，以实现天下的大同，那么我所谓的丧心病狂的毛病也就不治自愈了，岂不快哉？

哎！现在如果真要寻求世上的豪杰同志，不是你文蔚，那还能指望谁呢？像你这样的才能和志向，是有能力拯救普天之下那些行将溺毙之人的。现在又已经知道良知就在自己心中，而不需要假借外在事物而求得，那么就遵循良知并加以扩充，那就像是大河入海，谁又能挡得住呢？你所说的"一人相信不算少"，你又能谦逊地把重担交给谁呢？

会稽周围素来山清水秀。茂密的森林，幽深的峡谷，比比皆是。无论是冬夏、阴晴，都气候宜人。这里生活安定而远离世俗，朋友云集，思路日新，优哉游哉，天下的悠闲还有比这更好的吗？孔子说："不怨恨天，不责怪人，学习普通的知识而通晓天理。"我和几位志同道合的朋友正想按照孔子的话去做，哪有时间向外思慕？惟独对这切肤之痛，又不能无动于衷，所以才又说了这么多。我本有咳嗽之疾，最近天又热，懒于写信，你派人远道而来，并留在这里一个月左右，临启程时我才提笔，不知不觉又写个没完。毕竟我们相知甚深，虽然信已这样详尽，但仍觉言不尽兴。

传习录全编

给聂文蔚的第一封书信,自此收煞。这封信,可看做是阳明先生借之来向全天下之人,剖明自己弘扬孔子之学的心迹。王阳明生活的年代,繁荣掩盖着腐败,而腐败从社会诱发而入于廷臣,上行下效,宦风士习大坏,处于官学地位的程朱理学因僵化而对此种状况无能为力。为改变世风士习,阳明心学以回归自性良知,重新修持道德以臻于至善为最终目的。王阳明也觉得自己的力量有限,所以尽力争取志同道合的人。即使身有小恙,阳明先生仍与朋友作长篇笔谈,且言犹未尽,意兴益然。先生救世的一腔赤诚之情,真可谓"一片冰心在玉壶"。当时对阳明先生的学说进行极力攻击和诽谤的那些人,看及此信,当应自省惭愧。

6. 阳明的绝笔书信

【原典欣赏】

得书,见近来所学之骤进,喜慰不可言。谛视数过,其间虽亦有一二未莹彻处,却是致良知之功尚未纯熟,到纯熟时自无此矣。譬之驱车,既已由于康庄大道之中,或时横斜迂曲者,乃马性未调,衔勒不齐之故,然已只在康庄大道中,决不赚入傍蹊曲径矣。

近时海内同志,到此地位者曾未多见,喜慰不可言,斯道之幸也!贱躯旧有咳嗽畏热之病,近入炎方,辄复大作。主上圣明洞察,责付甚重,不敢遽辞。地方军务冗沓,皆舆疾从事。今却幸已平定,已具本乞回养病,得在林下稍就清凉,或可瘳耳。人还,伏枕草草,不尽倾企。外惟浚一简幸达致之。

【白话翻译】

来信已收到,看到你近来学问大有进步,内心的欣喜难以言表。你的信我仔细读了好几遍,其中还有一两处理解不透彻的地方,这是因为致良知的功夫还没有纯熟,等到真正纯熟了自然就不会出现这样的问题了。这就好像驾车一样,既然已经走上康庄大道,那么中间偶尔也会出现迂回曲折的情况,这是因为马性没调教好,缰绳没有勒齐。然而,既然已经在康庄大道上了,就绝对不会出现受骗误入歧途的问题。最近,纵观海内的诸位同志,认识能达到你这般高度的还不多见,我内心的欣喜之情用言语无法形容,真是圣道的幸运呢!

我本就有咳嗽、怕热的老病根儿，来到炎热的南方后，就反复发作，十分严重。皇上圣明洞察，托付责任重大，不敢立即辞去。地方上的众多军务，均是带病处理的。现在幸亏是把叛乱平定了下来，已经上本朝廷请求退休回家养病，如果能够借这个机会在家乡消暑养病，或许病会慢慢好起来。现在我即将回家，趴在枕头上给你回信，草草数语难以表达我的倾慕和企盼之情。另外，给惟浚（陈九川）的信请你转交给他。

【跟进解读】

嘉靖六年（1527年），王守仁总督两广军务，击溃瑶族和僮族等少数民族的地方武装。因功被封为光禄大夫、柱国、新建伯，世袭，岁禄一千石，但铁券和岁禄都没有发下。两广役后，阳明肺病加重，上疏乞归。上文是嘉靖七年十月王阳明写给聂豹的第二封信的开头，这封信也是王阳明的绝笔书信。嘉靖七年十一月二十九日（1529年1月9日），王阳明在归途中病逝于江西省南安舟中。在临终之际，先生身边学生问他有何遗言，他说："此心光明，亦复何言！"

7. 全在"必有事焉"上用

【原典欣赏】

来书所询，草草奉复一二：

近岁来山中讲学者，往往多说勿忘勿助工夫甚难。问之，则云才著意便是助，才不著意便是忘，所以甚难。区区因问之云："忘是忘个甚么？助是助个甚么？"其人默然无对，始请问。区区因与说，我此间讲学，却只说个"必有事焉"，不说"勿忘勿助"。"必有事焉"者只是时时去"集义"。若时时去用"必有事"的工夫，而或有时间断，此便是忘了，即须"勿忘"。时时去用"必有事"的工夫，而或有时欲速求效，此便是助了，即须"勿助"。其工夫全在"必有事焉"上用；"勿忘勿助"，只就其间提撕警觉而已。若是工夫原不间断，即不须更说勿忘；原不欲速求效，即不须更说勿助。此其工夫何等明白简易，何等洒脱自在！今却不去"必有事"上用工，而乃悬空守著一个"勿忘勿助"，此正如烧锅煮饭，锅内不曾渍水下米，而乃专去添柴放火，不知毕竟煮出个甚么物来。吾恐火候未及调停，而锅已先破裂矣。

传习录全编

近日，一种专在勿忘勿助上用工者，其病正是如此。终日悬空去做个勿忘，又悬空去做个勿助，济济荡荡，全无实落下手处。究竟工夫，只做得个沉空守寂，学成一个痴呆汉，才遇些子事来，即便牵滞纷扰，不复能经纶宰制。此皆有志之士，而乃使之劳苦缠缚，耽搁一生，皆由学术误人之故，甚可悯矣。

【白话翻译】

现就你来信所问的问题，草草答复一二：

近年来到山中讲学的人，往往会说勿忘勿助的功夫很难。我问难在哪儿，他们说稍有意念就是助，稍有不用心就是忘，所以觉得这功夫很难。我就问："忘是忘了什么？助是助的什么？"他们都默不作声、无言以对，便开始向我询问。我仅就他们所问对他们说，我这里讲学，只说"必有事焉"，不说"勿忘勿助"。"必有事焉"是指时时刻刻要去"集义"。如果时刻去做"必有事焉"的功夫，间或有中断，这就是"忘"，那么就必须"勿忘"；如果时时刻刻去下"必有事焉"的功夫，而有时想快速见效，这就是"助"了，那么就必须"勿助"。所以，集义的功夫全在一个"必有事焉"上用；"勿忘勿助"只是提醒的话儿罢了。如果集义的功夫一直未曾间断，则不必再说"勿忘"了；如果原本不求速效，那么就不必再说"勿助"了。是何等的明白简易、何等的洒脱自在！现今放着"必有事"的功夫不去做，却专一琢磨着"勿忘勿助"，这就像烧火煮饭，锅里还不曾添水下米，就去专心添柴烧火，不知道究竟能够煮出来什么东西。我恐怕火候还没有调好，而锅已经先被烧破烧裂了。

最近那些专门在"勿忘勿助"上用功的人，他们犯的错误正是如此。每日里悬空去做个"勿忘"，又悬空去做个"勿助"，奔奔忙忙，完全找不到着实能下手的地方。最终也只是做个死守空寂的功夫，学成了一个痴呆愚钝的人，刚碰到一点难题，就心烦意乱，不能妥善应付，及时作处理。这些人也都是有志之士，无奈困于此纠结处，劳苦一生，耽搁一世，这都是错误的学术造成的，很是可怜啊。

【跟进解读】

王阳明认为，做功夫当以"必有事焉"为主，而"勿助勿忘"只是其间的提醒。"必有事焉"，就是中道，阳明心学的特点就是简易直接，直达本心，当下呈现出中道，勿助勿忘只是一种辅助方法。这段文字体现了王阳明的高明之处。

8. 必有事就是致良知

【原典欣赏】

夫"必有事焉"只是"集义"，集义只是致良知。说集义则一时未见头脑，说致良知即当下便有实地步可用工。故区区专说致良知。随时就事上致其良知，便是格物。著实去致良知，便是诚意；著实致其良知，而无一毫意必固我，便是正心。著实致良知，则自无忘之病；无一毫意必固我，则自无助之病。故说格、致、诚、正，则不必更说个忘助。孟子说忘助，亦就告子得病处立方。告子强制其心，是助的病痛，故孟子专说助长之害。告子助长，亦是他以义为外，不知就自心上"集义"，在"必有事焉"上用功，是以如此。若时时刻刻就自心上"集义"，则良知之体洞然明白，自然是是非非纤毫莫遁，又焉有"不得于言，勿求于心；不得于心，勿求于气"之弊乎？孟子"集义""养气"之说，固大有功于后学，然亦是因病立方，说得大段，不若《大学》格、致、诚、正之功，尤极精一简易，为彻上彻下，万世无弊者也。

【白话翻译】

"必有事焉"就是"集义"，"集义"就是致良知。说到集义时，或许一时还把握不住关键所在，但一说"致良知"当时就能明白下功夫的地方。所以我专门说致良知。随时在事情上致良知，就是"格物"；实实在在地去致良知，就是"诚意"；实实在在地致良知而没有丝毫的私心杂念，就是"正心"。实实在在地致良知，那么就没有"忘"的毛病；没有丝毫的私心杂念，自然也就没有"助"的毛病。所以说格物、致知、诚意、正心，就不必再说个"勿忘勿助"了。孟子说"勿忘勿助"，乃是就告子的毛病所开的处方。告子强制人心的说法，就是犯了"助"的毛病，所以孟子专门讲"助"的危害。告子之所以犯"助"的错误，是因为他认为"义"在心之外，不明白义应在心里培养，在"必有事焉"上用功，所以才会如此。若时时从己心上去"集义"，那么良知的本体就会豁然开朗，人世间的是是非非自然就会纤毫毕现了，又怎么会有"不得于言，勿求于心；不得于心，勿求于气"的毛病呢？孟子的"集义"、"养气"的学说，固然对于后世学者有益，但他也只是看病开方，说了个大概意思，不像《大学》中格物、致知、诚意、正心的功夫，来得明白简易，上下贯通，千秋万代永无弊病。

在阳明良知学说中，良知是指能知善知恶的天理本体，它并不像程朱一般将"天理"高挂在形上界，阳明的良知本身就是天理。而阳明演化此良知学，最得意的舞台，便是《大学》。在这里，阳明便将《大学》格致诚正的内圣功夫，全面性地等化于良知本体的活动。

9. 宇宙万物是性所派生

【原典欣赏】

圣贤论学，多是随时就事，虽言若人殊，而要其工夫头脑，若合符节。缘天地之间，原只有此性，只有此理，只有此良知，只有此一件事耳。故凡就古人论学处说工夫，更不必挽和兼搭而说，自然无不吻合贯通者。才须挽和兼搭而说，即是自己工夫未明彻也。

近时有谓集义之功，必须兼搭个致良知而后备者，则是集义之功尚未了彻也。集义之功尚未了彻，适足以为致良知之累而已矣。谓致良知之功，必须兼搭一个勿忘勿助而后明者，则是致良知之功尚未了彻也。致良知之功尚未了彻，适足以为勿忘勿助之累而已矣。若此者，皆是就文义上解释牵附，以求混融凑泊，而不曾就自己实工夫上体验，是以论之愈精，而去之愈远。

文蔚之论，其于大本达道既已沛然无疑，至于致知、穷理及忘助等说，时亦有挽和兼搭处，却是区区所谓康庄大道之中，或时横斜迂曲者，到得工夫熟后，自将释然矣。

【白话翻译】

圣贤讲学，大多是因时因事制宜，虽然他们所说的似乎各不相同，但其宗旨是一致的。因为天地之间，原本只有这个性，只有这个天理，只有这个良知，只有这件事罢了。所以凡是古人就学问上讲的功夫，就不需要挽杂搭配地讲解，自然会吻合贯通。假如有人认为需要挽杂搭配来讲解，就是自己的功夫还不够纯熟的缘故。

最近有人认为"集义"的功夫，必须挽杂搭配良知的功夫之后才能完备，那么就是他的"集义"的功夫还不透彻。集义的功夫还不透彻，正好成了致良知的拖累。认为致良知的功夫必须搭配上一个"勿忘勿助"的功夫才能够通晓，那么就是致良知的功夫还未透彻。致良知的功夫还未透彻，恰恰成了"勿忘勿助"的拖累。像这样，都是因为文义上的解释牵强附会，以求融会贯通，而不曾让自己在真实的功夫上体验，因此论述得越精细，偏离得就越远。

你关于致良知的思路，在"大本达道"上已经没有什么问题了，至于"致知""穷理"和"勿忘勿助"等想法，还时不时有搀杂搭配的地方，这就是我所说的康庄大道出现的迂回曲折的情况，等到你的功夫纯熟后，这种情况自然就会消失得无影无踪了。

【跟进解读】

《论语》中孔子曾言"吾道一以贯之"，用这句话来理解阳明先生在这段文字间所宣讲理论的精神实质，最恰切不过。王阳明把性作为天地间的基本存在，强调天地间只有性，别无他物。性、理、良知不是并列为三，各不相干，而是一回事。这就把精神性的实体作为宇宙的基本存在，排除了物质实体存在的可能性，宇宙万物不过是性所派生。

学习心学最容易陷入一个仅在字面钻研而将学说要义忽略的误区，阳明先生发此议论，旨在帮像聂文蔚一样的误区中人"改邪归正"。

10. 本体即是良知

【原典欣赏】

文蔚谓"致知之说，求之事亲、从兄之间，便觉有所持循"者，此段最见近来真切笃实之功。但以此自为不妨，自有得力处。以此遂为定说教人，却未免又有因药发病之患，亦不可不一讲也。

盖良知只是一个天理。自然明觉发见处，只是一个真诚恻怛，便是他本体。故致此良知之真诚恻怛以事亲便是孝，致此良知之真诚恻怛以从兄便是弟，致此良知之真诚恻怛以事君便是忠。只是一个良知，一个真诚恻怛。若是从兄的良知不能致其真诚恻怛，即是事亲的良知不能致其真诚恻怛矣；事君的良知不能致其真诚恻怛，即是从兄的良知不能致其真诚恻怛矣。故致得事君的良知，便是致却从兄的良知；致得从兄的良知，便是致却事亲的良知。不是事君的良知不能致，却须又从事亲的良知上去扩充将来。如此，又是脱却本原，著在支节上求了。良知只是一个，随他发见流行处，当下具足，更无去来，不须假借。然其发见流行处，却自有轻重厚薄，毫发不容增减者，所谓天然自有之中也。虽则轻重厚薄，毫发不容增减，而原又只是一个。虽则只是一个，而其间轻重厚薄，又毫发不容增减。若可得增减，若须假借，即已非其真诚恻怛之本体矣。此良知之妙用所以无方体，无穷尽，"语大天下莫能载，语小天下莫能破"者也。

【白话翻译】

你说"致知的学说，从孝敬父母、尊敬兄长上去寻求，便觉得有所遵循"，这句话最能反映你近来所下的真切笃实功夫。你从这里下功夫倒也无妨，自然有得力的地方，但如果从此把这当做定论去教导别人，却不免出现因用药不当反而诱发其他病症的情况，所以我不能不说一说。

良知只是一个天理。其自然明白呈现就是真诚恳切，这就是良知的本体。拿致良知的真诚恳切去侍奉父母就是孝，去尊敬兄长就是悌，去辅佐君王就是忠。这里只有一个良知，一个真诚恳切。如果尊敬兄长的良知不能达至真诚恳切，那么侍奉双亲的良知也不能达至真诚恳切；服侍君主的良知不能达至真诚恳切，那么尊敬兄长的良知也不能达至真诚恳切。所以能致辅佐君王的良知，就是能致尊敬兄长的良知；能致尊敬兄长的良知，就是能致侍奉父母的良知。这不是说辅佐君王的良知不能实现，却要从侍奉双亲的良知上扩充开来。这样做，又是脱离了致良知的本原，在细枝末节上去探求了。良知只有一个，随着它的呈现和流传，自然完备充足，没有来去，不需要向外假借。然而，良知呈现流传的地方，却有轻重厚薄之分，并且不能有一丝一毫的增减，也就是所谓的"天然自有之中"。虽有轻重厚薄之分，并且不能有一丝一毫的增减，但良知原本只有一个。虽然良知只有一个，但中间的厚薄轻重又不能有一丝一毫的增减。如果能够增减，如果必须向外假借，就已经不是真诚恳切的良知本体了。这就是良知的妙用之所以无形无体，无穷无尽，"语大天下莫能载，语小天下莫能破"的原因。

【跟进解读】

王阳明进一步阐释良知只有一个的原则。"本体即良知"，事亲、从兄、交友、忠君等事务不是支离分开的，而是都源自良知这个共同本原，只要先立乎其大，扩展良知本体于上述事务上，自然各得其所。

这里阳明还强调了"良知"最核心的一个性质——"诚意"。先生认为，"意"诚了，良知自然能得其用，良知显现和作用之处自然会恰中事理。因此，不需要再增减和外借他物。

11. 尧舜之道，孝悌而已

【原典欣赏】

孟氏"尧舜之道，孝弟而已"者，是就人之良知发见得最真切笃厚、不容蔽昧处提省人，使人于事君、处友、仁民、爱物与凡动静语默间，皆只是致他那一念事亲从兄真诚恻怛的良知，即自然无不是道。盖天下之事，虽千变万化，至于不可穷诘，而但惟致此事亲从兄一念真诚恻怛之良知以应之，则更无有遗缺渗漏者，正谓其只有此一个良知故也。事亲从兄一念良知之外，更无有良知可致得者，故曰："尧舜之道，孝弟而已矣。"此所以为"惟精惟一"之学，放之四海而皆准，施诸后世而无朝夕者也。

文蔚云："欲于事亲从兄之间，而求所谓良知之学。"就自己用工得力处如此说，亦无不可。若曰致其良知之真诚恻怛以求尽夫事亲从兄之道焉，亦无不可也。明道云："行仁自孝弟始，孝弟是仁之一事，谓之行仁之本则可，谓是仁之本则不可。"其说是矣。

【白话翻译】

孟子所说"尧舜之道，孝弟而已"的话，是就人的良知显现发挥的最真切笃实、不被蒙蔽的地方提醒人，让人在辅佐君主、结交朋友、仁爱百姓、喜爱事物和动静语默中，都只是致他那一念侍奉父母、尊敬兄长的真诚恳切的良知，那么就自然处处是圣道了。天下之事，虽千变万化，不可穷竭，但只要用致侍奉父母、尊敬兄长的真诚恳切的良知去应对，就不存在疏漏的问题，这也就是只有一个良知的缘故。侍奉父母、尊敬兄长的良知之外，再也没有别的良知可以致了，因此孟子说"尧舜之道，孝弟而已矣"乃是"惟精惟一"的学说，放之四海而皆准，后世要推行它也都能适用。

文蔚你说："想从事亲、从兄之间，参透良知的学问。"就从自己用功得力这方面来说，也没有什么不可以的。如果说获得良知的真诚恳切以求尽事亲、从兄之道，也不是不可以。程颐先生说："施行仁义从孝悌开始，孝悌只是仁义中的一件事情，说它是行仁政之本是可以的，说他是仁爱之本就不行了。"他的说法很正确。

【跟进解读】

孝德是儒家所提倡的根本道德。王阳明继承儒家的这一思想，视孝为人的

传习录全编

良知本性。他认为，大家都致其事亲从兄的良知，就自然无不是道。因为天下之事物虽千变万化，至于不可穷尽，但只要致其事亲从兄之心，就会无所遗缺疏漏，所以说尧舜之道，孝悌而已。

12. 致知的三重境界

"尽心"三节，区区曾有生知、学知、困知之说，颇已明白，无可疑者。盖尽心、知性、知天者，不必说存心、养性、事天，不必说"夭寿不贰、修身以俟"。而存心、养性与"修身以俟"之功已在其中矣。存心、养性、事天者，虽未到得尽心、知天的地位，然已是在那里做个求到尽心、知天的工夫，更不必说"夭寿不贰、修身以俟"，而"夭寿不贰、修身以俟"之功已在其中矣。

譬之行路，尽心、知天者，如年力壮健之人，既能奔走往来于数千百里之间者也；存心、事天者，如童稚之年，使之学习步趋于庭除之间者也；"夭寿不贰、修身以俟"者，如襁抱之孩，方使之扶墙傍壁，而渐学起立移步者也。既已能奔走往来于数千里之间者，则不必更使之于庭除之间而学步趋，而步趋于庭除之间，自无弗能矣；既已能步趋于庭除之间，则不必更使之扶墙傍壁而学起立移步，而起立移步自无弗能矣。然学起立移步，便是学步趋庭除之始；学步趋庭除，便是学奔走往来于数千里之基。固非有二事，但其工夫之难易则相去悬绝矣。

心也，性也，天也，一也。故及其知之成功则一。然而三者人品力量，自有阶级，不可躐等而能也。细观文蔚之论，其意以恐尽心、知天者，废却存心、修身之功，而反为尽心、知天之病。是盖为圣人忧工夫之或间断，而不知为自己忧工夫之未真切也。吾侪用工，却须专心致志，在"夭寿不贰、修身以俟"上做，只此便是做尽心、知天工夫始。正如学起立移步，便是学奔走千里之始。吾方自虑其不能起立移步，而岂遽虑其不能奔走千里，又况为奔走千里者而虑其或遗忘于起立移步之习哉？

文蔚识见本自超绝迈往，而所论云然者，亦是未能脱去旧时解说文义之习，是为此三段书分疏比合，以求融会贯通，而自添许多意见缠绕，反使用工不专一也。近时悬空去做勿忘勿助者，其意见正有此病，最能担误人，不可不涤除耳。

【白话翻译】

关于"尽心"等三个方面（参见《徐爱录》有关内容），我曾用生而知之、学而知之、困而知之来解说，已经明白无疑了。尽心、知性、知天的人，就没有必要再说存心、养性、事天了，也没有必要说"夭寿不贰，修身以俟"。而存心、养性与"修身以俟"的功夫已经包含在其中了。存心、养性、事天的人，虽然还没到尽心、知天的地步，但已经下了尽心、知天的功夫，因此也更没必要再说"夭寿不贰、修身以俟"，因为"夭寿不贰，修身以俟"的功夫已在存心、养性、事天之中了。

比如说走路，尽心、知天的人，就好比年轻力壮的人，有能力千里驰驱；存心、事天的人，就好比儿童，仅能在院子中学习走路；"夭寿不贰，修身以俟"的人，就好比是襁褓中的婴儿，只能做到扶墙站立，开始学习迈步。既然已经能千里驰驱，就不必再在庭院中学习走路了，因为在庭院中走路自然没问题；既然已经能在庭院中学习走路，就没必要学习扶墙站立，学习迈步，站立迈步这点事儿对他来说还算事儿么？但也要知道，学站立迈步是在庭院里学习走路的开始；在庭院里学习走路，是千里驰驱的基础。这些都不是毫不搭界的两件事，只是功夫的难易程度相差悬殊罢了。

心、性、天，三者本质上是一样的。所以等到这三种人都能知晓、成功行道了，那么结果是相同的。但是，这三种人的人品、才智是有等级差别的，不能超越等级而行动。我仔细思考你的观点，你的意思是担心尽心、知天的人，会因抛弃了存心、修身的功夫，相反会对尽心、知天有所损害。这是担心圣人的功夫会有间断，却不知担心自己的功夫尚不真切。我们这类人用功，一定要专心致志地在"夭寿不贰，修身以俟"上用功，只有这样才是下尽心、知天的功夫的开始。正如学习站立迈步是驰驱潜力的开始和基础一样。我才考虑他能不能站立迈步，又怎么会担心不能千里驰驱呢？又何必去为千里驰驱的人担忧忘了站立迈步呢？

你文蔚的见识原本就超凡脱俗，而从你所说的话来看，也还是没有摆脱以前人们解说文章的习气，所以你才把知天、事天、夭寿不贰分作三部分，进行分析、综合、比较，以求融会贯通，自添了许多讲说不通的缠绕，反倒使自己用功不专一了。近来，那些凭空去做勿忘勿助的人，他们的观点正是犯了这个毛病，这可是最耽误人的，不能不彻底涤除干净。

【跟进解读】

良知作为本体，包含着无尽的意蕴。主体对良知的体认和理解，则是以一定阶段所达到的认识能力和知识背景为前提。由此达到的体悟又构成了新的致知背景。王阳明将主体在致知过程中的境界区分为三重，这三重当然并非彼此悬隔，而是展开为一个前后相继由今日到明日的演进过程，但其间又有层次的不同，致知功夫只能循序而进，不能超越阶段。

13. 至当归一

【原典欣赏】

所谓"尊德性而道问学"一节，至当归一，更无可疑。此便是文蔚曾著实用功，然后能为此言。此本不是险僻难见的道理，人或意见不同者，还是良知尚有纤翳潜伏。若除去此纤翳，即自无不洞然矣。

已作书后，移卧檐间，偶遇无事，遂复答此。文蔚之学既已得其大者，此等处久当释然自解，本不必屑屑如此分疏。但承相爱之厚，千里差人远及，谆谆下问，而竟虚来意，又自不能已于言也。然直戆烦缕已甚，恃在信爱，当不为罪。惟浚及谦之、崇一处，各得转录一通寄视之，尤承一体之好也。

【白话翻译】

你谈到"尊德性而道问学"这段，认为其间是恰当统一的，再无可疑之处。这是你踏实用功之后才能说出来的话。这本不是什么生僻难懂的道理，有的人之所以有不同意见，还是因为他们的良知中有纤尘潜伏。如果除去这些纤尘，那么自然没有不豁然开朗的。

写完回信后，我让人把我移到屋檐下，在这里躺着恰好没别的事，就又写了几句。你的学问已将关键问题抓住了，所提问题等到时间长了自然会弄明白的，本来我没有必要解释得如此之细。但承蒙你的厚爱，不远千里差人远来，殷殷下问，为了不辜负你的一片心意，我不得不说。然而我太愚直琐碎，依仗你对我的厚爱，应该不会怪罪我吧。我这一封信请转录几份，分别寄给惟浚（陈九川）还有谦之（邹守益）、崇一（欧阳德）等人，尤承一体之好。

【跟进解读】

这是王阳明写给聂豹的第二封信的结尾。在这里，阳明先生对聂豹"著实用功"的求学态度予以肯定，并指出，"尊德性而道问学"至当归一。良知本清澈，然而纤尘却使它变得昏暗。除去纤尘，就豁然开朗。

七、训蒙大意示教读 刘伯颂等——贵在引导

为了传播和推广其哲学思想，王阳明三十四岁起讲学，直到五十七岁逝世，从未脱离过教育活动。他提出的一些教学理论，对后人不无启发意义，在此文和《教约》等文中，王阳明对儿童教育就提出过一些积极的意见。

正德十三年（1518 年），平定江西的动乱后，王阳明得胜班师。此文是临行前为晓谕赣南各县父老乡亲，兴立社学而颁布的文告。训蒙大意，即儿童教育的基本原则。教读，指社学的老师。刘伯颂，生平不详，应为教读之一。

【原典欣赏】

古之教者，教以人伦。后世记诵词章之习起，而先王之教亡。今教童子，惟当以孝、弟、忠、信、礼、义、廉、耻为专务。其栽培涵养之方，则宜诱之歌诗以发其志意，导之习礼以肃其威仪，讽之读书以开其知觉。今人往往以歌诗、习礼为不切时务，此皆末俗庸鄙之见，乌足以知古人立教之意哉？

大抵童子之情，乐嬉游而惮拘检，如草木之始萌芽，舒畅之则条达，摧挠之则衰痿。今教童子必使其趋向鼓舞，中心喜悦，则其进自不能已。譬之时雨春风，沾被卉木，莫不萌动发越，自然日长月化；若冰霜剥落，则生意萧索，日就枯槁矣。故凡诱之歌诗者，非但发其志意而已，亦所以泄其跳号呼啸

于咏歌，宣其幽抑结滞于音节也。导之习礼者，非但肃其威仪而已，亦所以周旋揖让而动荡其血脉，拜起屈伸而固束其筋骸也。讽之读书者，非但开其知觉而已，亦所以沈潜反复而存其心，抑扬讽诵以宣其志也。凡此皆所以顺导其志意，调理其性情，潜消其鄙吝，默化其粗顽。日使之渐于礼义而不苦其难，入于中和而不知其故。是盖先王立教之微意也。

若近世之训蒙稚者，日惟督以句读课仿，责其检束而不知导之以礼，求其聪明而不知养之以善，鞭挞绳缚，若待拘囚。彼视学舍如囹狱而不肯入，视师长如寇仇而不欲见，窥避掩覆以遂其嬉游，设诈饰诡以肆其顽鄙，偷薄庸劣，日趋下流。是盖驱之于恶而求其为善也，何可得乎？

凡吾所以教，其意实在于此。恐时俗不察，视以为迂，且吾亦将去，故特叮咛以告。尔诸教读其务体吾意，永以为训，毋辄因时俗之言，改废其绳墨，庶成"蒙以养正"之功矣。念之念之！

【白话翻译】

古代的教育，教的是人伦道德。后世记诵词句的风气兴起之后，先王教化就消亡了。现在教育学生，只应以孝、悌、忠、信、礼、义、廉、耻为唯一一的内容。至于培养的具体方法，应当用适宜的诗歌来激发他们的志向与兴趣；引导他们学习礼仪，使他们的仪表威严；教导他们读书，以开发他们的智力。可现在的人往往认为学习诗歌、礼仪并非当务之急，这都是庸俗鄙薄的见识，怎么能明白古人推行教育的本意呢？

总体来说，少年儿童的兴趣是喜爱玩耍而害怕拘束，就像草木刚开始发芽，让其舒畅地生长，就能迅速发育，以至枝繁叶茂；如果摧残压抑它，就会很快枯萎。现在教育孩子，一定要顺着他们的天性，使其欢欣鼓舞，内心愉悦，那么他们就会不断进步。就好比春风化雨，滋养花木，花木没有不萌芽发育的，它们自然能日新月异；而如果是冰盖雪披，花叶零落，自然生机不再，一天天地枯萎了。所以凡是通过适宜的诗歌形式来引导孩子们的，不仅能诱发他们的志向和兴趣，而且也能把他们蹦跳、吵闹的倾向在唱歌、吟唱中得到宣泄，同时让他们心中的郁结和不快在音律中得到抒发。引导他们学习礼仪，不仅能使他们的仪表威严，而且还可以使他们在揖让叩拜中活动血脉，强筋健骨。教导他们读书，不仅能开发他们的智力，而且也使他们在反复思索中存养他们的本心，在抑扬顿挫的朗诵中弘扬他们的志向。所有这些都是顺应他们的天性，引导他们的志向，调理他们的性情，通过潜移默化，消除他们的鄙陋吝啬和顽劣愚笨。这样使他们逐渐符合礼仪但不感到辛苦，性情在不知不觉中达到了中正平和。这才是先人设立教育的宗旨所在。

现在教育孩子，每天只是一味地督促他们的句读功课，只是严格管束他们的行动却不知道用礼仪来引导，只知道要求他们聪明却不知道培养他们的善心，鞭打绳捆，就像对待囚犯一样对待他们。他们把学堂看做是监狱而不肯上学，把老师看做是强盗和仇人而不想看到。于是，他们偷偷摸摸、躲躲藏藏地嬉戏玩闹，偷奸耍滑、使诡使诈地肆意顽劣，变得庸俗鄙陋，日益堕落。这是驱使他们作恶却又要求他们向善，两者只会抵触，怎能行得通呢？

我的教育理念，本意就在这里。我担忧世人不理解，认为我很迂腐，况且我就要离开了，所以特别加以叮嘱。你们这些教师，一定要体察我的用意，永远将其当作教条，不要因为世俗言论而更改废弃我的规矩，这一切也许能起到"蒙以养正"的功效。切记切记！

【跟进解读】

王阳明十分重视儿童教育，这是阳明先生关于教育要顺乎孩子天性的精辟论述，几百年前教育大师的教育思想、教育论断，与当今我们极力推崇提倡的"人本主义"教育观、"儿童中心"观有着惊人的相似。可见阳明先生的非凡与卓越。

八、教约——神而明之

这一节和上一节《训蒙大意示教读刘伯颂等》都是南大吉所录。南大吉字元善，号瑞泉，明朝时期著名学者，性豪宏，颖敏知学，治礼兼通易。南大吉是把王学传入关中之第一人，对阳明的《传习录》推尊有加。明嘉靖三年（1524年）十月，南大吉让自己的弟弟在浙江绍兴刻《续刻传习录》，即为此书中卷王阳明论述学术、针对教育方法的九篇书信。《传习录》的校刻工作是在极为困难的情况下进行的。因当时朝廷贬抑王学，大吉为了"以身明道"，顶着极大压力，校订并续刻该书，颇有功于王学。这一点前面的《钱德洪序》中有交代。

【原典欣赏】

每日清晨，诸生参揖毕，教读以次遍询诸生：在家所以爱亲敬长之心，得无懈忽未能真切否？温清定省之仪，得无亏缺未能实践否？往来街衢步趋礼节，得无放荡未能谨饰否？一应言行心术，得无欺妄非僻未能忠信笃敬否？诸童子务要各以实对，有则改之，无则加勉。教读复随时就事，曲加诲谕开发，然后各退就席肄业。

凡歌诗，须要整容定气，清朗其声音，均审其节调，毋躁而急，毋荡而嚣，毋馁而慑。久则精神宣畅，心气和平矣。每学量童生多寡分为四班。每日轮一班歌诗，其余皆就席敛容肃听。每五日则总四班递歌于本学。每朔望集各学会歌于书院。

凡习礼须要澄心肃虑，审其仪节，度其容止，毋忽而惰，毋沮而怍，毋径而野，从容而不失之迂缓，修谨而不失之拘局。久则体貌习熟，德性坚定矣。童生班次皆如歌诗。每间一日则轮一班习礼，其余皆就席敛容肃观。习礼之日，免其课仿。每十日则总四班递习于本学。每朔望则集各学会习于书院。

凡授书不在徒多，但贵精熟。量其资禀，能二百字者止可授以一百字，常使精神力量有余，则无厌苦之患，而有自得之美。讽诵之际，务令专心一志，口诵心惟，字字句句，紬绎反复。抑扬其音节，宽虚其心意。久则义礼浃洽，聪明日开矣。

每日工夫，先考德，次背书诵书，次习礼或作课仿，次复诵书讲书，次歌诗。凡习礼歌诗之数，皆所以常存童子之心，使其乐习不倦，而无暇及于邪僻。教者知此，则知所施矣。虽然，此其大略也。"神而明之，则存乎其人。"

【白话翻译】

每日清晨，学生参拜行礼之后，教师应当依次逐个询问学生：在家里敬爱亲人长辈的心，是否松懈疏忽而没有情真意切？在温清定省的礼节上，是否身体力行而没有欠缺？在街上行走时，是否步履谨慎而没有放荡不羁呢？一切言行心思，是否忠实守信而没有欺骗行为呢？每位学生一定要如实回答，倘若有就加以改正，倘若没有就加以自勉。教师要随时针对具体的事情，对学生给以委婉的教导和启发，然后让他们各自回到座位上学习。

在吟唱诗歌时，必须仪容整洁，气定神和，声音清朗，按照韵调，不急不躁，不狂不闹，不气馁不怕难，久而久之就会精神宣畅，心气平和。每个学堂根据学生数量的多寡分为四个组，每天轮流由其中一个组吟唱诗歌，其余的都在座位上神情严肃地静听。每五天让四个组在学堂依次吟唱诗歌。每十五天集合各学堂到书院比赛吟唱诗歌。

在练习礼仪时，必须澄清心神，肃清杂念，教师要认真审察每个学生的礼仪细节、容貌举止。不疏忽懈怠，也不沮丧害羞，不随意粗野，从容自如而不迂腐缓慢，言语谨慎而不拘束紧张。久而久之礼仪就会熟练了，德性也就坚定了。学生的组次像吟唱诗歌时一样，每隔一天就让一个组练习礼仪，其余的三个组都认真观摩。练习礼仪这一天，不需要做其他功课。每隔十天集合四个组在学堂依次练习礼仪。每十五天集合各学堂到书院练习比赛礼仪。

教师讲授功课不在数量多少，贵在精辟熟练。根据学生的资质，能掌握二百字的只应当教给他们一百字，要保持学生的精力有余，这样就不会产生厌恶情绪，反而会有收获的愉悦。在诵读时，务必让他们专心致志，口诵心记，字字句句反复理出头绪，声调要抑扬顿挫，思想要宽广虚静。久而久之学生自会举止有礼、谈吐文明，智慧与日俱增。

每天的功课，首先考察德性，其次背书、朗诵，再次练习礼仪或功课，之后读书、讲课，最后吟唱诗歌。大凡练习礼仪、唱歌咏诗等，均是为了存养孩子的本性，使他们喜欢学习而不会感到厌倦，从而没有闲暇时间去干歪门邪道的事情。教师们知道了这些，就明白如何实施教学活动了。即便如此，这里只说了一个大致情况。毕竟"要真正明白某一事物的奥妙，在于各人的领会了"。

【跟进解读】

在古代学校中，教师的讲解是学生进一步学习理解的基础，伦理道德规范的传授正是通过这一过程得以实现。古代的教学过程和方法一般是：每学习一首诗歌，往往先由教师教读，然后学生自己温习熟读；下一次上课时，教师先检查温习情况，然后再逐字逐句讲解大意；之后就由学生自己熟读领会，如有疑难，教师再作解答。王阳明则在《教约》中规定了蒙学教学的更具体的方法。

下卷

明嘉靖三十四年（1555年），钱德洪在宁国水西精舍刊刻《传习续录》，即为本书下卷的内容。下卷是王阳明去世后陈九川、黄直等提供并经钱德洪整理的语录，此部分虽未经阳明先生审阅，但较为具体地解说了他晚年的思想，并记载了他提出的『四句教』。

一、陈九川录——戒慎恐惧在心念

陈九川（1494—1562年），字惟浚，又字惟溶，号竹亭，后号明水，正德九年（1514年）进士，授太常博士，明中期理学家、诗人。陈九川崇尚理学，曾师从王守仁，江右王门代表人物之一，著有《明水先生集》14卷，存目于《四库全书总目》集部别集类。

1. "格物致知"是"诚意"的功夫

【原典欣赏】

正德乙亥，九川初见先生于龙江。先生与甘泉先生论格物之说，甘泉持旧说。先生曰："是求之于外了。"甘泉曰："若以格物理为外，是自小其心也。"九川甚喜旧说之是。先生又论《尽心》一章，九川一闻却遂无疑。

后家居，复以格物遗质。先生答云："但能实地用功，久当自释。"山间乃自录《大学》旧本读之，觉朱子格物之说非是。然亦疑先生以意之所在为物，物字未明。

己卯归自京师，再见先生于洪都。先生兵务倥偬，乘隙讲授，首问："近年用功何如？"

九川曰："近年体验得'明明德'功夫只是'诚意'。自'明明德于天下'，步步推入根源，到'诚意'上再去不得，如何以前又有格致工夫？后又体验，觉得意之诚伪，必先知觉乃可，以颜子'有不善未尝知之，知之未尝复行'为证，豁然若无疑，却又多了格物功夫。又思来吾心之灵何有不知意之善恶？只是物欲蔽了，须格去物欲，始能如颜子未尝不知耳。又自疑功夫颠倒，与诚意不成片段。后问希颜。希颜曰：'先生谓格物致知是诚意功夫，极好。'九川曰：'如何是诚意功夫？'希颜令再思体看。九川终不悟，请问。"

先生曰："惜哉！此可一言而悟，惟浚所举颜子事便是了。只要知身、心、意、知、物是一件。"

九川疑曰："物在外，如何与身、心、意、知是一件？"

先生曰："耳、目、口、鼻、四肢，身也，非心安能视、听、言、动？心欲视、听、言、动，无耳、目、口、鼻、四肢，亦不能。故无心则无身，无身则无心。但指其充塞处言之谓之身，指其主宰处言之谓之心，指心之发动处谓之意，指意之灵明处谓之知，指意之涉着处谓之物，只是一件。意未有悬空的，必着事物。故欲诚意，则随意所在某事而格之，去其人欲而归于天理，则良知之在此事者，无蔽而得致矣。此便是诚意的工夫。"

九川乃释然，破数年之疑。

【白话翻译】

正德十年（1515年），九川（我）在龙江第一次见到了阳明先生。当时先生正和甘泉（湛若水）先生谈论"格物"的学说，甘泉先生一再坚持朱熹的观点。先生说："这是在心外寻求了。"甘泉先生说："如果说格物的道理是向外探求，那就把自心看小了。"九川很赞成朱熹的观点。先生又谈到《孟子·尽心》章，九川听后，对先生的"格物"的阐释再也没有疑问了。

后来在家闲居，九川又向先生请教"格物"的学说，先生答："只要你肯踏实用功，时间长了自然就领会了。"在山中静养时九川抄录了《大学》旧本来读，于是，觉得朱熹的格物学说不太正确。但也怀疑先生认为意念所指即为物的说法，我感觉这个"物"字还是不够明朗。

正德十四年，九川从京城回来，在江西南昌再次与先生相见。先生此时正忙于军务，只能抽空给我讲课。先生首先问："这段时间用功用得怎么样？"

我说："我这几年体会到'明明德'是

要在'诚意'上着手下功夫。从'明明德于天下'追本溯源，到'诚意'上就再也推不下去了。为何'诚意'之前还有'格物'、'致知'的功夫？后来又仔细揣摩体会，觉得意的真诚与否，必须先有知觉才可以，以颜回说的'有不善未尝知之，知之未尝复行'来验证，顿觉豁然开朗，好像是没什么疑惑了，但又多了一个'格物'的功夫。我又考虑到，凭借我心的灵明怎么会不知道意的善恶呢？只是被私欲蒙蔽了罢了，必须格除私欲，才能像颜回那样善恶尽知。我又怀疑自己是不是把下功夫的次序给颠倒了，致使'格物'和'诚意'无法联系到一起。后来问了希颜，希颜说：'先生说格物致知是诚意的功夫，我认为说得对极了。'我又问：'为何是诚意功夫？'希颜让我再仔细体察。我最终还是未能领会，现在向先生请教。"

先生说："真可惜呀！这本来是一句话就能明白的，你所举的颜回的例子就可以说明问题了，只要明白身、心、意、知、物是一件事就行了。"

我仍疑惑地问："物在心外，怎么能说与身、心、意、知是一件事呢？"

先生说："耳、目、口、鼻及四肢，都是人体的一部分，如果没有心，它们怎么能视、听、言、动呢？心想要视、听、言、动，没有耳、目、口、鼻、四肢，那也是不行的。所以说，没有心就没有身体，没有身体也就没有心。只不过从它充塞空间上来说称为身体，从它的主宰作用上来说称为心，从心的发动上来说称为意，从意的灵明上来说称为知，从意的涉外来说称为物，都是一回事。意是不能悬空的，必然要指向具体事物。因此，想要做到诚意，就可以随着意在某一件事上去'格'，去除掉私欲归于天理，那么良知在这件事上，就不会被蒙蔽而能够'致知'了。'诚意'的功夫正在这里。"

听了先生这番话，我几年来的疑惑从此解除了。

【跟进解读】

甘泉即湛若水，为明代著名的哲学家、教育家、书法家。他29岁的时候，师从陈献章，后与王阳明同时讲学，各立门户。不过二人"共以倡明圣学为事"，因此交往颇为深厚。湛若水是希望集宋明理学之大成，而非未脱朱学影响，他后来提出了"随处体认天理"的学问宗旨。"随处"是对陈白沙"静坐"的修正，同时也解决了陆九渊主"心"忽"事"的弊病。

阳明道德哲学的一个突出特色，便是把"诚意"视为成德过程中的首要环节，认为人只有通过真诚的道德努力，才能够成为一个儒家意义上的具有真实性的人。然而，阳明并非孤立地强调"诚意"在修身功夫中的优先性，他往往把"诚意"与"格物"视作密切相关的整体性功夫结构。

传习录全编

2. 格物犹造道

【原典欣赏】

又问："甘泉近亦信用《大学》古本，谓格物犹言造道，又谓穷理如穷其巢穴之穷，以身至之也，故格物亦只是随处体认天理。似与先生之说渐同。"

先生曰："甘泉用功，所以转得来。当时与说'亲民'字不须改，他亦不信。今论'格物'亦近，但不须换'物'字作'理'字，只还他一'物'字便是。"

后有人问九川曰："今何不疑'物'字？"

曰："《中庸》曰：'不诚无物。'程子曰：'物来顺应。'又如'物各付物''胸中无物'之类，皆古人常用字也。"他日先生亦云然。

【白话翻译】

九川又问："甘泉先生最近也相信《大学》旧本，认为'格物'就像求道，认为穷理的穷，就像穷其巢穴的穷，必须亲身到巢穴中去，因此格物也就是随处体认天理。这似乎同先生的主张逐渐接近了。"

先生说："甘泉还是很用功的，所以才能转回来。从前我对他说'亲民'不能改为'新民'，他还不信。现在他谈论的'格物'同我的观点也接近了，只是没有必要把'物'字改为'理'字，还依旧用'物'字比较好。"

后来有人问九川："你现在为何不怀疑'物'字呢？"

九川说："《中庸》中说'不诚无物'，程颢说'物来顺应'，还有'物各付物'、'胸中无物'等，从这些可以看出，'物'是前人常用的字。"后来有一天，先生也这样说。

【跟进解读】

湛若水认为"格物"的"格"是"至"（造诣）的意思，"物"指的是"天理"，那么"格物"就是"至其理"、就是"造道"，"格物"的目的就是"体认天理"。后来湛若水才与阳明先生之说渐通，《大学》古本一事证明湛若水不固执己见。

3. 故静

【原典欣赏】

九川问："近年因厌泛滥之学，每要静坐，求屏息念虑，非惟不能，愈觉扰扰，如何？"

先生曰："念如何可息？只是要正。"

曰："当自有无念时否？"

先生曰："实无无念时。"

曰："如此却如何言静？"

曰："静未尝不动，动未尝不静。戒谨恐惧即是念，何分动静？"

曰："周子何以言'定之以中正仁义而主静'？"

曰："无欲故静，是'静亦定，动亦定'的'定'字，主其本体也。戒惧之念，是活泼泼地，此是天机不息处，所谓'维天之命，于穆不已'。一息便是死，非本体之念即是私念。"

【白话翻译】

九川问："近年来因为厌烦各家学说泛滥成灾，常常想独自静坐，以求摒弃思虑意念，非但做不到，却越发感觉纷扰不已，这是什么原因？"

先生说："思虑意念怎么能摒弃呢？只能让它归于纯正。"

九川问："念头是否有不存在的时候？"

先生说："的确没有无念之时。"

九川问："既然这样怎么能说'静'呢？"

先生说："静不等于不动，动也不等同于不静。戒慎恐惧就是念头，怎么能区分动静？"

九川说："周敦颐为什么又要说'定之以中正仁义而主静'呢？"

先生说："没有欲念自然会静，周敦颐说的'定'也就是程颢所说的'静亦定，动亦静'中的'定'，'主'就是指本体。戒慎恐惧的念头是活泼的，正体现了天机的流动不息，也就是《诗经》中所说的'维天之命，于穆不已'。一旦有所停息也就是死亡，不是本体的念头那就是私心杂念。"

【跟进解读】

此段属讨论"动静"的问题，在上卷《陆澄录》"已发与未发"及中卷《答陆原静书》"妄心与照心"两节已有讲述，可参看之。在本段，最关键的是"无欲故静"四字。真正的静是无私欲的，心灵上能达到这种宁静，是一种境界。在品德情操上，修炼到了非常精微的程度，却一丝也不会表露出来；有着洞察万物的睿智，却依然能够保持沉默和冷静，这，就是一种"静"的境界。

4. 虽闻见而不流

【原典欣赏】

又问："用功收心时，有声色在前，如常闻见，恐不是专一。"

曰："如何欲不闻见？除是槁木死灰，耳聋目盲则可。只是虽闻见而不流去便是。"

曰："昔有人静坐，其子隔壁读书，不知其勤惰。程子称其甚敬。何如？"

曰："伊川恐亦是讥他。"

【白话翻译】

九川又问："用功敛神收心时，如果有声、色出现，还像平常那样听和看，恐怕这算不得是专一吧？"

先生说："怎么能做到充耳不闻、视而不见？除非是槁木死灰，或者是聋子、瞎子。虽然听见看见了，只要心没跟着走也就行了。"

九川说："从前有人静坐，他儿子在隔壁朗朗读书，他却不知道儿子是勤奋还是懒惰。程颐赞扬他很能持敬。这又是为什么呢？"

先生说："程颐怕是在讽刺他。"

【跟进解读】

对声、色之类的诱惑，九川担心它们会妨碍自己"专一"的功夫，这也代表了初学心学者的心声。不过，阳明学中最关键的，不是躲进与世隔绝的深山老林进行自我修炼，而是强调即使听见、看见，但心依然"不流去"。能够做到这种见可欲而仍不乱的功夫，实属不易。

5. 静心体悟，事上磨炼

【原典欣赏】

又问："静坐用功，颇觉此心收敛。遇事又断了，旋起个念头去事上省察。事过又寻旧功，还觉有内外，打不作一片。"

先生曰："此格物之说未透。心何尝有内外？即如惟浚今在此讲论，又岂有一心在内照管？这听讲说时专敬，即是那静坐时心。功夫一贯，何须更起念头？人须在事上磨炼做功夫乃有益。若只好静，遇事便乱，终无长进。那静时功夫亦差似收敛，而实放溺也。"

【白话翻译】

九川又问："静坐用功时，特别能感觉到自己的心正在收敛。可一旦有事情发生就会间断，马上就起了个念头在所发生的事情上省察，事过之后又回过头来寻找原先的功夫。这样就总是觉得内外无法连成一体。"

先生说："这是由于你对'格物'的理解还不够透彻。心哪里会有内外呢？比如说你现在和我在这儿讨论，难道还有另外一个心在里边照管着？这个专心听和说的心就是静坐时的心。功夫是贯通的，哪里需要又起一个念头？人必须通过具体事上的磨砺，对做学问才是有帮助的。如果只是一味好静，那么一旦发生什么事情就会乱了方寸和头绪，始终不会有长进。那种求静的功夫，表面看似乎有所收敛，其实是放任自流。"

【跟进解读】

王阳明反对一味追求静坐澄心，若只喜欢宁静安逸的境界，而未经各种复杂环境的磨炼，遇事就会方寸大乱，终究不会有长进。因此，先生提倡在静心体悟的同时，还须在事上磨炼做功夫，体究践履，实地用功，通过日常事务去体认良知。这样才能落实"知行合一"。

6. 功夫与本体不可分离

【原典欣赏】

后在洪都，复与于中、国裳论内外之说，渠皆云物自有内外，但要内外并着，功夫不可有间耳。以质先生。

曰："功夫不离本体，本体原无内外；只为后来做功夫的分了内外，失其本体了。如今正要讲明功夫不要有内外，乃是本体功夫。"

是日俱有省。

【白话翻译】

后来在南昌时，九川又和于中、国裳讨论心内心外的说法，他们也认为格物应该分内外，只是要内外一起用功，不可有间隔而已。就这个问题，九川向先生请教。

先生说："功夫与本体不可分离，本体是不分内外的；只不过是后来世人做学问分出了个内外，于是就丧失了本体。现在正是要讲明功夫不要分内外，这个才是本体的功夫。"

这一天大家都有所省悟。

【跟进解读】

"合内外"，是阳明为学的总体特征。就是说，无论就本体方面还是就功夫方面而言，阳明都是反对"有内外"的。

7. 陆学粗处

【原典欣赏】

又问："陆子之学何如？"

先生曰："濂溪、明道之后，还是象山，只是粗些。"

九川曰："看他论学，篇篇说出骨髓，句句似针膏肓，却不见他粗。"

先生曰："然，他心上用过功夫，与揣摹依仿、求之文义自不同，但细看有粗处。用功久，当见之。"

【白话翻译】

九川又问："陆九渊先生的学说该怎么评价？"

先生说："周敦颐、程颢以后，还数陆九渊的学问了，只是稍显粗糙了。"

九川说："看他的论学著作，每篇都能说出精髓，句句深入透彻，却看不出他粗糙的地方。"

先生说："是这样的，他曾在心上下过功夫。这与只在义上揣测模仿、求个字面意思的自然不同，但仔细看就能发现他粗糙的地方。你用功时间长了，就应该能发现。"

【跟进解读】

阳明对陆九渊的评价非常高，但是也指出了他的学说有点"粗"。先生认为，九渊虽然在"心即理"这个观点上和他相同，但是在实际的践行功夫上，还没有明确将"知"与"行"合而为一。"用功久，当见之。""知行合一"四字，看似简单，但若不通过实际下功夫去切身体验，是无法把握其间况味的。

8. 理障说

【原典欣赏】

庚辰往虔州再见先生，问："近来功夫虽若稍知头脑，然难寻个稳当快乐处。"

先生曰："尔却去心上寻个天理，此正所谓理障。此间有个诀窍。"

曰："请问如何？"

曰："只是致知。"

曰："如何致？"

曰："尔那一点良知，是尔自家底准则。尔意念着处，他是便知是，非便知非，更瞒他一些不得。尔只不要欺他，实实落落依着他做去，善便存，恶便去，他这里何等稳当快乐。此便是格物的真诀，致知的实功。若不靠着这些真机，如何去格物？我亦近年体贴出来如此分明，初犹疑只依他恐有不足，精细看，无些小欠阙。"

【白话翻译】

庚辰年（1520年，正德十五年），前往虔州，再次见到先生，九川说："最近，我做功夫虽然略微掌握些要领，但总是不能做到自信与快乐常伴心间。"

先生说："你只是一味的在心上寻求天理，这就是所谓的'理障'。这里边有个诀窍。"

九川问："请问是什么诀窍？"

先生说："就是'致知'。"

九川问："怎样致知呢？"

先生说："你的那一点良知，就是你自己的行为准则。你的意念所到之处，正确的就明白正确，错误的就明白错误，不可能有丝毫的隐瞒。只要你不去欺骗良知，实实在在地遵循着良知去做，是善就存养，是恶就除去，这样是何等的自信快乐啊！这些就是'格物'的诀窍，'致知'的真功。如果不靠这样的真知，又怎么去'格物'呢？我也是近几年才领悟得如此清楚明白的，刚开始，我还犹豫依照本心恐怕还有不足之处，但经过仔细体悟，发现并没有一丝缺陷。"

【跟进解读】

"理障说"是阳明为学过程中一个重要的问题和转折点。阳明在正德十五年与陈九川的答问中首次提到，并以"理障说"终结"格物穷理"、"心、理二分"的为学功夫，始倡"致良知"之"知行合一"的为学宗旨。

9. 人人皆可为尧舜

【原典欣赏】

在虔，与于中、谦之同侍。先生曰："人胸中各有个圣人，只自信不及，都自埋倒了。"因顾于中曰："尔胸中原是圣人。"

于中起不敢当。

先生曰："此是尔自家有的，如何要推？"

于中又曰："不敢。"

先生曰："众人皆有之，况在于中，却何故谦起来？谦亦不得。"

于中乃笑受。

又论："良知在人，随你如何不能泯灭，虽盗贼亦自知不当为盗，唤他作贼，他还忸怩。"

于中曰："只是物欲遮蔽。良心在内，自不会失，如云自蔽日，日何尝失了。"

先生曰："于中如此聪明，他人见不及此。"

【白话翻译】

在虔州时，我和于中、邹守益一起陪伴先生。先生说："每个人内心里都有一个圣人，只是由于信心不足，就都被湮没了。"先生因此看着于中说："你的胸中原本是有圣人的。"

于中赶紧站起来说："不敢当，不敢当！"

先生说："这是你自己本来就有的，怎么还推辞呢？"

于中赶紧又说："不敢当，确实不敢当。"

先生说："大家都有，更何况于中你呢？为何要谦让呢？这是谦让不得的。"

于中于是就笑着接受了。

先生又说："良知自在人心，无论怎样也不会泯灭。就算是盗贼，他也明白自己不应该去偷窃，你说他是贼，他也会羞愧不好意思的。"

于中说："那只是良知为物欲所蒙蔽了。良知仍然在人的心中，不会自己消失，这就如同乌云蔽日，而太阳并不会因此而真的消失。"

先生说："于中如此聪明，别人的见识是达不到这个高度的。"

【跟进解读】

此段承接上节内容，提出"人胸中各有个圣人"的论断，可以说是对孟子"人人皆可为尧舜"涵义的进一步阐发。王阳明认为，一般民众只要能摒除物欲，使良知显现，就都可以成为圣人，不分高低贵贱，大家都是平等的。作为一种人性平等的思想，大大提高了人的主体意识和自尊心，更加坚定了人皆可以为圣贤的信心。不过，这种圣贤的境界，需要大家长年累月的实践功夫方可达到。

传习录全编

10. 功夫愈久，愈觉不同

【原典欣赏】

先生曰："这些子看得透彻，随他千言万语，是非诚伪，到前便明。合得的便是，合不得的便非。如佛家说心印相似，真是个试金石、指南针。"

先生曰："人若知这良知诀窍，随他多少邪思枉念，这里一觉，都自消融。真个是灵丹一粒，点铁成金。"

崇一曰："先生致知之旨发尽精蕴，看来这里再去不得。"

先生曰："何言之易也？再用功半年看如何？又用功一年看如何？功夫愈久，愈觉不同。此难口说。"

先生问："九川于致知之说体验如何？"

九川曰："自觉不同。往时操持常不得个恰好处，此乃是恰好处。"

先生曰："可知是体来与听讲不同。我初与讲时，知尔只是忽易，未有滋味。只这个要妙再体到深处，日见不同，是无穷尽的。"

又曰："此'致知'二字，真是个千古圣传之秘，见到这里，'百世以俟圣人而不惑'。"

【白话翻译】

先生说："人若深谙这良知的诀窍，随便他说千道万，是非诚伪，一看就会知道。相符合的就正确，不相符的自然错。这和佛家所说的'心印'类似，是屡试不爽的试金石、指南针。"

先生说："人如果深谙良知的诀窍，随便他有多少邪思枉念，只要被良知察觉，自然会消除。就仿佛灵丹妙药一般，可以点铁成金。"

欧阳崇一说："先生把致良知的宗旨阐发得淋漓尽致，看来想在这个问题上再进一步讲是不可能了。"

先生说："怎么能说得这么轻巧？再下半年的功夫，看看会怎样？再下一年的功夫，看看又会怎样？用功越久，越会感到不一样，这其中的奥妙是难以用语言表达出来的。"

先生问："九川你对于致知的学说体验如何？"

九川说："自我感觉与之前不同。从前应用起来时常不能恰到好处，现在用得熟了基本能做到恰到好处了。"

先生说："可见亲身体验的和听到的就是不同。我当初给你讲的时候，知道你听得云里雾里的，没有真切体味到。从恰到好处再往深处体会，每天都有新的认识，这是没有止境的。"

先生又说："这'致知'二字，的确是千古圣贤相传的秘诀，明白了这个道理，就能像《中庸》所说的那样'百世以俟圣人而不惑'。"

【跟进解读】

致良知是一门必须实际体验的艺术，这门功夫内化至极又外化至极，能将所有玄远的意义感觉化，功夫愈久，愈觉不同，非言语所可形容。在程朱那里，千古圣人相传以道，而在王阳明看来，致良知则成为千古圣人相传之密旨，从而以致良知代替了圣人传道。

11. 不愤不启，不悱不发

【原典欣赏】

九川问曰："伊川说到体用一原、显微无间处，门人已说是泄天机。先生致知之说，莫亦泄天机太甚否？"

先生曰："圣人已指以示人，只为后人掩匿，我发明耳，何故说泄？此是人人自有的，觉来甚不打紧一般。然与不用实功人说，亦甚轻忽，可惜彼此无益；与实用功而不得其要者提撕之，甚沛然得力。"

【白话翻译】

九川问："当程颐先生说到'体用一原，显微无间'时，他的弟子都说他泄露了天机。先生的'致知'学说，是不是也泄露了过多的天机呢？"

先生说："圣人早已把致良知的学说指示给了世人，只是后人将其隐匿了，我不过使其重新显露而已，怎么可以说这是泄露了天机呢？良知是每个人天生就有的，即使觉察到，也似乎感觉无关紧要。所以，我向没有切实用功的人说致良知，只可惜他们也不屑一顾，对彼此都没有什么收益；我同踏实用功却不得要领的人谈致良知，讲解清晰，他们则感到受益匪浅。"

【跟进解读】

阳明先生有诗曰："人人自有定盘针，万化根源总在心。却笑从前颠倒见，枝枝叶叶外头寻。"因此，在此处，先生首先否认了自己拥有"致知"学说的专利权，在他看来，良知是圣人早就昭示世人的，而且是人与生俱来的，自己只是发掘人固有的良知让它放出光明而已，因此不存在泄露天机之说。

此处阳明也谈及自己的一个教学宗旨：去和一个没有切实用功的人说"致知"，也不过是"对牛弹琴"，无论是对"琴师"还是"牛"而言，出现这种情况都是在浪费彼此的感情，故阳明有"彼此无益"之叹。这种观点可以说与孔子的观点"不愤不启，不悱不发"有异曲同工之妙。

12. 委曲谦下

【原典欣赏】

又曰："知来本无知，觉来本无觉，然不知则遂沦埋。"

先生曰："大凡朋友须箴规指摘处少，诱掖奖劝意多，方是。"

后又戒九川云："与朋友论学，须委曲谦下，宽以居之。"

【白话翻译】

先生又说："理解了才发现本来是无知，觉察到了才发现本来是无觉，然而，如果不知，良知随时就会沉沦埋没。"

先生又说："大凡朋友间相处，彼此间应当批评指责少、开导鼓励多，这才是正确的做法。"

随后先生又训诫九川说："和朋友一起探讨学问，应该谦虚谨慎，宽以待人。"

【跟进解读】

此段话是阳明先生就交友方面对陈九川的教诲。从教诲的内容可以推测出，陈九川平时在和朋友相处时似乎有些傲气，故先生特意就他的这些缺点进行有针对性的指正。在阳明看来，谦虚是一种极为难得的美德，它能够驱使人不断地进取，能主动去做应该做的事。可以说，不论你从事何种职业，担任什么职务，只有"委曲谦下"，才能保持不断进取的精神，才能增长更多的知识和才干。这对当今的我们也有相当的借鉴意义。

13. 事上为学

【原典欣赏】

有一属官，因久听讲先生之学，曰："此学甚好，只是簿书讼狱繁难，不得为学。"

先生闻之，曰："我何尝教尔离了簿书讼狱悬空去讲学？尔既有官司之事，便从官司的事上为学，才是真格物。如问一词讼，不可因其应对无状，起个怒心；不可因他言语圆转，生个喜心；不可恶其嘱托，加意治之；不可因其请求，屈意从之；不可因自己事务烦冗，随意苟且断之；不可因旁人谮毁罗织，随人意思处之。这许多意思皆私，只尔自知，须精细省察克治，惟恐此心有一毫偏倚，杜人是非，这便是格物致知。簿书讼狱之间，无非实学。若离了事物为学，却是著空。"

【白话翻译】

有一位下属官员长期听先生讲学，说："先生的学说的确很好，只是我日常工作太繁重，没有时间去做学问。"

先生听了对他说："我什么时候让你放弃日常工作悬空去做学问了？你既然日常需要断案，就从断案的事上学习，这样才是真正的'格物'。比如，你审一个案子，不能因为对方的发言礼数不周而恼怒；不能因为对方措辞婉转周密而高兴；不能因为厌恶他的请托而故意整治他；不能因为对方的哀求而屈意宽容他；不能因为自己工作繁巨而草率结案；不能因为旁人诋毁罗织而按别人的意思去处理。这些情况都是私心杂念的外现，只有你自己知道，必须仔细反省体察克治，惟恐心中有丝毫偏倚而枉人是非，这就是格物致知。处理文件与审理案件，无不是实实在在的学问。如果离开了具体的事物悬空去做学问，反而是空谈不着边际。"

【跟进解读】

这一段全是谈讲心学不能脱离具体的事情。阳明先生极其反对空谈，主张事上为学，实质上仍然是在强调事上磨。不过，此次阳明先生是针对一个具体职业中的人——断案的官吏，来做了具体的指导。我们可根据阳明先生这里的归纳模式，联系自己具体的职业和实际生活，总结出自己工作生活的指导细则，然后按照这些细则笃行，才是阳明心学真正带给我们的教益之处。

传习录全编

14. 学问为我所用

【原典欣赏】

于中、国裳辈同侍食。

先生曰："凡饮食只是要养我身，食了要消化。若徒蓄积在肚里，便成痞了，如何长得肌肤？后世学者博闻多识，留滞胸中，皆伤食之病也。"

【白话翻译】

于中、国裳等人陪同先生就餐。

先生说："吃饭只是为了滋养我们的身体，吃了要能够消化。如果只是把食物积在肚子里，就会成为痞病，如何能滋养身体呢？后世的学者博学多识，把学问都滞留在胸中，都是患了吃而不消化的痞病。"

【跟进解读】

阳明先生在此处将学问喻作饮食，告诫学者做学问的关键，是要能为我所用。现代我们所谓的"两脚书橱"，即特指那些学识渊博却能力低下的人，和此处阳明先生意思相同。

二、黄直录——阳明四句教

黄直，字以方，江西金溪人，明中期学者、诤臣，王阳明的学生。黄直所录的内容，虽未经王阳明审阅，但较为具体地解说了阳明先生晚年的思想，并记载了阳明提出的"四句教"。有些版本的《传习录》分为"黄以方录（本节前28条）"和"黄直录"，本书将之合二为一，统一称之为"黄直录"。

1. 博学于文

【原典欣赏】

黄以方问："'博学于文'为随事学存此天理，然则谓'行有余力，则以学文'，其说似不相合。"

先生曰："《诗》《书》、六艺皆是天理之发见，文字都包在其中，考之《诗》《书》、六艺，皆所以学存此天理也，不特发见于事为者方为文耳。'余力学文'，亦只'博学于文'中事。"

【白话翻译】

黄以方问："先生主张'博学于文'是随时随地学习存养天理，可孔子说'行有余力，则以学文'，这两种见解似乎不相吻合。"

先生说："《诗经》《尚书》等六艺都是天理的显现，字字句句都包含其间，对《诗经》《尚书》等六艺进行研究，都是用来学习存养天理的，不是只有亲身去实践而获得的才是'文'。'行有余力，则以学文'，也是'博学于文'之中的事。"

【跟进解读】

王阳明和孔子一样，把人的道德素养看做是第一位的，阳明不希望自己的学生成为仅有知识而缺乏道德的人。因为在现实生活中，学文而无行者太多了。所以，他强调：你可以行而无学文，但不可学文而无行。

2. 学与思相结合

【原典欣赏】

或问"学而不思"二句。

曰："此亦有为而言，其实思即学也。学有所疑，便须思之。'思而不学'者，盖有此等人，只悬空去思，要想出一个道理，却不在身心上实用其力，以学存此天理。思与学作两事做，故有'罔'与'殆'之病。其实思只是思其所学，原非两事也。"

有人就孔子的"学而不思则罔，思而不学则殆"二句向先生请教。

先生说："这两句话也是有的放矢，其实思就是学。学的过程有了疑惑，当然要仔细思考了。'思而不学'说的是，有的人只是漫无目的地去思考，意在要思考出一个道理来，却不在身心修炼上实际用功，学习存养天理。把学和思当成两件毫不相干的事，因此才出现'罔'与'殆'的问题。其实所谓的思就是思自己的所学，并非两件事。"

【跟进解读】

学与思相结合，在掌握知识过程中是必由之路，古今中外成功者的事例无不证明了这一点。这里，阳明先生在肯定孔子观点的同时，也有自己的主张。他认为，学与思并不是两件事，思是思考自己所学的东西，只不过是学的一个环节。

3. 四句教

【原典欣赏】

先生曰："先儒解'格物'为'格天下之物'，天下之物如何格得？且谓一草一木亦皆有理，今如何去格？纵格得草木来，如何反来诚得自家意？我解'格'作'正'字义，'物'作'事'字义。《大学》之所谓'身'，即耳、目、口、鼻、四肢是也。欲修身便是要目非礼勿视，耳非礼勿听，口非礼勿言，四肢非礼勿动。要修这个身，身上如何用得工夫？心者身之主宰，目虽视而所以视者心也，耳虽听而所以听者心也，口与四肢虽言、动而所以言、动者心也。故欲修身在于体当自家心体，常令廓然大公，无有些子不正处。主宰一正，则发窍于目，自无非礼之视；发窍于耳，自无非礼之听；发窍于口与四肢，自无非礼之言、动；此便是修身在正其心。然至善者，心之本体也，心之本体那有不善？如今要正心，本体上何处用得功？必就心之发动处才可著力也。心之发动不能无不善，故须就此处著力，便是在诚意。如一念发在好善上，便实实落落去好善；一念发在恶恶上，便实实落落去恶恶。意之所发，既无不诚，则其本体如何有不正的？故欲正其心在诚意。工夫到诚意，始有着落处。然诚意之本，又在于致知也。所谓人虽不知而己所独知者，此正是吾心良知处。然知得善，却不依这个良知便做去；知得不善，却不依这个良知便不去做，则这个良知便遮蔽了，是不能致知也。吾心良知既不能扩充到底，则善虽知好，不能著实好了；恶虽知恶，不能著实恶了，如何得意诚？故致知者，意诚之本也。然亦不是悬空的致知，致知在实事上格。如意在于为善，便就这件事上去为；意在于去恶，便就这件事上去不为。去恶固是格不正以归于正，为善则不善正了，亦是格不正以归于正也。如此，则吾心良知无私欲蔽了，得以致其极，而意之所发，好善、去恶，无有不诚矣。诚意工夫实下手处在格物也。若如此格物，人人便做得，人皆可以为尧、舜，正在此也。"

【白话翻译】

先生说："以前的儒家学者解释'格物'是'格尽天下的事物'，天下的事物怎么能格尽呢？比方说一草一木都有理存在，如今怎么去格呢？纵使草木格得出理来，又怎样让它来诚自己的意呢？我认为'格'字应该做'正'字讲，'物'字应该做'事'字讲。《大学》里所说的'身'，就是指耳、目、口、鼻、四肢。要修身就要做到眼睛非礼勿视、耳朵非礼勿听、嘴巴非礼勿言、四肢非礼勿动。要修养这个身，身体本身怎么去用功呢？心是身体的主宰，眼睛之所以看是因为心，耳朵之所以听是因为心，口与四肢之所以说与动，都是由于心的缘故。因此修身的关键在于到自己的心上去领悟，让心总是处于廓然大公的状态，没有一丝一毫的不中正之处。这个主宰中正了，就会表现在不看、不听、不说、不动违背礼仪的东西上，这就说明修身的关键在于'正心'。至善，是心性的本体，人最初的心性哪有不善的呢？因此说到正心，原本就是善的，哪里还需要去正呢？正心是指在心性发生变动时才去用功夫纠正。心性的变动不可能完全没有不善的意思，因此必须在此处用力，这就是'诚意'。如果一个念头发出是向善的，你就实实在在去行善；一个念头发出是向恶的，你就实实在在去抑制根除自己的恶念。一念发动，没有不是诚的，那么它的本体怎么会不正呢？因此，想要正心关键在于诚意。功夫下在诚意上，功夫才有了落实处。然而诚意的根本在于致知。所谓别人都不知道而唯独我知道的，这才是自心的良知。可是，知是善却不按照良知去做，知是恶却不跟从良知的指引而不去做，那么人的良知就会被遮蔽了，就算不上是致知。内心的良知不能扩充到底，那么善虽然知道是好的，也不能真正地做好；恶虽然知道是恶的，也不会真的当做恶，这怎么能称作是诚意呢？所以致知，是做到意诚的根本。然而也不是凭空的致知，致知要在具体的事情去格。如果意念是要去为善，那么就在你眼前这件事去上行善；如果意念是要去除恶，那么就在你眼前这件事上去除恶。除恶本来就是格不正使其归于正，为善是使不善的得到纠正，这两者

传习录全编

的道理是一样的。如此这般，心里的良知就不会为私欲所遮蔽了，能够达到至善了，意念的发动，也只有好善、除恶，没有不诚正的。使意念诚正的功夫实践起来就在于格物。如果像这样去格物，人人都可以做到。人人都可以成为尧舜，正是这个原因。"

【跟进解读】

此段解说非常清楚而明确，先是讲修身在正心，二是讲正心在诚意，三是讲诚意在致知，四是讲致知在格物。这四点与阳明"四句教"一一对应：无善无恶心之体，有善有恶意之动，知善知恶是良知，为善去恶是格物。

4.阳明格竹

【原典欣赏】

先生曰："众人只说'格物'要依晦翁，何曾把他的说去用！我着实曾用来。初年与钱友同论做圣贤要格天下之物，如今安得这等大的力量？因指亭前竹子，令去格看。钱子早夜去穷格竹子的道理，竭其心思至于三日，便致劳神成疾。当初说他这是精力不足，某因自去穷格，早夜不得其理，到七日，亦以劳思致疾。遂相与叹圣贤是做不得的，无他大力量去格物了。及在夷中三年，颇见得此意思，乃知天下之物本无可格者，其格物之功，只在身心上做，决然以圣人为人人可到，便自有担当了。这里意思，却要说与诸公知道。"

【白话翻译】

先生说："大家都说'格物'应该遵从朱熹的话去做，可是何曾有人真正按照他的说法去实践了呢？我倒是实践过。我当时与一位姓钱的朋友共同谈论做圣贤就要去格天下的万物，可是现今哪有这么大的力量呢？因此我指着亭前的竹子，我俩决定去格格看。那位姓钱的朋友同从早到晚都到庭院去格竹子的道理，他竭尽心力，第三天时竟然病倒了。我觉得这是因为他精力不足的缘故，因此自己去格，从早到晚格不出理来，到了第七天，也劳思成疾。于是我二人相互叹息：圣贤是做不来了，没这么大的力量去格尽万物。后来到了贵州龙场，待了三年，才恍然大悟，原来天下的事物本来就没有可以格的，所谓的格物，只要在自心上去格，不仅是圣人可以做到，其实人人都可以做到，这才把格物这事整明白了。此番道理，应当让大家知道。"

【跟进解读】

王阳明不是心外的"格物"，而是静思，宛若禅宗之于蒲团打坐。这里他就叙述了自己早先格竹子之理这件事，告诉学生，"格物致知"不是根本的功夫，根本的功夫在于颠倒过来，先致知而后格物。

5.童子格物

【原典欣赏】

门人有言邵端峰论童子不能格物，只教以洒扫、应对之说。

先生曰："洒扫、应对就是一件物。童子良知只到此便教去洒扫、应对，就是致他这一点良知了。又如童子知畏先生长者，此亦是他良知处。故虽嬉戏中见了先生长者，便去作揖恭敬，是他能格物以致敬师长之良知了。童子自有童子的格物致知。"

又曰："我这里言格物，自童子以至圣人，皆是此等工夫，但圣人格物，便更熟得些子，不消费力如此格物，虽卖柴人亦是做得，虽公卿大夫以至天子，皆是如此做。"

【白话翻译】

有学生说邵端峰认为小孩子不能格物，只需教他一些洒扫、应对之类的基本礼节知识就足够了。

先生说："洒扫、应对本身就是物。小孩子的良知只有这个程度，那你就去教他洒扫、应对好了，这就是致他这一点上的良知了。又譬如小孩知道敬畏师长，这也是他的良知，因此小孩虽然正在嬉戏，但见到师长仍知道起身作揖表示恭敬，这是他能格物才达到了尊敬师长的良知。小孩自有小孩应有的格物致知。"

先生又说："我这里所说的格物，从小孩到圣人，都是一个道理，不过是圣人格物更为娴熟罢了，不需要如此的费力去格物，即使是卖柴的人也是可以格物的，即使是公卿大夫乃至天子，都是这样格物的。"

【跟进解读】

阳明先生将"格物"视为"意"的落实，也即"良知"的落实。从而"格物"在朱熹的外向性求物之理的知识追求行动，变成了阳明的日用常行中的内向性道德向外实现过程。阳明先生认为，"格物"是道德践履的实际行动，是

传习录全编

日常生活中的细微平凡之事，而不是什么高深莫测的学问，无论是小孩还是圣人，不管是樵夫还是公卿大夫乃至天子，都是相同的。

6.为学"主一"

【原典欣赏】

或疑知行不合一，以"知之匪艰"二句为问。

先生曰："良知自知，原是容易的。只是不能致那良知，便是'知之匪艰，行之惟艰'。"

门人问曰："知、行如何得合一？且如《中庸》言'博学之'，又说个'笃行之'，分明知、行是两件。"

先生曰："博学只是事事学存此天理，笃行只是学之不已之意。"

又问："《易》'学以聚之'，又言'仁以行之'，此是如何？"

先生曰："也是如此。事事去学存此天理，则此心更无放失时，故曰'学以聚之'。然常常学存此天理，更无私欲间断，此即是此心不息处，故曰'仁以行之'。"

又问："孔子言'知及之，仁不能守之'，知行却是两个了？"

先生曰："说'及之'，已是行了，但不能常常行，已为私欲间断，便是'仁不能守'。"

又问："心即理之说，程子云'在物为理'，如何谓心即理？"

先生曰："在物为理，在字上当添一心字：此心在物则为理。如此心在事父则为孝，在事君则为忠之类。"

先生因谓之曰："诸君要识得我立言宗旨。我如今说个心即理是如何，只为世人分心与理为二，故便有许多病痛。如五伯攘夷狄，尊周室，都是一个私心，便不当理，人却说他做得当理，只心有未纯，往往悦慕其所为，要来外面做得好看，却与心全不相干。分心与理为二，其流至于伯道之伪而不自知。故我说个心即理，要使知心理是一个，便来心上做工夫，不去袭义于外，便是王道之真。此我立言宗旨。"

又问："圣贤言语许多，如何却要打做一个？"

曰："我不是要打做一个，如曰'夫道一而已矣'，又曰'其为物不二，则其生物不测'，天地圣人皆是一个，如何二得？"

【白话翻译】

有人怀疑知行无法合一，用"知之匪艰，行之惟艰"二句作为佐证来询问先生。

先生说："明白自心的良知本来非常简单，只是不能在事事物物上践行良知，所以就有了'知之匪艰，行之惟艰'的情况。"

有学生问："知与行怎么能合二为一？比如《中庸》说'博学之'，又说要'笃行之'，这不正说明知与行是两件事吗？"

先生说："博学是指在每件事上学习存养天理，笃行是说学习不能间断。"

学生接着问："《易经》中说'学以聚之'，又说'仁以行之'，这是什么原因呢？"

先生说："也是这样！在每件事上去学习存养天理，那么心就不会有间断，因此说'学以聚之'。既然经常保持着存养天理的状态，更没有个人的私欲来间断心，所以说'仁以行之'。"

学生又问："孔子说'凭借聪明才智足以得到它，但仁德不能保持它'，这里是说知与行是两回事吧？"

先生说："说'及之'就已经是行了，只是不能常常坚持，被个人私欲间断，因此说'仁不能守'。"

学生又问："关于心即理的说法，程子说'在物为理'，先生怎么说心就是理呢？"

先生说："'在物为理'这句话，应该在'在'的前面加上'心'字，变成'此心在物则为理'这样的话，此心在于奉养父母就是孝，此心在于侍奉君主就是忠。"

先生接着对大家说："各位要明白我立言的宗旨，我今天给大家讲讲'心即理'是怎么回事。因为世人把心和理分作两件事，这就会产生许多理论解释不清现实的现象。像五霸攘夷狄，尊周室，都是因一个私心，做得不符合理，可有人却说他做得合理，只因为心有不纯的动机，这就是促使某些人形成了欣赏五霸的所作所为，要的是外表漂亮，与心没有任何关系。把心与理分成两事，是使自己陷于霸道虚伪而没有觉察到。因此我才说'心即理'，目的是要使心理合一。只要从自己心上开始修炼，不必求义于外，这才是王道的真知，也是我立言的宗旨。"

传习录全编

又有人问先生："圣贤关于知、行的话很多，为何你要把它们合二而一？"

先生说："不是我非得把知、行合成一个，例如孟子就说'夫道一而已矣'，又说'其为物不二，则其生物不测'，天地圣人都是同样的一个'道'，哪里来的二呢？"

【跟进解读】

阳明为学强调"合一"、"主一"，认为圣贤之学只"心即理"，不容有二。在他那里，世界是统一的，它统一于心，而这世界主要是人文世界而非物理世界，这心是道德心而非认识心。

7. 知觉是心的作用

【原典欣赏】

"心不是一块血肉，凡知觉处便是心，如耳目之知视听，手足之知痛痒，此知觉便是心也。"

【白话翻译】

先生说："我所说的心，不是一块血肉，凡是有知觉的地方便是心之所在，就像耳目的听和看，手脚的知痛知痒，这些知觉都是心。"

【跟进解读】

程、朱认为，"心"主要指"腔子里"的血肉之物，是一种客观存在的物质实体。然而，在阳明先生看来，"心"已不是物质的存在，而是人的主体精神，如"知觉"就是心的作用。

8. 格物即慎独戒惧

【原典欣赏】

以方问曰："先生之说'格物'，凡《中庸》之"慎独"及"格物穷理"、"心、理二分"等说，皆为'格物'之事。"

先生曰："非也，格物即慎独，即戒惧，至于'集义'、'博约'，工夫只一般，不是以那数件都做'格物'底事。"

【白话翻译】

黄以方问："按照先生关于格物的说法，是不是《中庸》里所提到的慎独、集义、博约等说法都属于格物的范畴？"

先生说："不是的，格物就是慎独，就是戒惧，至于集义、博约等，只是一般性的功夫，不是所有《中庸》提到的都是格物。"

【跟进解读】

在阳明先生看来，《大学》中提出的"格物致知"，即《中庸》所说的"明善"。阳明曾说："慎独即是致良知。"博学、审问、慎思、明辨、笃行都是"明善"之功。明善之外并没有其他的诚身之功，格物致知之外又怎会别有所谓诚意之功？书之所谓精一，语之所谓博文约礼，中庸之所谓尊德性而道问学，都是如此。

9. 道德内省

【原典欣赏】

以方问"尊德性"一条。

先生曰："'道问学'即所以'尊德性'也。晦翁言子静以'尊德性'诲人，某教人岂不是'道问学'处多了些子，是分'尊德性''道问学'作两件。且如今讲习讨论下许多功夫，无非只是存此心，不失其德性而已。岂有'尊德性'只空空去尊，更不去问学？问学只是空空去问学，更与德性无关涉。如此，则不知今之所以讲习讨论者，更学何事！"

【白话翻译】

黄以方就《中庸》"尊德性而道问学"一句向先生请教。

先生说："'道问学'的目的就是'尊德性'。朱熹说子思是以'尊德性'来教育人，那我教人岂不是'道问学'多了些？这是把'尊德性'、'道问学'当做两件事。现在我们在讲学、讨论上下了许多功夫，只不过是为了存养此心，不失其德性罢了。哪有'尊德性'只是空洞地去尊，而不再去问学了呢？问学如果仅是漫无目的地去问，也就和德性没有关系了。如果是这样，我们在这里讲习讨论是要学什么东西呢？"

《中庸》中有"故君子尊德性而道问学"一句，是指君子所应有的一种素质。其中"尊德性"的"性"是"天命之谓性"，以达到"率性之谓道"的目的，注重人的道德的内省；而"道问学"则是对"博学之，审问之，慎思之，明辨之，笃行之"的概括。

10. 阳明的"精微"说

【原典欣赏】

问"致广大"二句。

曰："'尽精微'即所以'致广大'也，'道中庸'即所以'极高明'也。盖心之本体自是广大底，人不能'尽精微'，则便为私欲所蔽，有不胜其小者矣。故能细微曲折，无所不尽，则私意不足以蔽之，自无许多障碍遮隔处，如何广大不致？"

又问："精微还是念虑之精微，事理之精微？"

曰："念虑之精微，即事理之精微也。"

【白话翻译】

黄以方就《中庸》"致广大而尽精微，极高明而道中庸"二句请教先生。

先生说："'尽精微'的目的就是'致广大'，'道中庸'也是为了'极高明'。应该说心的本体原本就是广大的，人如果不能'尽精微'，就一定是为私欲所蒙蔽，在继小处就无法战胜私欲了。因此，心要能够做到细微曲折、无所不尽，那么私欲就无法使其蒙蔽了，没有这些私欲的障碍遮蔽，怎么会不广大呢？"

黄以方又问："这里所说的精微，是思虑的精微还是事理的精微？"

先生说："思虑的精微就是事理的精微。"

【跟进解读】

阳明先生所说的"精微"，主要是就"义理""事理"而言："念虑之精微即事理之精微。"有此"精微"，乃为做人之"精微"。一个人倘若获得了道理、克服了私欲，他的良知就通畅就开阔。对"义理"、"事理"的精微，归根结底也是对良知的精微把握。

11. 见性

【原典欣赏】

先生曰："今之论性者，纷纷异同，皆是说性，非见性也。见性者无异同之可言矣。"

【白话翻译】

先生说："现在谈论本性的人，议论纷纷各有异同，虽然都是在说本性，其实都是不明白本性，对于认识到本性的人而言，没有什么异同。"

【跟进解读】

王阳明认为，性没有一定的格式，古人论性不尽相同，只是所见有浅深；今人论性不同，也只是说性而非见性。见性者无异同之可言，只有从性的本体与发用、源头与流弊等不同方面看到它们的统一本质，才可谓见性。这种见性的思想，直接驳斥了朱熹将性分为形而上与形而下两截的观点。

12. 声色货利之交

【原典欣赏】

问："声、色、货、利，恐良知亦不能无。"

先生曰："固然。但初学用功，却须扫除荡涤，勿使留积，则适然来遇，始不为累，自然顺而应之。良知只在声、色、货、利上用功，能致得良知精精明明，毫发无蔽，则声、色、货、利之交，无非天则流行矣。"

【白话翻译】

黄以方问："音乐、美女、财货、利益，这些东西恐怕良知里也不能没有吧？"

先生说："当然有。不过对于刚开始试着来致良知的人，却需要把它们全都扫除干净，不要存留。这样才能在碰到上述事情时，不会被它们所牵累，自会依循良知去应付。致良知也只有在音乐、美女、财货、利益这些方面用功，才能将良知致得分明彻底，不会被任何事物遮蔽，到那时你再遇到音乐、美女、财货、利益等，就会像流水行云般自然遵行天理处之了。"

传习录全编

【跟进解读】

王阳明在这里对"欲"做了某种程度的肯定，"醇儒"所鄙夷的行为不仅得到了肯定，甚至被涂抹上了一层高尚的道德色彩。明朝中晚期商品经济发达，阳明在儒家思想的论域内对声、色、货、利等行为的阐释和包容，无疑是对这种社会现实的积极反映。

13. 实事磨炼，身体力行

【原典欣赏】

先生曰："吾与诸公讲'致知'、'格物'，日日是此，讲一二十年俱是如此。诸君听吾言，实去用功，见吾讲一番，自觉长进一番。否则只作一场话说，虽听之亦何用？"

【白话翻译】

先生说："我与诸位讲'致良知'、'格物'，天天都是这样去讲，讲了一二十年还是如此，诸位听进了我的学说，用心去做，那么，每次再听我讲就会觉得自己又有了长进。否则只当随意的一番闲聊，听了又有什么用？"

【跟进解读】

阳明先生没有将不把为学仅仅看做书本上的事，而注重实事磨炼与身体力行，这正是他根据"知行合一"的原则，教人在实践中锻炼思想与意志、培养优良品质与行为习惯的治学方法。

14. "悟" 良知

【原典欣赏】

先生曰："人之本体，常常是寂然不动的，常常是感而遂通的。未应不是先，已应不是后。"

【白话翻译】

先生说："人心的本体，常常是寂然不动的，常常是在有感之后才通悟感应的。没有感应不是先，受到感应也不是后。"

【跟进解读】

良知并非由后天经验综合形成，而是通过功夫使其显现或者说"悟"出来的。先天赋予主体的良知，在致良知展开之前是不会被主体自觉把握的，离开后天的"致"的过程，它亦只是一种寂然不动的本体。在这里，"感"和"应"可以看做是后天功夫的展开过程。从逻辑上而言，良知的确为人先天所有，但其内容和作用唯有通过后天的感应（功夫）才能得到展示。没有功夫，良知也就不会体悟出来。

15. 超越见闻

【原典欣赏】

一友举佛家以手指显出，问曰："众曾见否？"

众曰："见之。"

复以手指入袖。问曰："众还见否？"

众曰："不见。"

佛说还未见性。此义未明。

先生曰："手指有见有不见。尔之见性，常在人之心神，只在有睹有闻上驰骛，不在不睹不闻上着实用功。盖不睹不闻，是良知本体，戒慎恐惧，是致良知的工夫。学者时时刻刻常睹其所不睹，常闻其所不闻，工夫方有个实落处。久久成熟后，则不须著力，不待防检，而真性自不息矣。岂以在外者之闻见为累哉！"

【白话翻译】

一位友人以佛家的方式给众人演示，举一手问："你们看见了吗？"

众人说："看见了。"

他接着把手缩进袖子中问大家："你们还能看见吗？"

众人说："看不见。"

友人说："按佛家的说法，你们还没有认识到一切众生普遍具有的佛性，佛理未明啊！"

先生说："手指有看得见的时候，也有看不见的时候。你所谓的认识到一切众生普遍具有的佛性主要在于人的心神，人们只在看见和听见的地方说事，却不在看不见、听不见的方面用功。其实听不见、看不见的地方，才是良知的本体，'戒慎乎其所不睹，恐惧乎其所不闻'是致良知必须具备的功夫。儒家学者能够时刻看见其眼睛看不见的、听到其耳朵所听不到的，这样就有个用功的途径。久而久之，功夫成熟了之后，就不用费力了，不需要提防检点，人的真性自然就生生不息了。又怎么会被外在的见闻所负累呢！"

【跟进解读】

在阳明先生看来，致良知就是要用自己的心，超越外在的见闻，去见到那隐藏在事物背后的本体。然而，可惜的是，绝大多数人都不能达到这个境界，原因就在于他们被眼前的景象所迷惑住了。

在这里最本质的，还是"良知"所具备的那个"看"的功能。因此，即使在"不睹不闻"时，我们也要保养好自己心体这个"睹"和"闻"的能力，在修心领域将"战线"前移，从源头上去查漏补缺，将私欲扼杀在还没有萌芽的状态。这就好比即使我们不用镜子照物，也需要时常去擦拭它，让镜子不被灰尘蒙蔽。

16. 致良知是必有事的功夫

【原典欣赏】

问："先儒谓'鸢飞鱼跃'，与'必有事焉'，同一活泼泼地。"

先生曰："亦是。天地间活泼泼地，无非此理，便是吾良知的流行不息，'致良知'便是'必有事'的工夫。此理非惟不可离，实亦不得而离也。无往而非道，无往而非工夫。"

【白话翻译】

学生问："先前的儒家学者说的'鸢飞鱼跃'和'必定的事情'，同是天地的规律吗？"

先生说："也对。天地的规律，就是我们说的理，就是我们的良知川流不息，'致良知'就是针对'必定有的事情'去下功夫。这个理非但须臾不可离，实在也是时刻离不开的。没有什么不是道，也没有什么不是功夫。"

【跟进解读】

"鸢飞鱼跃"就像孟子的"必有事焉"一样，是天地之间无时不然、无处不在的道的体现。人有良知流行不息，天有大道流行不息，天人本来就是一体的，因此阳明先生说"致良知"便是"必有事"的功夫。

17. 发起成圣的信心

【原典欣赏】

先生曰："诸公在此，务要立个必为圣人之心，时时刻刻须是一棒一条痕，一掴一掌血，方能听吾说话，句句得力。若茫茫荡荡度日，譬如一块死肉，打也不知得痛痒，恐终不济事，回家只寻得旧时伎俩而已，岂不惜哉？"

【白话翻译】

先生说："诸位在这里，务必要立志成为圣人，时时刻刻要下死功夫去修炼学习，一棒子一条痕、一巴掌一把血。这样才能听我说话，才能句句入心入脑。如果茫茫然地混日子，就像一块死肉，打也不知道痛，恐怕最终也学不到什么，回家去之后依旧是往日伎俩，难道不可惜吗？"

【跟进解读】

《儒林外史》中人说八股文做得好时也就有了一掴一掌血的功力。真是一番气在千般用，就看你干什么了。阳明的思路一言以蔽之，像所有的宗教要求"起信"一样，要求必须发起成圣的信心。

18. 笃实下功夫

【原典欣赏】

问："近来妄念也觉少，亦觉不曾着想定要如何用功，不知此是工夫否？"

先生曰："汝且去着实用功，便多这些着想也不妨，久久自会妥帖。若才下得些功，便说效验，何足为恃？"

【白话翻译】

学生问："近来觉得妄念渐渐少了，还觉得自己不用去想着如何用功修炼了，不知道这算不算做功夫？"

先生说："你还是去着实用功修炼吧，就是多些想法也无所谓，时间久了自然就会一切正常。如果才刚刚下点功夫就认为有了效果，哪有什么依据呀？"

【跟进解读】

在阳明先生看来，做学问需要持之以恒。倘若刚下了点功夫或者刚取得了一点点成效，就认为自己达到了某种境界，显然是"一瓶子不满半瓶子晃荡"，是极其不可取的。

19. 立命是"知行合一"的实践

【原典欣赏】

一友自叹："私意萌时，分明自心知得，只是不能使他即去。"

先生曰："你萌时，这一知处便是你的命根，当下即去消磨，便是立命工夫。"

【白话翻译】

一位朋友叹息说："私欲萌动时，心里分明觉察到了，只是没法使私欲立刻去除。"

先生说："你萌生私欲时，这一知就是你学业的命脉所在，立刻用功去消除，这才是人生立命的真功夫。"

【跟进解读】

朋友的思维属于知行分二，所以存在知而不能行的情况。与此有别，阳明的思维是知行合一，私意的一念发动，便有良知的自觉；而良知的自觉，当下即去消除即立命的功夫。所以立命本是知行合一的实践过程。

20. 性相近即性善

【原典欣赏】

"夫子说'性相近'，即孟子说'性善'，不可专在气质上说。若说气质，如刚与柔对，如何相近得，惟性善则同耳。人生初时，善原是同的。但刚的习于善则为刚善，习于恶则为刚恶；柔的习于善则为柔善，习于恶则为柔恶，便日相远了。"

【白话翻译】

先生说："孔子所说的'性相近'就是孟子所说的'性善'，性不只是专门指气质而言的。如果专门指气质，像刚与柔相对，怎么相近得了，只有性善是相同的。人刚出生时，在性善这一点上都是一样的。但刚强的，修习于善则成为了刚强的善，修习于恶则成为了刚强的恶；温柔的，修习于善则成为了温柔的善，修习于恶则成为了温柔的恶，这样差距便日渐远了。"

【跟进解读】

在朱熹先生看来，孔子"性相近"中的"性"是就气质来说的，气质之性虽有美、恶的不同，但这种差别在最初并不是很明显，由于习于善则为善、习于恶则为恶的缘故，导致其差别才越来越明显罢了。阳明先生则提出，孔子的"性相近"即孟子的"性善"，不是指气质而是就人人生而共同具有的道德本性"至善"而言；他不仅反对气质在初始时相近的说法，也反对朱熹先生把气质之性看做恶的来源的理论，认为恶的产生是"意之动"的结果。

传习录全编

21. 顺良知之自然发用

【原典欣赏】

先生尝语学者曰："心体上着不得一念留滞，就如眼着不得些子尘沙，些子能得几多，满眼便昏天黑地了。"

又曰："这一念不但是私念，便好的念头亦着不得些子，如眼中放些金玉屑，眼亦开不得了。"

【白话翻译】

先生常对学生说："人的心性上容不得一点念头，就好比眼睛里揉不得沙子，稍有一点点，便会满眼昏天黑地。"

又说："不但是私念，就是好的念头也容不得一点，就好似眼睛里哪怕是有了一点点金玉屑，眼睛也会睁不开一样。"

【跟进解读】

王阳明以"心体"取代朱熹的"性体"，在成人之道上表现为强调人应顺其良知之自然发用，反对设定先验存在的理从而阻碍良知的自然发用，即反对刻意为善。这也是阳明先生"无我"说的一个重要方面。

22. 本体与功夫的关系

【原典欣赏】

先生起行征思田，德洪与汝中追送严滩，汝中举佛家实相幻相之说。

先生曰："有心俱是实，无心俱是幻；无心俱是实，有心俱是幻。"

汝中曰："有心俱是实，无心俱是幻，是本体上说工夫；无心俱是实，有心俱是幻，是工夫上说本体。"

先生然其言。

洪于是时尚未了达，数年用功，始信本体、工夫合一。但先生是时因问偶谈，若吾儒指点人处，不必借此立言耳。

【白话翻译】

先生启程就任两广总督，钱宽与王畿（字汝中）一直追到严滩送别，王畿举佛家实相幻相的说法询问于先生。

先生说："有心就是实，无心就是幻；无心就是实，有心就是幻。"

汝中说："有心就是实，无心就是幻，是就本体上说功夫；无心就是实，有心就是幻，是就功夫上说本体。"

先生认为他说得对。

钱德洪当时没明白，此后数年用功下来，才知道本体、功夫其实是合一的。只是先生当时因被人问起偶尔说的，如果我们再去指点别人，不必借老师的这个典故来证明自己的言论。

【跟进解读】

在阳明先生的心学体系中，核心概念是"致良知"。在最初，阳明先生就赋予良知本体的意义，而致良知即为开拓、朗现良知的过程，也就是阳明心学的功夫论。良知与致良知的关系即本体与功夫的关系。在这次"严滩之辩"中，阳明先生进一步阐述了本体与功夫的关系：本体是功夫的先天根据，功夫以本体为出发点和前提，并在过程的展开中以本体为规范，这与心学"尊德性"的主张是一脉相承的。这样，从本体上说功夫，必须设定本体的存在（有心俱是实，无心俱是幻），与此同时，本体唯有通过切实的致知过程，才呈现为真实的根据。

23. 仁人悯物之心

【原典欣赏】

尝见先生送二三耆宿出门，退坐于中轩，若有忧色。德洪趋进请问。

先生曰："顷与诸老论及此学，真圆凿方枘。此道坦如道路，世儒往往自加荒塞，终身陷荆棘之场而不悔，吾不知其何说也。"

德洪退谓朋友曰："先生诲人，不择衰朽，仁人悯物之心也。"

【白话翻译】

曾经看到先生送几位老儒生出门，回到堂屋坐下后，隐隐面带忧色。钱德洪走上前去问缘故。

先生说："刚才和几位老儒生谈论致良知之学，真是圆凿方枘（比喻格格

传习录全编

不入，话不投机）。本来这门学问就像平坦的大路一样，但当世的儒生往往自己加以堵塞，终身陷在荆棘丛里而不悔，我不知道应该怎样说服他们。"

钱德洪出来之后对朋友说："先生教育人，不管你岁数大小、是否腐朽，是圣人心怀天下、悲天悯人的高尚情怀。"

【跟进解读】

阳明先生也有教育失败的情况，当他碰上顽固老儒生的时候也是一筹莫展。阳明从天下一家、中国一人的立论出发，赋予博爱以宽容的内涵，而宽容正是意味着能包容与自己相反的力量，接纳令自己讨厌的事物。钱德洪"先生诲人，不择衰朽"的感叹，正是反映出阳明先生的包容一切的仁人悯物之心。

24. 圣学的根本

【原典欣赏】

先生曰："人生大病，只是一傲字。为子而傲必不孝，为臣而傲必不忠，为父而傲必不慈，为友而傲必不信。故象与丹朱俱不肖，亦只一傲字，便结果了此生。诸君常要体此人心本是天然之理，精精明明，无纤介染着，只是一无我而已。胸中切不可有，有即傲也。古先圣人许多好处，也只是无我而已，无我自能谦。谦者众善之基，傲者众恶之魁。"

【白话翻译】

先生说："人生最大的问题就是一个'傲'字。为子傲必不孝，为臣傲必不忠，为父傲必不慈，为友傲必不信。因此，象和丹朱都属于不肖之辈，就是因一个傲字而荒废了一生。诸位应该要体察到，人心本就是天理，原就是精精明明的，要想让它不被污染，只要一个'无我'也就够了。胸中切不可'有我'，有我即是傲。先贤圣人的许多优点，也只是因为'无我'而已，无我便能谦虚。谦乃万善之基，傲乃万恶之首。"

【跟进解读】

无我即无私，这是仁的实质所在，也是儒家的最高道德理想。王阳明非常强调无我，认为"无我自能谦"，有我即傲，而"谦者众善之基，傲者众恶之魁"。他把无我看成是心本体的本然，是圣学的根本，看成是圣人的道德境界。

25. 惟变所适

【原典欣赏】

又曰："此道至简至易的，亦至精至微的。孔子曰：'其如示诸掌乎。'且人于掌何日不见？及至问他掌中多少文理，却便不知，即如我良知二字，一讲便明，谁不知得，若欲的见良知，却谁能见得？"

问曰："此知恐是无方体的，最难捉摸。"

先生曰："良知即是《易》，'其为道也屡迁，变动不居，周流六虚，上下无常，刚柔相易，不可为典要，惟变所适。'此知如何捉摸得？见得透时便是圣人。"

【白话翻译】

先生又说："我的学说是至简至易的，也是至精至微的。孔子说：'就像手掌一样。'人哪天不看见手掌？至于自己手掌有多少纹理，却是不知道的，这就像我说良知二字，一讲大家都觉得知道，如果真要见到良知，又有谁又能见到呢？"

学生问："恐怕是因为良知没有具体形状，所以最难捉摸吧？"

先生说："良知就是《易》中说的'其为道也屡迁，变动不居，周流六虚，上下无常，刚柔相易，不可为典要，惟变所适'。这个良知怎么捉摸得透呢？能看透的人便是圣人。"

【跟进解读】

王阳明特别反对把良知当做一个"物"，他的立足点是易象观念。阳明在表述对良知（道）的观照（体认）中，基本上是用《易传》的"易象"观念来描述良知的境界特征。易之道总括天人宇宙之理，其体不易，它内在于世间万象之中，没有固定的表现形式。良知是内在于心中的天理，其体不易，其外在表现和易一样没有固定的范式，"惟变所适"。

传习录全编

26. 回未助"道"

【原典欣赏】

问："孔子曰：'回也非助我者也。'是圣人果以相助望门弟子否？"

先生曰："亦是实话。此道本无穷尽，问难愈多，则精微愈显。圣人之言本自周遍，但有问难的人胸中窒碍，圣人被他一难，发挥得愈加精神。若颜子闻一知十，胸中了然，如何得问难？故圣人亦寂然不动，无所发挥，故曰非助。"

【白话翻译】

学生问："孔子说：'颜回，不是帮助我的人。'这能说明圣人也是希望学生帮助自己吗？"

先生说："这也是实话！圣人之道本就无穷无尽，学生的问难越多，就愈能显现精微之处。圣人的学说本来是周全的，一旦遇到学生有搞不懂的地方来问自己，发挥与解释就越深刻。要是大家都像颜回那样听一知十，胸中了然熟知，哪里会有问难？所以圣人的学识也寂然不动，因此孔子才说颜回没帮他。"

【跟进解读】

颜回对于孔子的言论，可以默识心通，无所疑问。对此，孔子自然是"深喜之"。然而，另一方面，圣人之道也因人而显。颜回"能默识心通"，这只是他个人的修行，孔子还希望通过他的问难，帮助自己把"道"发挥得更加精微。在这里，阳明先生对此做出了解释。

27. 国裳请题字

【原典欣赏】

邹谦之尝语德洪曰："舒芬（字国裳，号梓溪）曾持一张纸，请先生写'拱把之桐梓'一章。先生悬笔为书到'至于身而不知所以养之者'，顾而笑曰：'国裳读书中过状元来，岂诚不知身之所以当养？还须诵此以求警？'一时在侍诸友皆惕然。"

【白话翻译】

邹谦之曾经对钱德洪说："舒国裳曾经拿着纸请先生题字，要写的是《孟子》中'拱把之桐梓'一章。先生写到'至于身而不知所以养之者'时，回头笑着说：'国裳读书都读到中状元了，难道确实不知道身应当养？还需要这样的词语当警句？'当时一旁的学生们都很受触动。"

【跟进解读】

舒芬是正德十二年状元，也是王阳明的弟子，授翰林院修撰，因哭谏明武宗而被贬为福建市舶副提举。有《梓溪文钞》十八卷传世。

28. 成圣之道

【原典欣赏】

先生曰："圣贤非无功业气节，但其循著这天理，则便是道。不可以事功气节名矣。"

"'发愤忘食'，是圣人之志如此，真无有已时；'乐以忘忧'，是圣人之道如此，真无有戚时。恐不必云得不得也。"

【白话翻译】

先生说："圣贤不是没有功业气节，但是他们遵循这个天理，这就是道。圣贤不是以功业气节而闻名天下的。"

先生说："'发愤忘食'是因为圣人的志向本就这样，从来没有停止的时候；'乐以忘忧'是因为圣人的道本就这样，从来没有悲伤的时候。恐怕不能用得与不得来阐释了。"

【跟进解读】

成圣之道，在于遵循天理，而不在于是否有功业气节。圣人为了"理"、为了"道"，可以做到"发愤忘食"、"乐以忘忧"，而且也只有"发愤忘食"、"乐以忘忧"才能成圣。

29. 随人分限所及

【原典欣赏】

先生曰："我辈致知，只是各随分限所及。今日良知见在如此，只随今日所知扩充到底；明日良知又有开悟，便从明日所知扩充到底。如此方是'精一'功夫。与人论学，亦须随人分限所及。如树有这些萌芽，只把这些水去灌溉。萌芽再长，便又加水。自拱把以至合抱，灌溉之功皆是随其分限所及。若些小萌芽，有一桶水在，尽要倾上，便浸坏他了。"

【白话翻译】

先生说："我们这些人致良知，也只是依据各自的能力尽力而为之。今天对于良知认识到什么程度，就依循今天的认识扩充到底；明天对于良知的认识又有新的领悟，就从明天的认识扩充到底。像这样才是'精一'的功夫。和别人谈论学问，也必须依据对方的能力所及。这就如同小树萌芽，只能用一点水去浇灌，等到再长大一点，再多浇一点水。树从一把粗到双臂合抱，浇水的多少都要根据树的发育情况来定。如果它才刚刚萌芽，就弄一大桶水浇下去，就会把它泡坏了。"

【跟进解读】

在这里，阳明先生承认个人接受能力的差异，强调循序渐进、因人施教。倘若不顾人的接受能力，把大量的高深的知识灌输进去，就会像用一桶水倾注在幼苗上把它浸坏一样，对人只会有害而无益。

30. 一念发动就是行

【原典欣赏】

问知行合一。

先生曰："此须识我立言宗旨。今人学问，只因知行分作两件，故有一念发动，虽是不善，然却未曾行，便不去禁止。我今说个知行合一，正要人晓得一念发动处，便即是行了。发动处有不善，就将这不善的念克倒了，须要彻根彻底不使那一念不善潜伏在胸中。此是我立言宗旨。"

【白话翻译】

有人就知行合一的问题向先生请教。

先生说："这必须得了解我的立言所指的宗旨。现在的人做学问，总是把知、行分开来看，所以有一个念头萌动，虽然是不善的，但因为没有做出来，就不去禁止。我现在讲'知行合一'，正是要让人明白心中一个念头萌动，那就等于做了。萌动了不善的念头，就要把这个不善的念头克制住，使之没有一丝一毫潜藏在心中，这才是我的言论的宗旨。"

【跟进解读】

王阳明认为，一念发动就是行，比如，一个人产生恶念，不能认为它只是一个念头而已，就掉以轻心，因为这个为恶的念头就已经是行了，必须立即克服，不使这个恶念潜伏心中。他的目的在于把人的道德意识和道德行为有机地统一起来，使人人的思想、行为都能自觉地去致良知。

31. 圣人本体明白

【原典欣赏】

"圣人无所不知，只是知个天理；无所不能，只是能个天理。圣人本体明白，故事事知个天理所在，便去尽个天理。不是本体明后，却于天下事物都便知得，便做得来也。天下事物，如名物度数、草木鸟兽之类，不胜其烦。圣人须是本体明了，亦何缘能尽知得。但不必知的，圣人自不消求知；其所当知的，圣人自能问人。如子入太庙，每事问之类。先儒谓'虽知亦问，敬谨之至'，此说不可通。圣人于礼乐名物，不必尽知，然他知得一个天理，便自有许多节文度数出来。不知能问，亦即是天理节文所在。"

【白话翻译】

先生说："圣人无所不知，只是知道天理；圣人无所不能，只是能循天理。圣人的本体明白，因此事事都知道天理所在，循理去做罢了。然而，也并非本体明白之后，天下的事物就都知道了，就都做得出来了。天下的事物，比如名称特性、程度数量、花鸟鱼虫等，多得数也数不清。圣人即使在本体上明白了，但不可能

传习录全编

全部都知道的。其实不需要知道的，圣人自然不会去求知；应当知道的，圣人自然会询问别人。例如'孔子进太庙事事都问'之类。朱熹先生引用伊和靖的话，说'孔子虽然知道了还要问，这是极其恭敬谨慎的表现'，这种说法是错误的。圣人对于礼乐名物，不需要全都知道，然而他知道一个天理，就自然会知道很多规矩法度。不知道的马上去问，这也正是天理礼仪所要求的。"

【跟进解读】

天下万物，不计其数。如果事事知晓，这是不现实的。圣人无所不知，只是知道的是天理，天理即是良知。事事知道其天理所在，就自然去尽良知。

32. 善恶皆天理

【原典欣赏】

问："先生尝谓善恶只是一物。善恶两端，如冰炭相反，如何谓只一物？"

先生曰："至善者，心之本体。本体上才过当些子，便是恶了。不是有一个善，却又有一个恶来相对也。故善恶只是一物。"

直因闻先生之说，则知程子所谓"善固性也，恶亦不可不谓之性"。又曰："善恶皆天理。谓之恶者，本非恶，但于本性上过与不及之间耳"。其说皆无可疑。

【白话翻译】

黄直问："先生曾经说善恶其实是一件事。善恶两个方面，形同冰炭，截然相反，怎么能说是一件事呢？"

先生说："所谓的至善，是心的本体。本体上稍有闪失就是恶了。而不是先有一个善，然后再有一个恶跑来和它相对应，所以说善恶只是一件事。"

黄直因为听了先生的学说，才理解了程颢所说的"善固性也，恶亦不可不谓之性。""善恶皆天理，谓之恶者，本非恶，但于本性上过与不及之间耳"。对这些说法都不再有疑问。

【跟进解读】

王阳明并不是一个十足的"性善论者"，在他看来，至善才是本体，才具有积极的意义，是正的物事。至善的过与不及便成了恶。在这种意义上，恶并没有本体，本体只有一个，即至善。"至善"也就是所谓"天理"，这在上卷《徐爱录·至善是发自心性的本源》一节已提及，可参看之。

33. "诚"为知行本体

【原典欣赏】

先生尝谓："人但得好善如好好色，恶恶如恶恶臭，便是圣人。"

直初时闻之，觉甚易，后体验得来，此个功夫著实是难。如一念虽知好善恶恶，然不知不觉，又夹杂去了。才有夹杂，便不是好善如好好色、恶恶如恶恶臭的心。善能实实的好，是无念不善矣；恶能实实的恶，是无念及恶矣。如何不是圣人？故圣人之学，只是一诚而已。

【白话翻译】

先生曾这样说过："一个人，只要能够喜好善就如同喜好美色、厌恶恶就如同厌恶恶臭那样，他就是圣人了。"

黄直在刚听到先生说这句话时，感觉非常容易，后来亲身体验后，才知道这功夫其实非常难。譬如，内心的念头虽然明白应当喜欢善、厌恶恶，然而不知不觉就会搀杂进其他的东西。稍有掺杂，就不是好善如同喜爱美色、憎恶如同讨厌恶臭了。如果能实实在在地喜好善，那么就没有一个念头不善了；如果能实实在在地厌恶恶，那么就没有一个念头涉及恶了。像这样，怎么会不是圣人呢？因此，圣人的学问只是一个'诚'字而已。

【跟进解读】

王阳明常用"如好好色、如恶恶臭"来指点知行的本体。在他眼里，知行本体实只是一个"诚"，诚意之极，知行自见合一，便是真能好恶的良知。

34. 分上事

【原典欣赏】

问："《修道说》言'率性之谓道'属圣人分上事，'修道之谓教'属贤人分上事。"

先生曰："众人亦'率性'也，但'率性'在圣人分上较多，故'率性之谓道'属圣人事。圣人亦'修道'也，但'修道'在贤人分上多，故'修道之谓教'属贤人事。"

又曰：《中庸》一书，大抵皆是说修道的事。故后面凡说君子，说颜渊、说子路，皆是能修道的。说小人，说贤、知、愚、不肖，说庶民，皆是不能修道的；其他言舜、文、周公、仲尼，至诚至圣之类，则又圣人之自能修道者也。"

【白话翻译】

黄直问："先生的《修道说》里所讲的'率性之谓道'是属于圣人分内的事，'修道之谓教'是属于贤人分内的事，我对此心存疑惑，特向先生请教。"

先生说："常人也可以'率性'，但'率性'在圣人身上分量多，所以说'率性之谓道'是圣人分内的事。圣人也'修道'，但'修道'在贤人身上分量多，所以说'修道之谓教'是贤人分内的事。"

先生又说：《中庸》一书，大部分都是说'修道'的事。所以，其后边章句里凡是说到君子，都是在说颜渊、子路，他们都是能'修道'的人；凡是说到小人，说到贤者、智者、愚者、不肖者、庶民，他们都是不能'修道'的人；其他的说到舜、文王、周公、孔子等，这类至诚至圣者，则又是自然'修道'的圣人。"

【跟进解读】

在这里，阳明先生其实不太同意《中庸》对圣人的说法，他认为普通人和圣人一样，都能率性和修道，而且也都需要，只不过分量上多少有差异罢了。当普通人也把率性和修道当成"分上事"，也一样会成为圣人。

35. 动静无分

【原典欣赏】

问："儒者到三更时分，扫荡胸中思虑，空空静静，与释氏之静只一般，两下皆不用，此时何所分别？"

先生曰："动静只是一个。那三更时分，空空静静的，只是存天理，即是如今应事接物的心。如今应事接物的心，亦是循此天理，便是那三更时分空空静静的心。故动静只是一个，分别不得。知得动静合一，释氏毫厘差处亦自莫掩矣。"

【白话翻译】

黄以方问："儒家学者在三更半夜时，荡涤心中的思虑，空空静静，与佛家所说的静相同，在这时，儒佛两家的功夫都未应事接物，怎么来区分它们呢？"

先生说："动静只是一件事。在三更半夜时空空静静地存养天理，也就是如今应接事物的心；如今应接事物的心，也是要遵循天理，那就是半夜三更时分空空静静的心。所以，动静是一件事，不能分开。明白了动静合一的道理，佛与儒的细微差别也就掩盖不住了。"

【跟进解读】

致良知功夫无分于动静，静时是功夫，动时也是功夫，而动静功夫只是一个，没有间断。儒、佛功夫内在静修上极为相似，所不同的是，良知功夫是动静合一的，佛氏功夫则动静分离，流入断灭禅定。

36. 矜持太过终是弊

【原典欣赏】

门人在座，有动止甚矜持者。

先生曰："人若矜持太过，终是有弊。"

曰："矜得太过，如何有弊？"

曰："人只有许多精神，若专在容貌上用功，则于中心照管不及者多矣。"

有太直率者。先生曰："如今讲此学，却外面全不检束，又分心与事为二矣。"

【白话翻译】

在座的学生中，有一个人的举止过于矜持。

先生说："人要是过于矜持了，终归还是存在弊端的。"

学生问："过于矜持，怎么会存在弊端呢？"

先生说："人的精力毕竟有限，如果一味在容貌上下功夫，那么往往就不能照管到内心了。"

学生中有过于直率的人。先生这样说："如今讲良知学说，如果在外表上完全不加约束，又把心和事一分为二了。"

【跟进解读】

王阳明对于人的气质有自己的看法，他主张不要"过"，尤其是不要让气质成为见道的障碍，要恢复心体之中和，达到知行合一。

传习录全编

37.言之有物

【原典欣赏】

门人作文送友行，问先生曰："作文字不免费思，作了后又一二日常记在怀。"

曰："文字思索亦无害。但作了常记在怀，则为文所累，心中有一物矣，此则未可也。"

又作诗送人。先生看诗毕，谓曰："凡作文字要随我分限所及。若说得太过了，亦非'修辞立诚'矣。"

【白话翻译】

有一个学生写文章为朋友送行，问先生说："写文章难免费心思，写过后一两天还常常记挂在心。"

先生说："写文章时思考并无害处。只是写完之后还是无法放下，那么就会被文章所牵累，心中存有一件事物，这就不对了。"

又有人写诗送人。先生看过后，说："但凡写诗作文，要根据自己的天分和能力，如果说得太过分了，也就不是'修辞立诚'了。"

【跟进解读】

此节记录了王阳明对于写诗作文方面的见解。总体来说，先生的要求最关键的一点，就是要言之有物，所写事物须来自我们的真情实感，而非玩虚、玄、远、空、浮夸或过于文绉绉的"花样"。这在我们的当下生活中，也有着其深刻的现实意义。

38.无轻重之分

【原典欣赏】

"文公格物之说，只是少头脑。如所谓'察之于念虑之微'，此一句不该与'求之文字之中'、'验之于事为之著'、'索之讲论之际'混作一例看，是无轻重也。"

【白话翻译】

先生说："朱熹先生'格物'的学说，缺少一个主宰处。譬如他所说的'察之于念虑之微'，这一句不应该和'求之文字之中'、'验之于事为之著'、'索之讲论之际'混在一起来看，这是没有轻重之分呀！"

【跟进解读】

王阳明以为，朱子的这种并列，不但没有有效地突出心体良知相对于语言、事为和思虑——抑或本体论相对于认识论、道德论——来说所具有的决定作用和超越地位，而且更使主体实现道德自觉的路程变得如此曲折、漫长，将它们"混作一例看"，完全"是无轻重也"。

39. 回归天理正轨

【原典欣赏】

问"有所忿懥"一条。

先生曰："忿懥几件，人心怎能无得？只是不可有耳。凡人忿懥，著了一分意思，便怒得过当，非廓然大公之体了。故有所忿懥，便不得其正也。如今于凡忿懥等件，只是个物来顺应，不要着一分意思，便心体廓然大公，得其本体之正了。且如出外见人相斗，其不是的，我心亦怒。然虽怒，却此心廓然，不曾动些子气。如今怒人亦得如此，方才是正。"

【白话翻译】

黄直就《大学》中"身有所忿懥，则不得其正"这一条向先生请教。

先生说："就像愤怒、恐惧、好乐、忧患等情绪，人心中怎会没有呢？只是不应当有罢了。一个人在愤怒时，如果多一分意思，就是愤怒的过了，不是廓然大公的本体了。因此，有所愤怒，心就不能中正。如今，对于愤怒等情绪，只要顺其自然，不过分在意，心的本体自然就廓然大公，从而实现本体的中正平和了。例如，在外面看见人打斗，对于那个没理的，我心中也会很愤怒；但虽然愤怒，我心坦然，不曾生过多的气。现在对人有愤怒情绪，也应该如此，这才为中正平和。"

此处提及的"愤懥、恐惧、好乐、忧患"等情绪，用我们现在的话来说，即是指"喜怒哀乐"等七情六欲。心学的功夫，从某种意义上来理解，就是在七情六欲过了头之时，知道能够"悬崖勒马"，让人心回归到一个"天理"的正轨上来。

40. 出世间而即世间

【原典欣赏】

先生尝言："佛氏不著相，其实著了相。吾儒著相，其实不著相。"

请问。

曰："佛怕父子累，却逃了父子；怕君臣累，却逃了君臣；怕夫妇累，却逃了夫妇。都是为了个君臣、父子、夫妇著了相，便须逃避。如吾儒有个父子，还他以仁；有个君臣，还他以义；有个夫妇，还他以别。何曾著父子、君臣、夫妇的相？"

【白话翻译】

先生曾说："佛教不执著于相，其实也是执著于相。我们儒家对于相执著，其实却对相不执著。"

学生向先生请教其中的含义。

先生说："佛教徒怕父子间相互拖累，就逃脱了父子亲情；怕君臣间相互拖累，就逃脱了君臣忠义；怕夫妻间相互拖累，就逃脱了夫妻情分。这都是因为执著于君臣、父子、夫妻的相，才要逃避。像我们儒家有父子关系的，导之以仁爱；君臣关系的，导之以公义；夫妻关系的，导之以礼节。什么时候有过执著于父子、君臣、夫妻的相呢？"

【跟进解读】

相，是佛教名词，相对"性"而言。佛教把一切事物的外观、形象、状态称之为"相"。"著相"的意思是执著于事物的外在形式。这里王阳明指出，佛氏的消极哲学是，只怕累世，逃避现实；儒家是"出世间而即世间"的伦理哲学，入世致用，体用一源。

三、黄修易录——生之谓性

黄修易，字勉叔。生平不详。

1. 去恶念，复心之本体

【原典欣赏】

黄勉叔问："心无恶念时，此心空空荡荡的，不知亦须存个善念否？"

先生曰："既去恶念，便是善念，便复心之本体矣。譬如日光被云来遮蔽，云去光已复矣。若恶念既去，又要存个善念，即是日光之中添燃一灯。"

【白话翻译】

黄勉叔问："心无恶念时，心就是空荡荡的，不知是否还需要存养一个善念？"

先生说："既然已经除掉了恶念，就是善念，此时心已经恢复了本体。这就像阳光被乌云所遮蔽，当乌云散后，阳光又会重现。如果恶念已经去除干净，而又刻意去存养一个善念，这岂不是在阳光下再点一盏灯。"

【跟进解读】

在阳明先生的眼中，"恶念"的克除，即是恢复了心之本体，达到了至善的境界。这时，只要按照良知心体所指示的去做，那么所做之事均是"为善"的行为。所以，不必再另外存个什么"善念"。

2. 良知存久心自明

【原典欣赏】

问："近来用功，亦颇觉妄念不生，但腔子里黑窣窣的，不知如何打得光明？"

先生曰："初下手用功，如何腔子里便得光明？譬如奔流浊水，才贮在缸里，初然虽定，也只是昏浊的。须俟澄定既久，自然渣滓尽去，复得清来。汝只要在良知上用功。良知存久，黑窣窣自能光明矣。今便要责效，却是助长，不成工夫。"

黄修易问："近来用功，也感觉妄念不会再滋生。然而，内心深处还是感觉一团黑漆漆的，不知怎样才能使其光明起来？"

先生说："刚刚开始用功，心里怎么会立见光明呢？这就像在缸里奔流打旋的污浊浑水刚刚静止下来，这时必然还是浑浊的。只有经过长时间的澄清，水中的渣滓才会沉淀，又会成为清水。你只要在良知上用功，良知经过长时间的存养，那份黑漆漆的感觉中自会现出光明。现在如果想要它立刻见效，只不过是揠苗助长，不是真正的用功。"

"良知存久"是良知自觉和"心自明"的必要条件，即它与用功长久的时间磨炼分不开，功到自然成。王阳明虽主张良知的简易自觉，但他并不奢望刹那般顿悟的立竿见影的效果。后者在他看来只是不着实效的拔苗助长而已。

3. 无根之树

先生曰："吾教人致良知在格物上用功，却是有根本的学问。日长进一日，愈久愈觉精明。世儒教人事事物物上去寻讨，却是无根本的学问。方其壮时，虽暂能外面修饰，不见有过，老则精神衰迈，终须放倒。譬如无根之树，移栽水边，虽暂时鲜好，终久要憔悴。"

【白话翻译】

先生说："我教人致良知，要在格物上用功，它是有根基的学问。日增月长，时间越长就会越觉得精通和明白。世儒教人到每件事物上去格求，那是没有根基的学问。当其壮大兴盛时，虽能暂时修饰表面，即使有闪失也看不出，等时间久远了门庭衰落了，最终会支撑不住。这就像没有根的大树被移栽到水边，短时间内树虽生气勃勃，但终究是要枯萎而死的。"

【跟进解读】

这是阳明先生对后世儒生的批评，也是对朱熹的格物说所提出的批评。拘泥于每件事物上寻讨知识，不知此本即在心而外求并强探力索，在阳明先生看来，这就好比无根之树，其最终的结局只能是枯萎而死。

4. "艺"、"义"、"道"

【原典欣赏】

问"志于道"一章。

先生曰："只志道一句，便舍下面数句功夫，自住不得。譬如做此屋，'志于道'是念念要去择地鸠材，经营成个区宅。'据德'却是经画已成，有可据矣。'依仁'却是常常住在区宅内，更不离去。'游艺'却是加些画采，美此区宅。艺者，义也，理之所宜者也。如诵诗、读书、弹琴、习射之类，皆所以调习此心，使之熟于道也。苟不'志道'而'游艺'，却如无状小子，不先去置造区宅，只管要去买画挂，做门面，不知将挂在何处？"

【白话翻译】

黄修易就《论语》"志于道，据于德，依于仁，游于艺"向先生请教。

先生说："只'志于道'这一句，就包括了下面好几句的功夫，不能仅停留在志于道上。就像建房屋这件事，它的'志于道'，就是一定要挑好地方，选好材料，最后搭建成房屋；'据于德'，相当于设计图纸，使行动有所依据；'依于仁'，就是常在工地，生活、战斗在生产第一线；'游于艺'，就是把房子加以装饰美化。艺，就是义，就是理最恰切的地方。比如诵诗、读书、弹琴、射击之类，都是为了调习这个心，使之近于道。若不'志于道'而去'游于艺'，如同一个糊涂的小伙子，不先去造房子，却先买画准备装饰门面，不知他究竟要将画挂在哪儿呢？"

【跟进解读】

这里，王阳明首先肯定了"艺"对人生的美化或积极作用（"美此区宅"）。同时，"艺"、"义"、"道"的内在统一，同是"调习此心"即致其知，使之熟于道。很明显，王阳明把道德情感内化为个体的审美心理，使人生审美化了，使"艺"为人生服务。

5.修养本心

【原典欣赏】

问："读书所以调摄此心，不可缺的。但读之之时，一种科目意思牵引而来，不知何以免此？"

先生曰："只要良知真切，虽做举业，不为心累。总有累，亦易觉克之而已。且如读书时，良知知得强记之心不是，即克去之；有欲速之心不是，即克去之；有夸多斗靡之心不是，即克去之。如此亦只是终日与圣贤印对，是个纯乎天理之心。任他读书，亦只是调摄此心而已，何累之有？"

曰："虽蒙开示，奈资质庸下，实难免累。窃闻穷通有命，上智之人，恐不屑此。不肖为声利牵缠，甘心为此，徒自苦耳。欲屏弃之，又制于亲，不能舍去，奈何？"

先生曰："此事归辞于亲者多矣。其实只是无志。志立得时，良知千事万事只是一事。读书作文，安能累人？人自累于得失耳！"因叹曰："此学不明，不知此处担阁了几多英雄汉！"

【白话翻译】

黄修易问："读书就是为了修养我的本心，从而是必不可缺的。然而在读书时，又有为了科举考试的思虑产生，怎样避免这种情况呢？"

先生说："只要良知是纯粹的，即便是为了科举考试，也不会成为心的牵绊。就是有一点牵绊，也比较容易发现并克除掉。例如读书时，良知发觉死记硬背的想法是错误的，就克除它；良知发觉求速的想法是错误的，就克除它；良知发觉有自夸好胜的想法是错误的，就克除它。这样一来，总是把自己的所学所得与圣贤印证，就是一个纯乎天理的心。所以无论怎样去读书，都是修养本心而已，怎么会成为心的牵绊呢？"

黄修易又问："虽蒙老师开导，怎奈我天资低下，实在摆脱不掉科举功名的牵绊。我曾听说，人的穷困和通达都是由命运安排。天资聪颖的人，对科举等事情大概会不屑一顾。我为声名利禄所牵绊，甘心为了它而读书，只能独自苦恼，想摒除这个念头，又受制于双亲，不敢撂下，到底该怎么办？"

先生说："把这类事情归咎于双亲的人实在是太多了。说到底，还是他自己没有志向。志向立得正确，千事万事之于良知只是一事。读书作文，怎么会成为人的负担呢？不过是人累在得失上罢了！"先生因此又感叹说："良知的学问不昌明，不知因此耽误了多少英雄好汉！"

【跟进解读】

在阳明先生看来，为人处世、学习、科举均为"致良知"的范畴，因此，世间的事物繁芜庞杂，但"致良知"却是惟一的。对于圣人来讲，他们不以出仕为荣，也不以不仕为耻，他们的心始终由良知主宰，心中坦荡无忧。普通人不懂得这个道理，深陷"仕"与"不仕"的泥潭而难以自拔。

因此，修养自己的本心，正是人生活动的主宰，而非负担。我们必须坚定志向，不违本心，诚意修身，顺道而行，方是明智之举。

6. 气亦性，性亦气

【原典欣赏】

问："'生之谓性'，告之亦说得是，孟子如何非之？"

先生曰："固是性，但告子认得一边去了，不晓得头脑。若晓得头脑，如此说亦是。孟子亦曰：'形色，天性也。'这也是指气说。"

又曰："凡人信口说，任意行，皆说此是依我心性出来，此是所谓生之谓性。然却要有过差。若晓得头脑，依吾良知上说出来，行将去，便自是停当。然良知亦只是这口说，这身行，岂能外得气，别有个去行去说？故曰：'论性不论气不备，论气不论性不明。'气亦性也，性亦气也。但须认得头脑是当。"

【白话翻译】

黄修易问："生之谓性"，我觉得告子说得也很对啊，可孟子为什么要反对呢？"

先生说："性固然是与生俱来的，但告子的认识有失偏颇了，不明白其中还有一个主宰处。如果懂得了还有一个主宰处，他的话也是正确的。孟子也说：'形色，天性也。'这也是指气说的。"

先生接着说："大凡人信口胡说，随意行事，都说这是依照自己的心性来做的，这就是所谓的'生之谓性'。但这样会产生过错。如果知晓了有一个主宰处，按照自我的良知上说出去、做出来，自然就会正确。可是良知也只是自己的口说、自己的实践，怎能从外获得气，另外有一个东西去说、去做呢？所以程颐说：'论性不论气不备，论气不论性不明。'气也是性，性也是气，但是，惟有认准主宰处才可以。"

【跟进解读】

王阳明以为，在思考上，性（良知）与气（自然或经验）显然有别：前者具道德价值，后者没有。然而，在实践上，人的善性也只有通过经验的具体行为才能体现出来，从这个意义上说，"气亦性也，性亦气也"，性与气相即不离。所以，讨论人性必须性与气两面兼顾，不能执著一面。

7.处处是进德之资

【原典欣赏】

又曰："诸君功夫，最不可助长。上智绝少，学者无超入圣人之理。一起一伏，一进一退，自是功夫节次。不可以我前日用得功夫了，今却不济，便要矫强做出一个没破绽的模样，这便是助长，连前些子功夫都坏了。此非小过。譬如行路的人，遭一蹑跌，起来便走，不要欺人做那不曾跌倒的样子出来。诸君只要常常怀个'遁世无闷，不见是而无闷'之心，依此良知忍耐做去，不管人非笑，不管人毁谤，不管人荣辱，任他功夫有进有退，我只是这致良知的主宰不息，久久自然有得力处。一切外事亦自能不动。"

又曰："人若著实用功，随人毁谤，随人欺慢，处处得益，处处是进德之资。若不用功，只是魔也，终被累倒。"

【白话翻译】

先生又说："各位在做功夫时，最忌讳的是拔苗助长。上等智慧的人很少，学者没有超越圣人的道理。一起一伏，一进一退，都是做功夫的节奏秩序。不能觉得我昨天下了功夫，今天感觉不够，却硬要装出一副没有破绽的样子，这就是拔苗助长，这样就连之前的功夫也遭到了破坏。这可不是小错误。这就像是一个人走路，突然跌了一跤，站起来接着走也就是了，而不要装出一副没有跌倒的模样来欺骗别人。各位只要经常怀着一个'遁世无闷，不见是而无闷'的心，依照自己的良知去做，不在乎别人的嘲笑、诽谤、称誉、侮辱，随便功夫有进有退，我只要良知做我内心的主宰，时间久了，自然会有得力的地方，也自然不会被外面的任何事情所动摇。"

先生又说："人只要踏实用功，不论别人如何诽谤和侮辱，依然会处处受益，处处是德行日益进步的资本。若不用功，别人的诽谤和侮辱就会成为魔障，终究会被它拖垮。"

【跟进解读】

这段文字描述致良知道路上的曲折和艰辛，而对绝大多数的普通人来说，这是致良知过程中不可或缺的成分。对此，王阳明先生强调人要依良知去实实在在地自修，在他看来，人们要以自我认同为本，笃行自修，而不刻意去求得社会的认同。

《诗经》有言："左之左之，君子宜之；右之右之，君子有之。"即君子无论站在左边还是右边，都能够善自独处。这也是对先生"处处是进德之资"观点的最好解读。

8. 天植灵根

【原典欣赏】

先生一日出游禹穴，顾田间禾曰："能几何时，又如此长了！"

范兆期在傍曰："此只是有根。学问能自植根，亦不患无长。"

先生曰："人孰无根，良知即是天植灵根，自生生不息。但著了私累，把此根戕贼蔽塞，不得发生耳。"

【白话翻译】

有一天，先生去大禹墓游览观光，看着田间的禾苗说："这才几天工夫，禾苗又长高了。"

范兆期在一旁说："这是由于它有根的缘故。做学问若能自己种根，也不用担心它不长进。"

先生说："任何人都有根，良知就是天赋的灵根，自然能生生不息。只是被私欲牵累，把这灵根残害蒙蔽了，无法正常地生长发育而已。"

灵根即一体之仁理，是"生之性"、是心、是良知。在阳明先生看来，"灵根"是天植的，故是天赋的、内禀的，属于人之天性。阳明先生一再强调这一点，正是怕人犯了自轻自贱的弊病。人需要犯愁的，并非自己没有灵根，而是这个灵根终被私欲所蒙蔽。

9. 返照自心

【原典欣赏】

一友常易动气责人。先生警之曰："学须反己。若徒责人，只见得人不是，不见自己非。若能反己，方见自己有许多未尽处，奚暇责人？舜能化得象的傲，其机括只是不见象的不是。若舜只要正他的奸恶，就见得象的不是矣。象是傲人，必不肯相下，如何感化得他？"

是友感悔。

曰："你今后只不要去论人之是非，凡当责辨人时，就把做一件大己私，克去方可。"

先生曰："凡朋友问难，纵有浅近粗疏，或露才扬己，皆是病发。当因其病而药之可也，不可便怀鄙薄之心。非君子与人为善之心矣。"

【白话翻译】

有位朋友经常容易动怒责备别人。先生告诫他说："学习一定要懂得自我反省。若只是一味地指责别人，就会只看见别人的不对，看不见自己的错误。若能自我反省，才可以觉察到自身有许多欠缺的地方，哪还有时间去指责别人呢？舜之所以能感化傲慢的象，关键是舜不去看象的不是。假使舜一心想着去纠正象的奸恶，眼里就全是象的不是了，而象又是一个傲慢的人，自然不肯低头认错，舜又怎么能将他感化呢？"

这位朋友听了感到惭愧，幡然悔悟。

先生说："你今后只要不去议论别人的是非，每当想要责人或与人争辩的时候，就把这种念头当做自己的一大私欲来克除才可以。"

先生又说："凡是朋友质疑刁难，即便很浅近粗疏，你如果想因而显才扬己，都是毛病在发作。只有对症下药才行，不可因此而怀有轻视别人的心。否则，就不是君子与人为善的心了。"

【跟进解读】

在这段文字中，阳明先生教导他的学生，不要轻易指责他人，要与人为善。浅薄的人，趾高气扬的人，难免会为人所不齿。即使嘴上不说，内心还是一样。君子会与人为善，不断努力自省，返照自心。

10. 卜筮是理

【原典欣赏】

问："《易》，朱子主卜筮，《程传》主理，何如？"

先生曰："卜筮是理，理亦是卜筮。天下之理孰有大于卜筮者乎？只为后世将卜筮专主在占卦上看了，所以看得卜筮似小艺。不知今之师友问答，博学、审问、慎思、明辨、笃行之类，皆是卜筮。卜筮者，不过求决狐疑，神明吾心而已。《易》是问诸天。人有疑，自信不及，故以《易》问天。谓人心尚有所涉，惟天不容伪耳。"

【白话翻译】

黄修易问："关于《易经》，朱熹先生说主要是卜筮的，程颐先生说主要是讲'理'的，他们两个人谁的说法是正确的呢？"

先生说："卜筮就是理，理也是卜筮，天下之理还有超过卜筮的吗？只因后世之人把卜筮仅仅当做占卦罢了，所以认为卜筮是雕虫小技。却不知我们现在的师友问答里边的博学、审问、慎思、明辨、笃行之类，都是卜筮。卜筮只不过是为了决断疑惑，使我的心变得神明罢了。《易经》是向天请教，人有了疑惑，自信心不足时，这才用《易经》来向天询问。人心依然有所偏私，只有天不容虚伪。"

【跟进解读】

王阳明对卜筮的意见，是将卜筮活动上升为穷理之意，因此博学、审问、慎思、明辨、笃行即是穷理，亦是卜筮。如此，其实已经转化卜筮在中国传统文化中的定义了，因此卜筮不专指问告鬼神，而是一切穷理实践的活动，是"求决狐疑，神明吾心"的事业。

四、黄省曾录——良知是造化的精灵

黄省曾（1490—1546 年），字勉之，号五岳山人，吴县（今江苏苏州）人。王阳明在浙江讲学时，他曾求学于门下，又请益于湛若水，学诗于李梦阳。著有《会稽问道录》十卷。嘉靖十年（1531 年）以《春秋》乡试中举，名列榜首，后进士累举不第，便放弃了科举之路，转攻诗词和绘画。诗作以华艳胜，《明儒学案》记其"少好古文，解通《尔雅》。为王济之、杨君谦所知"。亦长于农业与畜牧。

1. 义即是良知

【原典欣赏】

黄勉之问："'无适也，无莫也，义之与比。'事事要如此否？"

先生曰："固是事事要如此，须是识得个头脑乃可。义即是良知，晓得良知是个头脑，方无执著。且如受人馈送，也有今日当受的，他日不当受的，也有今日不当受的，他日当受的。你若执著了今日当受的，便一切受去，执著了今日不当受的，便一切不受去，便是'适'、'莫'，便不是良知的本体。如何唤得做义？"

【白话翻译】

黄勉之问："《论语》上说：'无适也，无莫也，义之与比。'是不是事事都应如此呢？"

先生说："自然事事都应如此，只是要有一个主宰才可以。义，就是良知，懂得了良知是主宰，才不会拘泥于固执。例如，接受别人的馈赠，有今天应该接受而改天不该接受的情况，也有今天不该接受而改天接受的情况。你要是固执地认为今天该接受，就什么都收下；今天不该接受，就什么都不接受，这样一来，就是'适'、'莫'了，也就不是良知的本体，这怎么能称作义呢？"

【跟进解读】

这段针对《论语》中的一句话进行了探讨。在王阳明这里，义，就是良知，只要遵循良知，就能事事"无适"、"无莫"，也就能做到"义"。

从中我们可以看出，阳明先生绝非一个教条主义者，他只是给我们提出了一个按良知指引而行的大原则，不过，惟有时时刻刻遵从这个大原则去做事，才能确保我们的行为不会出现偏差。

2. 思无邪

【原典欣赏】

问："'思无邪'一言，如何便盖得三百篇之义？"

先生曰："岂特三百篇，六经只此一言便可该贯，以至穷古今天下圣贤的话，'思无邪'一言也可该贯。此外更有何说？此是一了百当的功夫。"

【白话翻译】

黄勉之问："孔子的'思无邪'一语，为什么能概括《诗经》三百篇的意思呢？"

先生说："何止《诗经》三百篇，整个儒家六经用这一句话也可以全部概括的，甚至古往今来的一切圣贤的言论，一句'思无邪'都可以全部囊括。除此之外还有什么可说的？这是一了百当的功夫。"

【跟进解读】

每一个人只有在自己的灵魂深处去掉私字，才能产生出崇高的、无限的道德力量。所以王阳明把"思无邪"看得比什么都重要，认为包括"诗三百"在内的整个"六经"，以至所有古今天下圣贤的言论主张，都可以用"思无邪"予以概括、总结。

传习录全编

3. 道心人心

问"道心人心"。

先生曰:"'率性之谓道',便是道心。但着些人的意思在,便是人心。道心本是无声无臭,故曰'微';依著人心行去,便有许多不安稳处,故曰'惟危'。"

黄勉之就"道心、人心"的问题向先生请教。

先生说:"'率性之谓道',就是道心。若在其中添加了一些私欲,就成为人心。道心原本无声无味,所以说'微';依从着人心去做,就有许多不安稳之处,所以说'惟危'。"

在这里,阳明先生指出,道心即心的最高的境界,不夹杂人的私欲,体现出天道、天理。因为后者是形而上的("无声无臭"),所以说"道心惟微"。反之,人心是心的现实状态,它夹杂了人的私欲,表现出人的种种缺点("不安稳处"),所以说"人心惟危"。

4. 因人施教

问:"'中人以下,不可以语上',愚的人与之语上尚且不进,况不与之语可乎?"

先生曰:"不是圣人终不与语。圣人的心忧不得人人都做圣人,只是人的资质不同,施教不可躐等。中人以下的人,便与他说性、说命,他也不省得,也须慢慢琢磨他起来。"

黄勉之问:"《论语》中孔子说'中人以下,不可以语上',愚笨的人教他高深的道理尚且没进步，何况是根本不因人施教教他，这样可以吗？"

先生说："不是圣人根本不教他。圣人心中忧虑的是不能人人都做圣人，只不过是人的资质不同，施教方法就不能一样。对于中等水平之下的人，一开始就给他讲性、命，他也无法领会，必须得一点一点地慢慢去开导、启发他。"

【跟进解读】

王阳明和孔子一样，都认为人的资质是不同的，要注意因人施教，根据个人不同的资质，应教授不同的内容。中等智力以上的，可以给他讲授较难理解，比较深奥的问题；中等智力以下的，就只能给他讲授一些比较简单的知识。

5. 学问至极处

【原典欣赏】

一友问："读书不记得如何？"

先生曰："只要晓得，如何要记得？要晓得已是落第二义了，只要明得自家本体。若徒要记得，便不晓得；若徒要晓得，便明不得自家的本体。"

问："'逝者如斯'，是说自家心性活泼泼地否？"

先生曰："然。须要时时用致良知的功夫，方才活泼泼地，方才他川水一般。若须臾间断，便与天地不相似。此是学问极至处。圣人也只如此。"

【白话翻译】

有位朋友问："读书记不住，该怎么办呢？"

先生说："只需理解其中的道理就可以了，为什么非要记住呢？理解书中所讲的道理其实已经是次一等的要求了，最根本的是使自己的心本体光明。如果只是要求记住，就是没有理解书中所讲的道理；如果只是要理解书中所讲的道理，就无法使自心的本体光明。"

朋友问："《论语》中的'逝者如斯'，这句话是说自己心性本体生动活泼吗？"

先生说："是的。必须时刻用致良知的功夫，才能生动活泼，才能像川流不息的江水一般。如果有片刻的间断，就与天地的生机活泼不一样了。这是做学问的关键。圣人也只是这样。"

传习录全编

【跟进解读】

在阳明先生看来，学习，并不是为了给我们增加点什么，而是教人如何向内探求，通达天性，最终使自家的本体（良知）光明。也即阳明所提及的"学问至极处"。

6. 杀身成仁

【原典欣赏】

问"志士仁人"章。

先生曰："只为世上人都把生身命子看得太重，不问当死不当死，定要宛转委曲保全，以此把天理却丢去了。忍心害理，何者不为？若违了天理，便与禽兽无异，便偷生在世上百千年，也不过做了千百年的禽兽。学者要于此等处看得明白。比干、龙逢，只为他看得分明，所以能成就得他的仁。"

【白话翻译】

黄勉之就《论语》"志士仁人章"的问题向先生请教。

先生说："只因世人都把生命看得太重，也不管是否应当死去，一定要委屈地保全性命，而把天理丢到一边。忍心伤害天理，还有什么事做不出来呢？做事如果违背了天理，就与禽兽没有什么差别了。就算在世上苟且偷生成百上千年，也不过是做了成百上千年的禽兽。学者务必要将这些关键的地方看清楚。比干、龙逢，只因他们看得清楚，所以才能成就他们的千古之仁。"

【跟进解读】

王阳明认为"志士仁人"应该"看穿生死"，以仁心天理为中心主宰最为重要，所以他强调要能够看透"当死不当死"，如若是死，要死有所值。如果当死而怕死，昧了良心，害了天理，这种"偷生"，也不过与禽兽相同而已。

此段文字是对孔子"杀身成仁，舍生取义"这条传统儒家道德规范的极大认同，至今有着巨大的现实意义，因为守住了这个原则，也就等于坚持住了我们民族良心的底线。这也从侧面应证了中卷《答聂文蔚·言而信，行而说》"良知之在人心，无间于圣愚，天下古今之所同也"句。

7. 毁誉在外，自修何如尔

【原典欣赏】

问："叔孙、武叔毁仲尼，大圣人如何犹不免于毁谤？"

先生曰："毁谤自外来的，虽圣人如何免得？人只贵于自修，若自己实实落落是个圣贤，纵然人都毁他，也说他不着。却若浮云掩日，如何损得日的光明？若自己是个象恭色庄，不坚不介的，纵然没一个人说他，他的恶愿终须一日发露。所以孟子说：'有求全之毁，有不虞之誉。'毁誉在外的，安能避得？只要自修何如尔。"

【白话翻译】

黄勉之问："《论语》中有一段'叔孙、武叔毁仲尼'的记载，大圣人怎么也免不了遭受别人的诽谤呢？"

先生说："毁谤是从外界来的，就算是圣人也在所难免。人只应注重自身修养。倘若自己实实在在就是个圣贤，纵然别人都毁谤他，也不能对他有所损害。这就如同浮云遮蔽太阳，如何能损坏太阳的光辉呢？倘若他自己外表谦恭庄重，实则内心摇摆不定，纵然没有人诽谤他，他内心的恶早晚有一天会暴露无遗。所以，孟子说：'有求全之毁，有不虞之誉。'毁誉来自外界，怎么能躲避得了呢？只要能好好自我修炼，外来的毁誉又能如何呢？"

【跟进解读】

王阳明强调的是自修、自省、自知，强调的是一心按道义行事，对外界毁誉看得是比较淡的。他认为毁誉是外来的，根本无损于己，正像浮云无损于日光一样，所以君子只贵自修，是不必去计较人家一时的非笑的。

8. 不厌外物

【原典欣赏】

刘君亮要在山中静坐。

先生曰："汝若以厌外物之心去求之静，是反养成一个骄惰之气了。汝若不厌外物，复于静处涵养，却好。"

【白话翻译】

刘君亮要在山中静坐。

先生说："你要是以厌恶外物之心去静中寻求，反倒会养成骄横怠惰之气了。你要是以不厌外物之心再到安静的地方去涵养，这样很好。"

【跟进解读】

王阳明认为，静坐修炼不是重点，致心之良知于事事物物才是真功夫。如果把"静"理解为厌弃外物，物来无应，那就要像朱熹说的那样了："若事至前，而自家却要主静，顽然不应，便是心都死了。"

9.因人而异

【原典欣赏】

王汝中、省曾侍坐。

先生握扇命曰："你们用扇。"

省曾起对曰："不敢。"

先生曰："圣人之学不是这等捆缚苦楚的，不是妆做道学的模样。"

汝中曰："观'仲尼与曾点言志'一章略见。"

先生曰："然。以此章观之，圣人何等宽洪包含气象！且为师者问志于群弟子，三子皆整顿以对。至于曾点，飘飘然不看那三子在眼，自去鼓起瑟来，何等狂态！及至言志，又不对师之问目，都是狂言。设在伊川，或斥骂起来了。圣人乃复称许他，何等气象！圣人教人，不是个束缚他通做一般。只如狂者便从狂处成就他，狷者便从狷处成就他，人之才气如何同得？"

【白话翻译】

王汝中、黄省曾陪先生坐着。

先生把扇子给他们，说："你们用扇子吧！"

黄省曾忙站起来恭恭敬敬地说："不敢，不敢！"

先生说："圣人的学问，并非如此拘束痛苦的，不必装出一副假道学的样子。"

王汝中说："这从《论语》里孔子和曾点关于言志一章就能看出大概。"

先生说："是的。从这章可看出，圣人有何等宽广博大的胸怀。孔子询问学生们的志向，子路、冉求、公西华都很严肃地做了回答。只有曾点是一副毫不在乎的样子，自己跑到一边鼓起瑟来，这是多么狂傲的姿态！当他说志向时，不针对老师的问题直接回答，满嘴狂言。假设这件事发生在程颢身上，或许早就是一番痛斥。孔圣人却称赞了曾点，这是何等的气魄！圣人教育人，不是拘泥于一个模式，遇到性格狂放的就从发挥狂之优势处成就他，遇到性格狷介的就从洁身自好的优势之处成就他，人的才能、气质怎能一样呢？"

【跟进解读】

在这里，王阳明从用扇子发挥开来，说到孔子的胸怀和教育方法。孔子教育学生并不是使每个人都有一样的行为方式，而是因人而异，使每个人的特性都表现出来。王阳明也认为，只要学生们都保存有内心的良知，行为如何表现并不重要。对狂者、狷者都可以从发挥其优势之处而成就他。

10. 简化"知识"

【原典欣赏】

先生语陆元静曰："元静少年亦要解五经，志亦好博。但圣人教人，只怕人不简易，他说的皆是简易之规。以今人好博之心观之，却似圣人教人差了。"

先生曰："孔子无不知而作；颜子有不善未尝不知，此是圣学真血脉路。"

【白话翻译】

先生对陆原静说："你年轻时不想要注解五经，志向也是在博学。可孔子教育人只担心人不能简易，他所说的也都是怎样化繁为简的方法，只是现在人喜好广博，好像孔子当年教错了一样。"

先生说："孔子从来不写他不清楚的事，颜回有不好的地方没有不自知的，这正是圣人之学的真正脉络。"

【跟进解读】

简化"知识"，使其变得简单易行是阳明先生的重要思想。在他看来，著述示人以形状大略，才是"质朴"纯真的表现。越是具有繁复的知识结构的学问就越离"质"的境界越远。而孔子、颜回只写自己清楚和知道的东西，不至于让人产生误解，所以才成为圣学的真正脉络。

11. 圣人之志

【原典欣赏】

何廷仁、黄正之、李侯璧、汝中、德洪侍坐。先生顾而言曰："汝辈学问不得长进，只是未立志。"

侯璧起而对曰："琪亦愿立志。"

先生曰："难说不立，未是必为圣人之志耳。"

对曰："愿立必为圣人之志。"

先生曰："你真有圣人之志，良知上更无不尽。良知上留得些子别念挂带，便非必为圣人之志矣。"

洪初闻时，心若未服，听说到此，不觉悚汗。

【白话翻译】

何廷仁、黄正之、李侯璧、王汝中、钱德洪陪先生坐着。先生环顾大家说："大家的学问长进不大，主要原因是没有立志。"

李侯璧站起来说："我也愿意立志。"

先生说："不能说你没立志，但你立的还不是一定要成为圣人的志。"

李侯璧回答说："我愿意立一定要成为圣人的志。"

先生说："你真有做圣人的志向，良知就需纯洁明亮。如果良知上还留有别的牵挂，就不是成为圣人的志向。"

钱德洪以前听先生说立圣人之志时，心里还不太服气，此时亲耳听到不觉流下汗来。

【跟进解读】

阳明先生对学生立志的要求非常严格。在他看来，立志就是立成为圣人的志向。若学生随便说些立志的话，阳明先生是会严厉责备的。在阳明先生门下的学生，老实用功即可，不必逞嘴上之快，阳明先生对学生们的心性修为清清楚楚，稍有言过其实，就不客气地予以纠正。

12. 阳明诚意论的最高追求

【原典欣赏】

先生曰："良知是造化的精灵。这些精灵，生天生地，成鬼成帝，皆从此出，真是与物无对。人若复得他完完全全，无少亏欠，自不觉手舞足蹈，不知天地间更有何乐可代？"

【白话翻译】

先生说："良知是造化的精灵。这些精灵，生天生地，成鬼成帝，所有一切都由它产生，任何事物都不可与它相比。人如果使内心的良知归复完全，没有一点缺陷，自然就会手舞足蹈，不知天地间还有什么比这更快乐的？"

【跟进解读】

"与物无对"的境界，是王阳明诚意论的最高追求和最终体现。在这个既是整体性的，又是创造产生性的乐境界中，既不是抽象普遍的"理"，也不是具体个别的"情"得到确认或扩张，而是包含、融合了理和情的天地生意被体认，被展现。把个体自我的心意提升、汇入于无限的天地生意，是实现"乐"的关键。

13. 致良知无动无静

【原典欣赏】

一友静坐有见，驰问先生。

答曰："吾昔居滁时，见诸生多务知解，口耳异同，无益于得，姑教之静坐。一时窥见光景，颇收近效。久之，渐有喜静厌动，流入枯槁之病。或务为玄解妙觉，动人听闻。故迩来只说致良知。良知明白，随你去静处体悟也好，随你去事上磨炼也好，良知本体原是无动无静的。此便是学问头脑。我这个话头，自滁州到今，亦较过几番。只是致良知三字无病。医经折肱，方能察人病理。"

有位朋友在静坐中有所领悟，于是跑来请教先生。

先生说："我曾经在滁州住时，看到各位学生十分注重在知识见闻上辩论以及口耳所说中的异同，这对做学问没有多大帮助，因此就教他们静坐。他们很快便有所领悟，短期内效果还是非常明显的。但时间一久，逐渐产生了喜静厌动、流于枯槁的毛病。有的人专注于玄妙的解释和感觉，借以耸人听闻。因此，我现在只是说'致良知'而不再提静坐冥想。理解了良知，任你去静处体悟、去事上磨炼都可以。良知的本体是无动无静的，这正是学问的关键。针对这个问题，从在滁州时到现在，我也反复比较了多次，发觉只有'致良知'这三个字没有问题。这如同医生需要经过长期磨炼，才能了解人的病理。"

【跟进解读】

阳明先生早期曾以静坐教人收敛心神、以辅德性。然而，静坐的时间一长，一般学子便易于流入谈玄说虚的神秘经验中，或是喜静厌动不务社会服务事业的缺点中。有鉴于此，阳明先生在中年以后对静坐活动便不再重现，而是直接提致良知的心理修养功夫。

14. 内外两忘，心、事合一

【原典欣赏】

一友问："功夫欲得此知时时接续，一切应感处反觉照管不及，若去事上周旋，又觉不见了。如何则可？"

先生曰："此只认良知未真，尚有内外之间。我这里功夫不由人急心，认得良知头脑是当，去朴实用功，自会透彻。到此便是内外两忘，又何心事不合一？"

又曰："功夫不是透得这个真机，如何得他充实光辉？若能透得时，不由你聪明知解接得来。须胸中渣滓浑化，不使有毫发沾带，始得。"

【白话翻译】

有位朋友问："做功夫时我想让这良知能持续不断，而在应付事物时则感到照管不过来，如果周旋于事又感觉良知不见了，到底该怎么办呢？"

先生说："这只是对良知的领悟还不够真切，所以才产生内外不一致的感觉。我这里致良知的功夫不能急于求成。如果能抓住良知的关键，并切实地用功，自然会体悟透彻。到时就能内外交融、物我两忘，又怎么会有心、事不合一呢？"

先生又说："不能在功夫上透悟良知的真谛，心怎么会持续充满光辉呢？如果想透悟，不能仅依靠你的聪明智慧去理解，这需要融化心中的渣滓，没有丝毫粘连阻滞才行。"

【跟进解读】

阳明先生认为，人一旦受到外物的蒙蔽，良知便无法呈现，这样，见解也就容易误入迷途。只有通过致良知的功夫，才能逐渐达到内外两忘的境界，从而达到我与万物为一体的精神境界。所以，阳明先生主张要净化主体心胸，使之超越私欲心智的束缚。

15. "内心省察"的修心之方

【原典欣赏】

先生曰："'天命之谓性'，命即是性。'率性之谓道'，性即是道。'修道之谓教'，道即是教。"

问："如何道即是教？"

曰："道即是良知。良知原是完完全全，是的还他是，非的还他非，是非只依着他，更无有不是处，这良知还是你的明师。"

问："'不睹不闻'是说本体，'戒慎恐惧'是说功夫否？"

先生曰："此处须信得本体原是'不睹不闻'的，亦原是'戒慎恐惧'的。'戒慎恐惧'不曾在'不睹不闻'上加得些子。见得真时，便谓'戒慎恐惧'是本体，'不睹不闻'是功夫，亦得。"

【白话翻译】

先生说："'天命之谓性'的命即是性。'率性之谓道'的性即是道。'修道之谓教'的道即是教。"

钱德洪问："为什么道即是教？"

先生说："道就是良知，良知本来是完完全全的，是就是是，非就是非，是非只根据良知，这样就不会再有闪失，这良知才是你的明师。"

钱德洪问："在《中庸》中，'不睹不闻'是不是说本体，'戒慎恐惧'是不是说功夫呢？"

先生说："此处应相信良知的本体原本是不睹不闻的，也是戒慎恐惧的。戒慎恐惧不曾在不睹不闻上添加其他的东西。明白这一点，即便说戒慎恐惧是良知的本体，不睹不闻是致良知的功夫也行。"

【跟进解读】

阳明先生强调"戒慎恐惧"与"不睹不闻"是"一"而不是"二"，与"修己以敬"具有共同的性质，同属"内心省察"的修心之方。只要人能在闲居独处时努力追求至善，就能"致良知"，使人保持良知本体不受私欲诱惑而昏蔽。

16. 人心与天地一体

【原典欣赏】

问"通乎昼夜之道而知"。

先生曰："良知原是知昼知夜的。"

又问："人睡熟时，良知亦不知了。"

曰："不知何以一叫便应？"

曰："良知常知，如何有睡熟时？"

曰："向晦宴息，此亦造化常理。夜来天地混沌，形色俱泯，人亦耳目无所睹闻，众窍俱翕，此即良知收敛凝一时。天地既开，庶物露生，人亦耳目有所睹闻，众窍俱辟，此即良知妙用发生时。可见人心与天地一体。故'上下与天地同流'。今人不会宴息，夜来不是昏睡，即是妄思魇寐。"

曰："睡时功夫如何用？"

先生曰："知昼即知夜矣。日间良知是顺应无滞的，夜间良知即是收敛凝一的，有梦即先兆。"

又曰："良知在夜气发的方是本体，以其无物欲之杂也。学者要使事物纷扰之时，常如夜气一般，就是'通乎昼夜之道而知'。"

【白话翻译】

钱德洪问："《易经·系辞》中的'通乎昼夜之道而知'这句话应当怎样理解呢？"

先生说："良知原本就是知道昼夜的。"

钱德洪又问："当人熟睡时，良知也就没有知觉了吧？"

先生说："如果没有知觉，那为什么一叫就应答呢？"

钱德洪问："良知若是常知的，怎么会有睡熟的时候呢？"

先生说："夜晚都要休息，这是自然常理。夜里天地一片朦胧，万物的形状和颜色都消失了，人的眼睛耳朵看不见听不到，七窍都歇息了，此时正是良知收敛凝聚的时刻。天拂晓，万物显现，人也能听到声音，看到形状、颜色，七窍的功能也恢复正常，这正是良知妙用开始发生之时。由此可见，人心与天地原本是一体的。因此孟子说'上下与天地同流'。现在的人，夜晚不懂得休息，不是沉睡不醒，就是胡思乱想、噩梦连连。"

钱德洪问："睡觉时怎么用功呢？"

先生说："知道白天怎么用功，也就知道夜晚怎么用功。白天良知是顺应无滞的，夜里良知是收敛凝聚的，有梦就是先兆。"

先生又说："在夜气下发的良知才是良知的本体，因为它没有丝毫物欲掺杂其间。学者要在事物烦忧时仍如夜气一般，就是'通乎昼夜之道而知'。"

【跟进解读】

王阳明认为，人心与天地一体，良知与天地交融无碍。作为政治社会里的存在者，他怀有"万物一体"的秩序理想，与共在者消除间隔，破除他者与自我的界限，从而将"仁心"发挥到社会生活层面，进而在存在状态上也实现人、我、物的无间无分，是王阳明对达成人类良善生活的希冀。

17. 养心不离事物

【原典欣赏】

或问："释氏亦务养心，然要之不可以治天下，何也？"

先生曰："吾儒养心未尝离却事物，只顺其天则自然，就是功夫。释氏却要尽绝事物，把心看做幻相，渐入虚寂去了，与世间若无些子交涉，所以不可治天下。"

或问"异端"。

先生曰："与愚夫、愚妇同的，是谓同德；与愚夫、愚妇异的，是谓异端。"

有人问："佛教也十分重视养心，然而却不能用来治理天下，这是什么原因呢？"

先生说："儒家所说的养心，从来也没离开过具体事物而去空谈养心，只是顺应它的自然天性，这就是功夫。佛教却要杜绝事物，将心当成幻相，渐渐走入到空寂中去了，似乎与世间事物毫无关系，这自然不能用来治理天下了。"

有人问："什么是异端？"

先生说："与愚男蠢女想的相同的，叫做同心同德；与愚男蠢女想的不同的，就叫做异端。"

【跟进解读】

在王阳明看来，儒释两家都旨在存养心性本体，但功夫有所不同：儒家养心不离事物，佛教则以事物为虚幻，一概置之不理，从而堕入虚寂。当有人直接问异端时，阳明并不像以往大多数传统的儒者那样很自然地指向佛道，而是回答，如果将一般的百姓排斥在外，就是异端。

18. 告子的片面性

【原典欣赏】

先生曰："孟子不动心与告子不动心，所异只在毫厘间。告子只在不动心上著功，孟子便直从此心原不动处分晓。心之本体，原是不动的。只为所行有不合义，便动了。孟子不论心之动与不动，只是'集义'。所行无不是义，此心自然无可动处。若告子只要此心不动，便是把捉此心，将他生生不息之根反阻挠了，此非徒无益，而又害之。孟子'集义'工夫，自是养得充满，并无馁歉，自是纵横自在，活泼泼地。此便是浩然之气。"

又曰："告子病源，从性无善无不善上见来。性无善无不善，虽如此说，亦无大差。但告子执定看了，便有个无善无不善的性在内。有善有恶，又在物感上看，便有个物在外。却做两边看了，便会差。无善无不善，性原是如此。

悟得及时，只此一句便尽了，更无有内外之间。告子见一个性在内，见一个物在外，便见他于性有未透彻处。"

【白话翻译】

先生说："孟子的不动心和告子的不动心，其区别只在毫厘之间。告子仅在不动心上下功夫，孟子则直接从此心原本就不动上下功夫。心的本体原本不动。只因为言行有不符合义的，心才会动。孟子不讨论心动与不动，只管去'集义'。若所行都是义，这个心自然就没有可动之处。告子仅要此心不动，就像要按住自己的心一般，这样的话，反把这个心生生不息的根给阻挠了，这不仅是徒劳无益，反而是有害的。孟子所讲的'集义'功夫，自然可以把这个心修养得充实丰满，没有丝毫缺陷，这样自然就会纵横自在、鲜灵活现，这就是他所说的浩然之气。"

先生又说："告子的病根，是他认为性无善无不善。性无善无不善，这话就这么说也没什么大的差错，但告子把它看得过于呆板，如此就有个无善无不善的性在心中，有善有恶，又多从事物上看，就有个物在心外。这样就把人性分成了两个方面，便会出错。无善无不善，性本原如此。悟得出来，只需这一句话就可以了，再无内外之别。告子主张性在心内，物在心外，这足以看出他对于性还没有领悟透彻。"

【跟进解读】

在这段文字中，阳明先生讲了孟子和告子的不动心的细微差别，随后他又谈及"性无善无不善"。在他看来，告子的性无善无不善观点本身并无大错，只是告子太过拘泥于这一点，把善恶看成只是由外物引起的，便有了片面性。

19. 良知与万物一气同体

【原典欣赏】

朱本思问："人有虚灵，方有良知。若草、木、瓦、石之类，亦有良知否？"

先生曰："人的良知，就是草木瓦石的良知。若草木瓦石无人的良知，不可以为草木瓦石矣。岂惟草木瓦石为然？天地无人的良知，亦不可为天地矣。盖天地万物与人原是一体，其发窍之最精处，是人心一点灵明，风雨露雷，日月星辰，禽兽草木，山川土石，与人原只一体。故五谷禽兽之类皆可以养人，药石之类皆可以疗疾。只为同此一气，故能相通耳。"

朱本思问："人先有虚灵，而后才有良知。像草、木、瓦、石这些，也是有良知的吗？"

先生说："人的良知，也就是草木瓦石的良知。如果草木瓦石没有人的良知，那么也就不可能成其为草木瓦石了。何止草木瓦石是这样？天地如果没有人的良知，也就不可能成其为天地了。天地万物与人原系一体，其开窍的关键是人心的一点灵明，风雨雷电、日月星辰、禽兽草木、山川土石与人原本就是一体的。因此，五谷禽兽等皆可养人，药石之类皆可治病。其原因就在于它们是一气同体的，所以能够相通。"

【跟进解读】

在论述良知与天地万物的关系时，良知被王阳明赋予了普遍存在的意义。强调人类与宇宙万物皆归本于良知，统一于良知。这里虽然讲人与万物有一气相通之处，但总的来说还是强调"灵明"即"良知"是万物的主宰存在的依据。

20. 对天理、性命的彻悟

【原典欣赏】

问"夭寿不贰"。

先生曰："学问功夫，于一切声利嗜好，俱能脱落殆尽，尚有一种生死念头毫发挂带，便于全体有未融释处。人于生死念头，本从生身命根上带来，故不易去。若于此处见得破，透得过，此心全体方是流行无碍，方是尽性至命之学。"

【白话翻译】

钱德洪就"夭寿不贰"的问题向先生请教。

先生说："做学问的功夫，可以把一切的声名、利禄、嗜好等抛诸脑后。然而，若仍有一种贪生怕死的念头存留在心，那么学问功夫就一定会有融会贯通不到的地方。人的生死之念，原本是从生身命根上带来的，因此不能轻易去掉。如果能把生死看透，人心就会流转无碍，才是尽性知命的学问。"

【跟进解读】

阳明先生受到当权太监刘瑾的排挤，躲过了层层追杀，被迫到偏远山区龙场驿站任职。在那里他缺衣少穿，生活艰苦。在这种情形下，他先是悟进退之道、"生死之念"，之后才升华到对天理、性命的彻悟。而正是基于这种心与理、人道与天命的贯通，阳明的心学才被人又评价为"尽性至命之学"。

21. 剜肉做疮

【原典欣赏】

一友问："欲于静坐时，将好名、好色、好货等根，逐一搜寻，扫除廓清，恐是剜肉做疮否？"

先生正色曰："这是我医人的方子，真是去得人病根。更有大本事人，过了十数年，亦还用得着。你如不用，且放起，不要作坏我的方子。"是友愧谢。

少间曰："此量非你事，必吾门稍知意思者为此说以误汝。"在座者皆悚然。

【白话翻译】

有位朋友问："想要在安静打坐时将好名、好色、好货等病根儿逐一搜寻出来扫除廓清，只怕又是割肉疗伤吧？"

先生严肃地说："我这可是医治人心的药方，能完全铲除人的病根。即使他的本领再大，过了十数年也还是用得上。你如果不想用，就收起来，不要败坏我的药方。"这位朋友十分惭愧地向先生道了歉。

过了一会儿，先生说："这恐怕也不是你的错，一定是那些对我的主张略懂一些的学生对你讲的，这倒是耽误了你。"满座学生谁都不敢吭气。

【跟进解读】

王阳明也有回答不了的问题。他本是极有涵养的人，平日讲学，任如何问难，总是勤勤恳恳地讲说，这里为何动气？剜肉做疮怎样讲？肉喻天理，疮喻人欲，剜肉做疮者，误天理为人欲，去人欲即伤及天理。对方的意思是说："见了一星之火即扑灭，自然不会有烧房子的事，请问拿什么东西来煮饭呢？换言之，把好货之心连根去尽，人就不会吃饭，岂不饿死吗？把好色之心连根去尽，人类岂不灭绝吗？"这个问法，何等厉害！所以阳明忿然作色。

22. 贯彻心志

【原典欣赏】

一友问功夫不切。

先生曰："学问功夫，我已曾一句道尽，如何今日转说转远，都不着根？"

对曰："致良知盖闻教矣，然亦须讲明。"

先生曰："既知致良知，又何可讲明？良知本是明白，实落用功便是。不肯用功，只在语言上转说转糊涂。"

曰："正求讲明致之之功。"

先生曰："此亦须你自家求，我亦无别法可道。昔有禅师，人来问法，只把麈尾提起。一日，其徒将麈尾藏过，试他如何设法。禅师寻麈尾不见，又只空手提起。我这个良知就是设法的麈尾，舍了这个，有何可提得？"

少间，又有一友请问功夫切要。

先生旁顾曰："我麈尾安在？"

一时在座者皆跃然。

【白话翻译】

有位朋友问，当功夫不真切时怎么办？

先生说："学问的功夫，我曾一句话概括完了，现在怎么越说越远，连根基都着不了呢？"

回答说："致良知是曾经听先生讲过，但没讲明白。"

先生说："既然你知道致良知，还有什么可讲明的？良知本身就是明白的，你踏实用功便是了，你不愿意用功，只在言语上说，越说越糊涂。"

朋友说："我正是想让您讲明致良知的功夫。"

先生说："这也需要你自己探求，我没有其他的办法可以讲。以前有一位禅师，别人来问佛法，他只是把拂尘提起来。有一天，他的徒弟把拂尘藏了起来，想看看他还怎么回答。禅师找不到拂尘，只好空手做出提拂尘的样子。我这个良知就是启发人的拂尘，除此而外，还有什么可提的？"

过了一会儿，又有一个学生向先生请教致良知功夫的要领。

先生四下看了看说："我的拂尘在哪儿？"

一时间，在座的人都哄堂大笑。

【跟进解读】

功夫不真切应如何救治？阳明认为根本不是知识上如何提供方法的问题，而是心志贯彻与否的问题，因为道德良知人人心中本有，提起即是。但是弟子却以为自己要问的就是良知如何提起的操作细节的问题，因此问得有理，所以还是询问。阳明则讲了禅师的故事，拂尘比喻佛教的本心本性，提起拂尘和提起手都只是说明要提起本心本性，实际下功夫而已，下了功夫之后自然会知晓其中的艰难之关键，而不需要再问更多的细节方法。

23. 良知无前后

【原典欣赏】

或问至诚前知。

先生曰："诚是实理，只是一个良知。实理之妙用流行就是神，其萌动处就是几，诚神几曰圣人。圣人不贵前知。祸福之来，虽圣人有所不免。圣人只是知几，遇变而通耳。良知无前后，只知得见在的几，便是一了百了。若有个前知的心，就是私心，就有趋避利害的意。邵子必于前知，终是利害心未尽处。"

【白话翻译】

有人就《中庸》上的"至诚之道，可以前知"向先生请教。

先生说："诚是实在的道理，诚就是良知。实实在在的道理流畅地运行就是神，它的初始萌动就是先知，具备诚、神、先知的人叫圣人。圣人并不贵在先知。祸福降临，圣人也在所难免。圣人只知晓事物发展进化的规律，能够随机应变而已。良知不分前后，只要掌握规律，就能一了百了。如果存个前知的心，那就是私心，就是想要趋利避害。邵雍非常看重先知，就是因为他那趋利避害的私心没有涤除干净。"

【跟进解读】

"良知无先后"。王阳明在这里本质上还是秉承着儒家一贯的"子不语怪力乱神"的传统。他用"良知说"批评了"至诚前知"的思想，认为圣人不贵前知，只是致良知，见几而动，遇变而通，行其所当行，对祸福不存有趋利避害之心。邵雍非常看重前知，心里存有趋避的意思，是私欲的表现，不是圣人境界。

在上一节中，阳明先生已经讲过"致良知"、"实落用功便是"。在此处，先生进一步强调，一切力量之源都脱离不了当下之良知，而今，许多人却终身受制于"前知"或者"往事"之困扰，无法践行"致良知"的大道，岂不悲哉？

24. 聪明睿知之道

【原典欣赏】

先生曰："无知无不知，本体原是如此。譬如日未尝有心照物，而自无物不照。无照无不照，原是日的本体。良知本无知，今却要有知；本无不知，今却疑有不知。只是信不及耳。"

先生曰："'惟天下之圣为能聪明睿知'，旧看何等玄妙，今看来原是人人自有的。耳原是聪，目原是明，心思原是睿知，圣人只是一能之尔。能处正是良知；众人不能，只是个不致知。何等明白简易！"

【白话翻译】

先生说："无知无不知，本体就是如此。就像太阳，它没有刻意要去照射万物，但又无物不照射。所以，无照无不照，原就是太阳的本体。良知本来是无知的，如今却要它有知；良知本来是无不知的，如今却怀疑它有不知。之所以会出现这样的情形，是因为没有完全相信良知罢了。"

先生说："《中庸》中的'惟天下之圣为能聪明睿知'这句话，以前看时觉得是何等玄妙。如今看来，现在才明白原来聪明睿智是人人所固有的。耳原本就聪，目原本就明，心原本就睿智，圣人只是能够一一做到罢了。这是因为他能致良知；普通人不能做到这点，只是因为不能致良知。这是多么简单明显的道理啊！"

【跟进解读】

致良知，要认识到良知本体原本就具有二重性。良知正如太阳一般根本上无知也无善恶，知善知恶只是它的发用。普通人如果能坚持按照良知的指引前行，也就和圣人一样，能够"聪明睿知"了。

25. "将迎"之心

【原典欣赏】

问："孔子所谓'远虑'，周公'夜以继日'，与将迎不同何如？"

先生曰："远虑不是茫茫荡荡去思虑，只是要存这天理。天理在人心，亘古亘今，无有终始。天理即是良知，千思万虑，只是要致良知。良知愈思愈精明，若不精思，漫然随事应去，良知便粗了。若只着在事上茫茫荡荡去思，教做远虑，便不免有毁誉、得丧、人欲挽入其中，就是将迎了。周公终夜以思，只是'戒慎不睹，恐惧不闻'的功夫。见得时，其气象与将迎自别。"

【白话翻译】

钱德洪问："孔子所说的远虑，周公的夜以继日思虑善否，与迎来送往有什么区别？"

先生说："远虑并不是不着边际地去思考，只是要存这个天理。天理自在人心，且亘古亘今，无始无终。天理即是人的良知，千思万虑的目的不过是致良知。良知是越思索越精明。若不深思熟虑，只是随随便便地随事情转，良知就变得粗陋了。但如果你只是在具体事上不着边际地思考，就自以为是远虑了，就不免有毁誉、得失、私欲掺杂其间，也就和迎来送往没区别了。周公的夜以继日思虑善否，其实是'戒慎不睹，恐惧不闻'的功夫。认识了这一点，自然就知道周公的气象与迎来送往之别。"

【跟进解读】

此段文字中，王阳明就为何孔子和周公之用心不是"将迎"之心的问题进行了解释。"将迎"描述的是人心在没有遵循"理"的情况下的一种乱作为、乱起意的情形，而孔子和周公的"思"都没有出离"天理"。即便是在谋划将来的事情或者远方的事情，也并未出乎"致良知"的范畴；因此，他们的用心和"将迎"之心自然是不同的。同时先生也指出，一个人心中所思所虑都是眼下手边的具体事物，但若未遵循"天理"，而是不着边际地去思考，这依然是"将迎"之心。

26. 只问耕耘，莫问收获

【原典欣赏】

问："'一日克己复礼，天下归仁'，朱子作效验说，如何？"

先生曰："圣贤只是为己之学，重功夫不重效验。仁者以万物为体。不能一体，只是己私未忘。全得仁体，则天下皆归于吾仁，就是'八荒皆在我闼'意。天下皆与，其仁亦在其中。如'在邦无怨，在家无怨'，亦只是自家不怨。如'不怨天，不尤人'之意。然家邦无怨，于我亦在其中。但所重不在此。"

【白话翻译】

钱德洪问：《论语》中'一日克己复礼，天下归仁'这句话，朱熹说这是有关效验的学说，这种观点正确吗？"

先生说："孔子对于自己的克己之学说，重视功夫而不重视效验。仁者与万物为一体。不能一体的，是自己的私欲还没有克除干净。自己成全了仁的本体，那么，天下都将归于我的仁中，也就是'八荒皆在我闼'的意思。天下都能做到仁，我的仁也在其中了。比如'在邦无怨，在家无怨'，说的也是自身没有怨恨，一如'不怨天，不尤人'的意思。但是，家邦皆无怨，我也就在其中了。但重点不在这里。"

【跟进解读】

南怀瑾大师对孔子"克己复礼"之说有一个更好的解释——"心灵的净化"；林则徐曾说过"只问耕耘，不问收获"，正是此处阳明先生想要告诉我们的道理。至于"效验"，则是功利性、工具性的，所以不必过于重视。这也与道家"惟不争，而天下莫能与之争"的观点一脉相承。

27. 巧、力非两事

【原典欣赏】

问："孟子巧、力、圣、智之说，朱子云：'三子力有余而巧不足。'何如？"

先生曰："三子固有力，亦有巧。巧、力实非两事，巧亦只在用力处，力而不巧，亦是徒力。三子譬如射，一能步箭，一能马箭，一能远箭。他射得到俱谓之力，中处俱可谓之巧。但步不能马，马不能远，各有所长，便是才力分限有不同处。孔子则三者皆长。然孔子之和只到得柳下惠而极，清只到得伯夷而极，任只到得伊尹而极，何曾加得些子。若谓'三子力有余而巧不足'，则其力反过孔子了。巧、力只是发明圣、知之义，若识得圣、知本体是何物，便自了然。"

【白话翻译】

钱德洪问："孟子主张巧、力、圣、智之说，朱熹认为是'三子力有余而巧不足'，怎样理解呢？"

先生说："伯夷、伊尹、柳下惠这三人固然有力，但也有巧。巧和力并非两回事，巧是用力时的巧，有力而无巧，只是空有其力。他们三个人若用射箭作比，就是一个人能站在地上射、一个人能骑在马上射、一个人能远射。他们能射到目标所示处，就可以称为力；他们能命中目标，就可以称为巧。但能站地上射的，上了马就不会射了；骑在马上能射的，射得又不够远，只能说他们各有所长，这就是才力各有不同。而孔子则兼有三个人的长处，但孔子的和只能达到柳下惠那样的程度；孔子的清只能达到伯夷那样的程度；孔子的以天下为己任的心情只能达到伊尹那样的程度，没法再增加了。如果像朱熹说的'三子力有余而巧不足'，那么，他们的力是超过孔子的。巧和力只是用来说明圣、智的。若明白了圣、智的本体是什么，便就一目了然了。"

【跟进解读】

王阳明认为，巧与力在本体之外，不在本体之中，但巧和力并非两回事。受本体发用时，巧与力就是良知的外在表现，不受本体发用的巧、力，必然与"良知"背道而驰。

28. 是非之心

【原典欣赏】

先生曰："'先天而天弗违'，天即良知也；'后天而奉天时'，良知即天也。"

"良知只是个是非之心，是非只是个好恶。只好恶就尽了是非，只是非就尽了万事万变。"

又曰："是非两字是个大规矩，巧处则存乎其人。"

【白话翻译】

先生说："'先天而天弗违'，说明天就是良知；'后天而奉天时'，说明良知就是天。"

先生说："良知，其实就是判断是非的心，是非仅是个好恶。明白好恶就穷尽了是非，穷尽了是非就穷尽了万事的万般变化。"

先生又说："是非两个字是一个大的框架，巧妙运用则在于个人领会。"

【跟进解读】

王阳明将良知代表人的本心，所以它也综括了孟子所说的心之四端，把孟子的是非之心、羞恶之心合起来一起收于其良知上来讲，一起皆是其良知之表现。只要有了良知这个大规矩，根据在不同场合、不同机缘下的巧妙运用，便可应万事、通万物。

29. 为学功夫

【原典欣赏】

"圣人之知如青天之日，贤人如浮云天日，愚人如阴霾天日。虽有昏明不同，其能辨黑白则一。虽昏黑夜里，亦影影见得黑白，就是日之余光未尽处。困学功夫，亦只从这点明处精察去耳。"

【白话翻译】

先生说："圣人的良知好比青天白日，贤人的良知好像有浮云的天气，愚人的良知犹如阴霾满天。虽然他们浑浊清明的程度有差别，但辨别黑白则是一致的。即便在昏黑的夜晚，也能隐约看出黑白，这说明太阳的光辉还没完全被遮蔽。在逆境中学功夫，也只是从这一点光明处去细致鉴察体会。"

【跟进解读】

"生知安行"、"学知利行"、"困知勉行"分别是圣人、贤人、愚者三者所对应的功夫，阳明在此段中强调，贤人和愚人的为学功夫，与圣人一样，同是从具有辨别是非能力的良知上出发并扩充下去的，在致知过程中所遵循的准则是共同的，这就是"良知"。

30. 圣人之常

【原典欣赏】

问："知譬日，欲譬云。云虽能蔽日，亦是天之一气合有的，欲亦莫非人心合有否？"

先生曰："喜、怒、哀、惧、爱、恶、欲，谓之七情，七者俱是人心合有的，但要认得良知明白。比如日光，亦不可指着方所。一隙通明，皆是日光所在。虽云雾四塞，太虚中色像可辨，亦是日光不灭处。不可以云能蔽日，教天不要生云。七情顺其自然之流行，皆是良知之用，不可分别善恶。但不可有所着。七情有着，俱谓之欲，俱为良知之蔽。然才有着时，良知亦自会觉。觉即蔽去，复其体矣。此处能勘得破，方是简易透彻功夫。"

【白话翻译】

钱德洪问："良知可比为太阳，私欲可比为浮云。浮云虽能一时遮蔽太阳，然而也是天上的气应该有的，私欲莫非也是人心所该有的呢？"

先生说："喜、怒、哀、惧、爱、恶、欲就是所谓的七情，都是人心该有的，但是需要将良知理解清楚。这就好比阳光，不能说非得直射才算是阳光，一条缝隙所透出的明亮也是阳光。天空即便布满云雾，只要太虚中还能分辨颜色和形式，均为阳光没有消融的地方。不能因为云能蔽日，就让天不要生云。七情顺其自然地在人身心之上流转，就都是良知的表现形式之一，因此不能把七情分成哪个好哪个坏。但是又不能太执著。执著，七情都称为欲，都是遮蔽良知的。当然，稍有执著，良知就会发觉。发觉了就会克除遮蔽，也就回复了良知的本体。这些地方看明白了，才是简易透彻的功夫。"

【跟进解读】

这段文字，用程颢先生"圣人之常，以其情顺万事而无情"句来注解，再恰当不过。七情"喜、怒、哀、惧、爱、恶、欲"之中，凡是没有"过"，哪怕是怒、哀、惧、欲，也都是良知之作用；然而，一旦过了头，产生了执著的意念，哪怕是喜、爱之情，也都是滑向了私欲。

31. 知行即是功夫

【原典欣赏】

问："圣人生知安行是自然的，如何有甚功夫？"

先生曰："知行二字，即是功夫，但有浅深难易之殊耳。良知原是精精明明的。如欲孝亲，生知安行的，只是依此良知实落尽孝而已；学知利行者，只是时时省觉，务要依此良知尽孝而已；至于困知勉行者，蔽锢已深，虽要依此良知去孝，又为私欲所阻，是以不能，必须加人一己百、人十己千之功，方能依此良知以尽其孝。圣人虽是生知安行，然其心不敢自是，肯做困知勉行的功夫。困知勉行的却要思量做生知安行的事，怎生成得？"

【白话翻译】

钱德洪问："圣人生知安行是自然就能如此的，这还需要其他的功夫吗？"

先生说："知行二字就是功夫，不过是有浅深难易的区别而已。良知原本是精明的。例如，孝敬父母，生知安行的人只是依从良知切实地去尽孝道；学知利行的人只是要时时省察自己，努力依从良知去尽孝道；至于困知勉行的人，被蒙蔽禁锢已深，即便想依从良知去尽孝道，却又被私欲所阻，因此不能尽孝道。这就需要付出比旁人多十倍、百倍的功夫，才能依从良知去尽孝道。圣人虽然是属于生知安行的，但他的心里不敢自以为是，所以他宁肯做困知勉行的功夫。然而，困知勉行的人则思量着做生知安行的事，这怎么可以呢？"

【跟进解读】

在王阳明那里，良知人人本有，但并非人人都能致良知。"知行二字，即是功夫"，依良知所知而实落行之即是致良知。圣人也要做功夫，只不过圣人良知精明，做起来较易而已，而常人则蔽锢深，做起来困难一些罢了。

32. 心安则乐

【原典欣赏】

问："乐是心之本体，不知遇大故于哀哭时，此乐还在否？"

先生曰："须是大哭一番方乐，不哭便不乐矣。虽哭，此心安处即是乐也。

本体未尝有动。"

【白话翻译】

钱德洪问："先生曾主张乐是心的本体，不知遇到大的悲惨变故哀哭之时，这个乐还在不在？"

先生说："惟有痛哭之后才能乐，不哭就不会乐了。虽然是哭，此心却得到了安慰，因而也就是乐。心的本体是没有变化的。"

【跟进解读】

在阳明看来，乐的本质规定在于心安，只要能保持心安便是常快活便是乐。倘遇人世悲戚之事大哭一场，而使心安，这哭也便是乐。可见乐并不简单地等同于高兴，它是人之内心在经受住自我拷问、自我监督之后的一种安详平和，它的对立者不是悲哀而是愧疚，是心灵对自我监督的恐惧。

33. 不可作茧自缚

【原典欣赏】

问："良知一而已。文王作象，周公系爻，孔子赞《易》，何以各自看理不同？"

先生曰："圣何能拘得死格？大要出于良知同，便各为说何害？且如一园竹，只要同此枝节，便是大同。若拘定枝枝节节，都要高下大小一样，便非造化妙手矣。汝辈只要去培养良知。良知同，更不妨有异处。汝辈若不肯用功，连笋也不曾抽得，何处去论枝节？"

【白话翻译】

钱德洪问："良知只有一个。周文王作卦辞，周公旦作爻辞，孔夫子作《周易》，为什么他们各自的看法会不一样呢？"

先生说："圣人怎会拘泥于旧模式呢？只要根本点是从良知出发，看法有所不同又有什么妨碍呢？这就像一园子青竹，只要枝节相差不多，也就是大同了。但如果要是拘泥于每株竹子的每一枝节高低大小都相等，就不能体现造化的妙手了。要做的只是去认真培养良知，只要良知是同样的，有点差异也无关紧要。你们若不肯用功，就像竹子连笋都没有发出来，又到哪里去谈论竹子的枝节呢？"

【跟进解读】

这里，王阳明的深刻之处，在于竭力反对画地为牢、作茧自缚。他认为，道德法则虽然有普遍性，但同时也要有具体性，因此不能"拘定枝枝节节"。

34. 还原"初心"

【原典欣赏】

乡人有父子讼狱，请诉于先生。侍者欲阻之，先生听之，言不终辞，其父子相抱恸哭而去。

柴鸣治入问曰："先生何言，致伊感悔之速？"

先生曰："我言舜是世间大不孝的子，瞽瞍是世间大慈的父。"

鸣治愕然请问。

先生曰："舜常自以为大不孝，所以能孝；瞽瞍常自以为大慈，所以不能慈。瞽瞍只记得舜是我提孩长的，今何不曾豫悦我？不知自心已为后妻所移了，尚谓自家能慈，所以愈不能慈。舜只思父提孩我时如何爱我，今日不爱，只是我不能尽孝。日思所以不能尽孝处，所以愈能孝。及至瞽瞍底豫时，又不过复得此心原慈的本体。所以后世称舜是个古今大孝的子，瞽瞍亦做成个慈父。"

【白话翻译】

乡下有一对父子打官司，来找先生判案。侍从准备阻拦他们，先生却听了他们的诉说，然后说了很简短的一番话，这对父子就相抱痛哭，最后和好离去了。

柴鸣治进来问："先生您说了什么话，让他们父子俩这么快就感动悔悟了？"

先生说："我只是说了舜是世间大不孝的子，瞽瞍是世间大慈的父。"

柴鸣治感到十分惊讶，忙向先生请教其中的原因。

先生说："舜常常自以为是最不孝的，因此他能孝；瞽瞍常常自我感觉是最慈爱的父亲，所以他不能慈爱。只记得舜是自己养育大的，现在却不能使自己愉快，他不知道自己的心已转移到后妻身上了，尚且说自己慈爱，所以就更加不能慈爱了。舜总是记着小时候父亲是多么爱他，而如今之所以不爱了，只因为自己尽孝还不够。舜天天想夜夜思的都是检讨自己尽孝不够的地方，因此他就更加孝顺。等到瞽瞍高兴时，他只不过是恢复了本心原有的慈爱而已。所以，后世的人称舜为古今能够大孝的儿子，瞽瞍也就变成了一个慈祥的父亲。"

【跟进解读】

　　王阳明之所以能够成功地解决矛盾，关键的就是他认为"至善是心之本体"（见上卷《徐爱录》）、"本体即是良知"（见中卷《答聂文蔚》）。这也就意味着人人都是有良知的，既是如此，只要耐心地对其进行调解、感化、教育，让他们认识到这个良知，并循循善诱，最终定能通过内心的变化解决问题。王阳明就这样轻而易举地解决了"父子诉讼"这一民事纠纷的问题，我们可以称之为还原"初心"（即良知）的妙用吧。

35. 音乐能化育人心

【原典欣赏】

　　先生曰："古乐不作久矣，今之戏子，尚与古乐意思相近。"

　　未达，请问。

　　先生曰："'韶'之九成，便是舜的一本戏子；'武'之九变，便是武王的一本戏子。圣人一生实事，俱播在乐中。所以有德者闻之，便知他尽善尽美与尽美未尽善处。若后世作乐，只是做些词调，于民俗风化绝无关涉，何以化民善俗？今要民俗反朴还淳，取今之戏子，将妖淫词调俱去了，只取忠臣、孝子故事，使愚俗百姓人人易晓，无意中感激他良知起来，却于风化有益。然后古乐渐次可复矣。"

　　曰："洪要求元声不可得，恐于古乐亦难复。"

　　先生曰："你说元声在何处求？"

　　对曰："古人制管候气，恐是求元声之法。"

　　先生曰："若要去葭灰黍粒中求元声，却如水底捞月，如何可得？元声只在你心上求。"

　　曰："心如何求？"

　　先生曰："古人为治，先养得人心和平，然后作乐。比如在此歌诗，你的心气和平，听者自然悦怿兴起，只此便是元声之始。《书》云：'诗言志'，志便是乐的本；'歌永言'，歌便是作乐的本；'声依永，律和声'，律只要和声，和声便是制律的本。何尝求之于外？"

　　曰："古人制候气法，是意何取？"

　　先生曰："古人具中和之体以作乐。我的中和原与天地之气相应，候天地之气，协凤凰之音，不过去验我的气果和否。此是成律已后事，非必待此以成律也。今要候灰管，必须定至日。然至日子时，恐又不准，又何处取得准来？"

【白话翻译】

先生说："古乐已很长时间没人演奏了。现在的唱戏与古乐的韵味还比较相近。"

钱德洪没理解，于是就请教先生。

先生说："韶乐的九章，是虞舜时的乐曲；武乐的九章，是武王时的乐曲。圣人一生的事迹都蕴涵在乐曲中。所以有德行的人听了就知道它的尽善尽美与尽美不尽善之处。如果后世作乐只是谱写一些词调，和民风教化毫无关系，那还怎么能够起到改善社会风气的作用呢？如今要想使民风返璞归真，就该把今天的戏曲拿来，删除乐曲中所有的妖淫词调，只保留忠臣、孝子的故事，演唱起来使得普通百姓人人明白，于有意无意之中激发他们的良知，这样，对移风易俗会有所帮助，同时，古乐渐渐地就可以恢复本来面貌了。"

钱德洪说："我连基准音都找不到，要恢复古乐恐怕很难。"

先生说："你认为基准音应该到哪儿去找寻？"

钱德洪答道："古人制造律管来候气，这或许就是寻求基准音的办法吧？"

先生说："如果要从葭灰黍粒中寻找基准音，犹如水底捞月，怎么能找到呢？元声只需要从你的心里去找。"

钱德洪问："在心上怎么寻找呢？"

先生说："古人治理天下，首先把人培养得心平气和，而后才作乐。比如你在这里吟咏诗歌，你心气平和，听的人自然会感到愉悦满意，这就是基准音的起始处。《尚书·尧典》中说：'诗言志'，志就是乐之根本；'歌永言'，歌唱就是乐调的根本；'声依永，律和声'，韵律只要与发音相和，和声就是旋律的根本。这些不都说明没有必要到心外去寻找吗？"

钱德洪又问："古人以律管候气的办法，又是以什么为依据的？"

先生说："古人是以中和之体来作乐的。人的中和之体是与天地之气相互应和的，候天地之气，与凤凰的鸣叫相谐合，不过是为了检验人的气是否中和。这是制成音律之后的事。不是必须等待天地之气来后才能制成音律。现今通过律管来候气，必须确定在冬至这天，但是，到了日子恐怕时辰又定不准，又到哪里去找标准呢？"

【跟进解读】

王阳明认为复兴古乐的元声只能在内心去寻找。在这里他通过心与乐的对应关系，提出了乐以中和为本的观点，并将之与天地万物的自然规律联系起来，人内心的中和是合乎于天道的，乐的中和来源于人内心的中和，乐又以中和之性感染听者，这就是音乐能化育人心的根源。

36. 迷时师度，悟时自度

【原典欣赏】

先生曰："学问也要点化，但不如自家解化者，自一了百当。不然，亦点化许多不得。"

【白话翻译】

先生说："学习确实需要老师或朋友的开导点化，但不及自己所省悟理解的那样能一了百当。如其不然，开导点化再多也没有用。"

【跟进解读】

"迷时师度，悟时自度。"阳明先生强调学习虽需要外人指教，但最好是通过自己独立思考来领悟，达到内心的通明，惟此，方可事半功倍，修正自己的身心。否则，即使别人指教得再好，你也无法领略其中的精髓。这涉及到一个功夫落实处的问题。

37. 在心上用功

【原典欣赏】

"孔子气魄极大，凡帝王事业，无不一一理会，也只从那心上来。譬如大树，有多少枝叶，也只是根本上用得培养功夫，故自然能如此，非是从枝叶上用功做得根本也。学者学孔子，不在心上用功，汲汲然去学那气魄，却倒做了。"

【白话翻译】

先生说："孔子的气魄宏伟，但凡帝王的所作所为，他都能从心上一一加以体会。就譬如不管大树有多少枝枝权权，都是从树根的培养做起，自然就枝繁叶茂起来，并不是从枝叶上用功去培养根本。学者向孔子学习，若不在内心的良知培养上用功，却急切地想去学那气魄，就是把功夫做颠倒了。"

王阳明在上卷《薛侃录》中早就指出，"纯乎天理方是圣"，并将其比作"精金"。在这里，先生以孔圣人为例，阐明学者只有在"心上用功"而不能在"枝叶上用功"的同一道理。阳明先生喜用"譬"，此处又通过以"树"作比喻，深入浅出地论证了为学要从根本上做起，而不要浮于表面。

38. 善与人同

【原典欣赏】

"人有过，多于过上用功，就是补甑，其流必归于文过。"

"今人于吃饭时，虽然一事在前，其心常役役不宁，只缘此心忙惯了，所以收摄不住。"

"琴瑟简编，学者不可无，盖有业以居之，心就不放。"

先生叹曰："世间知学的人，只有这些病痛打不破，就不是善与人同。"

崇一曰："这病痛只是个好高不能忘己尔。"

【白话翻译】

先生说："当人犯了错时，就把功夫多下在检讨弥补过错上，就好像修补破旧的瓦罐，一定有文过饰非的毛病。"

先生说："现在人在吃饭时，即使没有任何事，他的心经常忙乱而不安定，这是因为心忙碌惯了，所以才收摄不住。"

先生说："琴、瑟与书籍，都是不可或缺的工具，由于常有事可做，心就不会放纵。"

先生感叹说："世间知学的人，只要这些毛病改不掉，就不为'善与人同'了。"

欧阳崇一接着说："这些毛病，也就是好高骛远但又不能舍己从人的缘故。"

【跟进解读】

王阳明在这里指出了世人的一些毛病，即好高骛远、无法忘记一己之私，正是这些毛病致使人们在认识上受蒙蔽。先生就此提及一些讲养心的方法，套用现代的话说，就是人要有健康、积极向上的消遣方式，来抗拒私欲的引诱。真正的考验，并不在于此心忙于应事接物之时，而恰恰在于闲暇无事之际。

39. 良知妙用处

【原典欣赏】

问："良知原是中和的，如何却有过、不及？"

先生曰："知得过、不及处，就是中和。"

"'所恶于上'是良知，'毋以使下'即是致知。"

先生曰："苏秦、张仪之智，也是圣人之资。后世事业文章，许多豪杰名家，只是学得仪、秦故智。仪、秦学术善揣摸人情，无一些不中人肯綮，故其说不能穷。仪、秦亦是窥见得良知妙用处，但用之于不善尔。"

【白话翻译】

有人问："良知本来是中和的，为什么会有过与不及的说法呢？"

先生说："通晓了过与不及，就是中和，也是良知。"

先生说："《大学》中说的'厌恶上级对待下属（我）的态度'，属于良知；'（我）不用同样的态度去对待自己的下属'，就是致良知。"

先生说："张仪、苏秦的谋略，也是圣人的资质。后世的诸多事业文章，诸多的豪杰名家，只是学得了张仪、苏秦的套路。张仪、苏秦的学问很会揣摸人情，因此他们的说辞才能击中被说服者的要害，因此他们的学说不能穷尽。张仪、苏秦已窥到了良知的妙用处，只是用在诡计方面而已。"

【跟进解读】

在王阳明那里，"良知妙用处"很多，它可以使人知道过还是不及，使人保持中和；也可以处理上下级关系；还可以透视世间人情。但王阳明重道轻术，因此认为虽然张仪、苏秦窥见了"良知妙用处"，但把它用在诡计上是不对的。

40. 未发即已发

或问未发已发。

先生曰："只缘后儒将未发已发分说了，只得劈头说个无未发已发，使人自思得之。若说有个已发未发，听者依旧落在后儒见解。若真见得无未发已发，说个有未发已发原不妨，原有个未发已发在。"

问曰："未发未尝不和，已发未尝不中。譬如钟声，未扣不可谓无，既扣不可谓有。毕竟有个扣与不扣，何如？"

先生曰："未扣时原是惊天动地，既扣时也只是寂天寞地。"

【白话翻译】

有人就《大学》所谓的"未发"、"已发"问题请教先生。

先生说："只因朱熹将未发已发分开来讲了，所以我只有劈头说一个没有未发已发，让世人自己思考而有所得。如果说有一个已发未发，听讲的人就落入朱熹的套路里去了。如果能真正认识到没有未发已发，即使讲有未发已发也不妨事。因为本来就存在未发已发。"

问先生："未发并非不和，已发也并非不中。比如钟声吧，不敲也不能说就没有钟声，敲了也不能说就是有了钟声。但是，它到底有敲和不敲的分别，这样说对吗？"

先生说："没敲时原本就是惊天动地的，敲了之后也只是寂静无声。"

【跟进解读】

王阳明论未发、已发，一般就良知自体言，并无时间上的动静之分。良知内在于人心人性，即体即用，即存有即活动，即未发即已发，即静即动。这里，他就以扣钟来比喻已发未发，更突出了良知有体有用、圆融无碍的特征。

41. 阳明的人性论

【原典欣赏】

问："古人论性，各有异同，何者乃为定论？"

先生曰："性无定体，论亦无定体。有自本体上说者，有自发用上说者，有自源头上说者，有自流弊处说者。总而言之，只是一个性，但所见有浅深尔。若执定一边，便不是了。性之本体，原是无善无恶的，发用上也原是可以为善、可以为不善的，其流弊也原是一定善、一定恶的。譬如眼，有喜时的眼，有怒时的眼，直视就是看的眼，微视就是觑的眼。总而言之，只是这个眼。若见得怒时眼，就说未尝有喜的眼；见得看时眼，就说未尝有觑的眼。皆是执定，就知是错。孟子说性，直从源头上说来，亦是说个大概如此。荀子性恶之说，是从流弊上说来，也未可尽说他不是，只是见得未精耳。众人则失了心之本体。"

问："孟子从源头上说性，要人用功在源头上明彻。荀子从流弊说性，功夫只在末流上救正，便费力了。"

先生曰："然。"

【白话翻译】

钱德洪问："古人谈论人性，各有各的见解，到底哪一家可以作为至论呢？"

先生说："性本来就没有固定的体，所以谈论起来也说不出固定的体。有从本体的角度来说的，有从发用的角度来谈的，有从源头上论的，有从流弊讲的。总之，说的还是那个性，只不过看法有深浅罢了。如果固执地认定哪家就是对的、哪家肯定是错的，这种做法是不可取的。性的本体原本无善无不善，性的作用也是可以为善，可以为不善的；性的流弊原本就是有的一定为善，有的一定为恶。譬如人的眼睛，有喜悦时的眼，有愤怒时的眼，直视时就是正面看的眼，偷看时就是窥视的眼。总之，还是这个眼睛。如果只是看见了愤怒时的眼，就说没有喜悦的眼；见到直视的眼，就说没有窥视的眼，这都是犯了偏执一方的过错。孟子谈性，他是直接从源头上讲的，也不过是说了个大概。荀子的性恶说，是从流弊上说的，也不能说他说得全不对，只是认识的还不够精纯而已。然而，平常人则是丧失了心的本体。"

钱德洪问："孟子从源头上谈性，让人在源头上用功，使性明彻；荀子从流弊上说性，功夫只下在末流上纠正人性，这就费力了。"

先生说："正是如此。"

【跟进解读】

阳明先生指出，哲学家有关人性的诸多争论，在一义下都是可以消融的，因为性最终来说只是同一个本体，并非有不同的本体。在此处，阳明把孟子的性善论和荀子的性恶论一体收摄，提出他自己圆融的人性论。

42. 不为气所乱

【原典欣赏】

先生曰："用功到精处，愈着不得言语，说理愈难。若着意在精微上，全体功夫反蔽泥了。"

"杨慈湖不为无见，又着在无声无息上见了。"

"人一日间，古今世界，都经过一番，只是人不见耳。夜气清明时，无视无听，无思无作，淡然平怀，就是羲皇世界。平旦时，神清气朗，雍雍穆穆，就是尧舜世界。日中以前，礼仪交会，气象秩然，就是三代世界。日中以后，神气渐昏，往来杂扰，就是春秋、战国世界。渐渐昏夜，万物寝息，景象寂廖，就是人消物尽世界。学者信得良知过，不为气所乱，便常做个羲皇已上人。"

【白话翻译】

先生说："用功到了精深处，越发无法用言语来表达，说理也越发艰难。但如果你刻意追求精微，整体的功夫反会受到蒙蔽妨碍了。"

先生说："杨简并不是没有见解，他只是执著在无声无息方面理解认识问题。"

先生说："人在一天的时间里，会把古今世界全部经历过一遍，只是人不自知罢了。当夜气清明时，人无视无听、无思无作、淡泊恬静，此时就相当于伏羲的时代。早晨时节，人的神清气爽，庄严肃穆，这就相当于尧、舜的时代。上午时分，人们礼仪交往，气象井然，此时就相当于三代的时候。中午之后，人的神气渐昏，往来杂扰，这就相当于春秋战国的时代。黄昏来临，万物寝息，景象寂寥，这就是人消物灭的世界。学者如果能充分相信良知，不被气所扰乱，就能常常做个伏羲时代的人。"

【跟进解读】

体验原是无法言说，要精深却不要刻意精微。随后，王阳明又用社会状况比方人的精神境界，认为"信得良知过，不为气所乱"，人的精神境界是可以独立地超越社会此状况臻达彼状况的。

43.行不掩言

【原典欣赏】

薛尚谦、邹谦之、马子莘、王汝止侍坐，因叹先生自征宁藩已来，天下谤议益众，请各言其故。有言先生功业势位日隆，天下忌之者日众；有言先生之学日明，故为宋儒争是非者亦日博；有言先生自南都以后，同志信从者日众，而四方排阻者日益力。

先生曰："诸君之言，信皆有之。但吾一段自知处，诸君俱未道及耳。"

诸友请问。

先生曰："我在南都以前，尚有些子乡愿的意思在。我今信得这良知真是真非，信手行去，更不着些覆藏。我今才做得个狂者的胸次，使天下之人都说我行不掩言也罢。"

尚谦出曰："信得此过，方是圣人的真血脉。"

【白话翻译】

薛尚谦、邹谦之、马子莘、王汝止四人与老师同坐，大家慨叹先生自平定宁王叛乱以来，天下诋毁老师的人越来越多。先生让他们说说其中的原因。有的讲先生的功业权势日益显赫，因而会招致越来越多人的嫉妒；有人说先生的学说影响力越来越大，导致那些替宋儒争地位的人也就越来越多；有的说自先生拜南京兵部尚书以后，尊崇先生的人越来越多，来自四面八方的排挤阻挠的人也越来越卖力。

先生说："各位所言，相信很有可能存在，但就我的感觉，各位都没提到。"

大家都询问于先生。

先生说："我到南京就职以前，尚还玩点当面一套、背后一套的八面玲珑。现在我相信良知的是非标准，随手拈来，再也不用隐藏着。现在我才有了一个'狂者'的心情。即使全天下人都说我口无遮拦也没有关系。"

薛尚谦站起来说："有这份自信心，才是圣人的真血脉啊！"

【跟进解读】

王阳明悟得的是良知真谛，了悟之后自然通达，通达之后不免狂放。"良知"的信念与实践使其在百死千难的危机中从容应对，并终于化解危机，经受住了人生严峻的考验，这自然更坚定了他对"良知"学说的自信。

44. 反其言而进之

【原典欣赏】

先生锻炼人处，一言之下，感人最深。

一日，王汝止出游归。先生问曰："游何见？"对曰："见满街人都是圣人。"先生曰："你看满街人是圣人，满街人到看你是圣人在。"

又一日，董萝石出游而归。见先生曰："今日见一异事。"先生曰："何异？"对曰："见满街人都是圣人。"先生曰："此亦常事耳，何足为异。"

盖汝止圭角未融，萝石恍见有悟，故问同答异，皆反其言而进之。

【白话翻译】

先生教育指点人时，一句话就能使人感受颇深。

有一天，王汝止外出回来。先生问他："路上看见了什么？"王汝止回答说："满街满巷都是圣人啊！"先生说："你看到满街人都是圣人，他们看你像个活圣人。"

又一天，董萝石外出回来，看见先生就说："今天看见一件稀罕事。"先生问："什么稀罕事？"他回答说："我看到满街满巷都是圣人啊！"先生说："这是再寻常不过的事了，有什么稀罕的。"

大概王汝止的锋芒尚未磨平，而董萝石恍然有悟，因此，问题相同答案各异，先生都是反着他们的话去启发他们。

【跟进解读】

王阳明对学生，是因势利导、因材成就，狂者就从狂处成就他，狷者就从狷处成就他。需要剪裁，就反言棒喝。问同答异，针对各个人的不同的坎儿"反其言而进之"，这才是单兵教练的素质教育。

45. 儒者气象

【原典欣赏】

洪又言今日要见人品高下最易。

先生曰："何以见之？"

对曰："先生譬如泰山在前，有不知仰者，须是无目人。"

先生曰："泰山不如平地大，平地有何可见？"先生一言，翦裁剖破终年为外好高之病，在座者莫不悚惧。

【白话翻译】

钱德洪又谈到，现在要看出人品的高低来很容易。

先生问："何以见得？"

钱德洪答道："先生您如同泰山在眼前，倘若不知道崇拜信奉，就是没有眼珠的人。"

先生说："泰山没有平地广阔，在平地上你又看到什么了？"先生这一句话，剔除了大家多年的好高骛远的弊病，在座的人无不有所警惧。

【跟进解读】

在钱德洪眼中，阳明先生是圣人，人人都应该尊敬受教。否则，人品不高，有眼无珠。阳明认为钱德洪太过高傲，并指出儒者必须自己先尊敬平民百姓，平民百姓才会尊敬你，儒者气象是要谦虚地对待百姓的，不是高高在上要人民崇拜的。因此，用泰山和平地做比，借以教育钱德洪和在座的学生。

46. 念谦之之深

【原典欣赏】

癸未春，邹谦之来越问学，居数日，先生送别于浮峰。是夕，与希渊诸友移舟宿延寿寺，秉烛夜坐，先生慨怅不已。曰："江涛烟柳，故人倏在百里外矣！"

一友问曰："先生何念谦之之深也？"

先生曰："曾子所谓'以能问于不能，以多问于寡，有若无，实若虚，犯而不校'，若谦之者，良近之矣。"

【白话翻译】

嘉靖二年（1523年）的春天，邹谦之来到绍兴向先生请教学问，几天后离去，先生一直送到浮峰。这天晚上，先生与蔡希渊等下船到延寿寺借宿，大家秉烛夜坐，先生无限感慨。他说："江水奔腾，烟柳飘飞，谦之顷刻间就在百里之外了。"

有位朋友问："先生为什么对谦之如此思念呢？"

先生说："曾子曾说过'以能问于不能，以多问于寡，有若无，实若虚，犯而不校'。这样的人，和邹谦之好相像啊！"

【跟进解读】

在《论语·泰伯》篇中，曾子说："以能问于不能，以多问于寡，有若无，实若虚，犯而不校，昔者吾友尝从事于斯矣。"阳明先生引用这句话称赞邹谦之。邹谦之即邹守益（1491—1562年），谦之是其字，号东廓，谥文庄，江西吉安府安福县人，是王阳明的大弟子，江右王门的代表人物。

47. 天泉证道

【原典欣赏】

丁亥年九月，先生起，复征思田，将命行时，德洪与汝中论学。汝中举先生教言，曰："无善无恶是心之体，有善有恶是意之动，知善知恶是良知，为善去恶是格物。"

德洪曰："此意如何？"

汝中曰："此恐未是究竟话头。若说心体是无善无恶，意亦是无善无恶的意，知亦是无善无恶的知，物是无善无恶的物矣。若说意有善恶，毕竟心体还有善恶在。"

德洪曰："心体是天命之性，原是无善无恶的。但人有习心，意念上见有善恶在。格、致、诚、正、修，此正是复那性体功夫。若原无善恶，功夫亦不消说矣。"

是夕侍坐天泉桥，各举请正。

先生曰："我今将行，正要你们来讲破此意。二君之见，正好相资为用，不可各执一边。我这里接人，原有此二种。利根之人，直从本源上悟入。人心本体原是明莹无滞的，原是个未发之中。利根之人，一悟本体，即是功夫。人己内外，一齐俱透了。其次不免有习心在，本体受蔽，故且教在意念上实落为善去恶，功夫熟后，渣滓去得尽时，本体亦明尽了。汝中之见，是我这里接利根人的；德洪之见，是我这里为其次立法的。二君相取为用，则中人上下皆可引入于道。若各执一边，眼前便有失人，便于道体各有未尽。"

既而曰："已后与朋友讲学，切不可失了我的宗旨。无善无恶是心之体，有善有恶是意之动，知善知恶是良知，为善去恶是格物。只依我这话头随人指点，自没病痛，此原是彻上彻下功夫。利根之人，世亦难遇。本体功夫一悟尽透，此颜子、明道所不敢承当，岂可轻易望人？人有习心，不教他在良知上实用为善去恶功夫，只去悬空想个本体，一切事为俱不着实，不过养成一个虚寂。此个病痛不是小小，不可不早说破。"

是日德洪、汝中俱有省。

【白话翻译】

嘉靖六年（1527年）九月，先生被朝廷任命为两广提督兼江西湖广军务及都察院左都御史，前去平定广西思恩（今广西武鸣县北）和田州（今广西田阳县北）地区叛乱。即将奉命起行时，钱德洪与王汝中论学。王汝中提起了先生的四句教："无善无恶是心之体，有善有恶是意之动，知善知恶是良知，为善去恶是格物。"

钱德洪说："你觉得这几句话怎样？"

王汝中说："这几句话大概还没有说完全。如果说心的本体是无善无恶的，那么，意也该是无善无恶的意，知也是无善无恶的知，物也是无善无恶的物。如果说意有善有恶，那么在心体上终究还有善恶存在。"

钱德洪说："心体是天命之性，原本是无善无恶的。但人耳闻目见所得的意念上则有善恶在。格物、致知、诚心、正意、修身，其正是要恢复人性本体的功夫。如果意本无善恶，那么，以上的功夫也就不消再说了。"

当晚，二人在天泉桥陪先生坐，各人谈了自己的观点，请先生评判。

先生说："如今，我将要远征，让你们来正是要讲透这几句话所包含的意思。你俩的见解正好相互借重，不可偏执一方。我开导人的技巧，原本有两种。资质特高的人，让他直接从本源上体悟。人心的本体，原是明莹无滞的、未发之中的，这样的人，只要稍悟本体，也就是功夫了，他人和自我、内和外一切都透彻了。另外一种人，资质较差，心不免受到沾染，本体遭蒙蔽，因此

传习录全编

需要教他们在意念上存个为善去恶的意，待功夫纯熟后，心中的渣滓去除干净了，本体也就通透明澈了。汝中的见解，就相当于我说的对资质特高的人采取的方法；德洪的见解，就相当于我说的对第二种人采取的方法。两位若互为补充借用，那么，中等资质的人都可以明道。若两位各执一词，在你们面前就会有人不能步入正轨，就不能穷尽道体。"

过了一会儿，先生又说："今后和朋友讲学，千万不可抛弃我的学说的宗旨。无善无恶是心之体，有善有恶是意之动，知善知恶是良知，为善去恶是格物。你们只要根据我的话因人施教，自然就不会有问题。这原本是上下贯通的功夫。资质特高的人，世上很难求得。对本体功夫一悟全透，就是颜回、程颢这样的人都不敢妄自尊大，怎敢随便指望他人？人是最容易因耳闻目见得到意念的，你不去教他在良知上做为善去恶的功夫，只去悬空思索一个本体，一切就都落不到实处，这只不过是修养成了一个虚空静寂的坏毛病。这个毛病不是小事情，所以，我不能不早点向你们说破。"

这一天，钱德洪和王汝中都有很深的感悟。

【跟进解读】

阳明先生在晚年提出了被称为"四句教"的学术宗旨。由于对四句教的理解不同，王汝中和钱德洪发生了争执，于是就有了"天泉证道"这段公案的发生。在阳明先生看来，"四句教"彻上彻下，可以用之教化任何人。在悟道方面，可能存在两种方法，尽管针对性不同，但可以相资相须，不可执著一边。天泉证道是王学中一件重要公案，围绕它，晚明乃至明清之际发生过多次争论。

五、钱德洪跋——辗转刊行

钱德洪曾为《答陆原静书》作过跋（参见中卷），而这篇"跋"，是钱德洪专门为下卷而作的，不包含上卷和中卷。

【原典欣赏】

嘉靖戊子冬，德洪与王汝中奔师丧至广信，讣告同门，约三年收录遗言。继后同门各以所记见遗。洪择其切于问正者，合所私录，得若干条。居吴时，将与《文录》并刻矣，适以忧去，未遂。当是时也，四方讲学日众，师门宗旨既明，若无事于赘刻者。故不复萦念。

去年，同门曾子才汉得洪手抄，复傍为采辑，名曰《遗言》，以刻行于荆。洪读之，觉当时采录未精，乃为删其重复，削去芜蔓，存其三之一，名曰《传习续录》，复刻于宁国之水西精舍。今年夏，洪来游蕲，沈君思畏曰："师门之教久行于四方，而独未及于蕲。蕲之士得读《遗言》，若亲炙夫子之教；指见良知，若重睹日月之光。惟恐传习之不博，而未以重复之为繁也。请裒其所逸者增刻之，若何？"

洪曰："然。师门致知格物之旨，开示来学，学者躬修默悟，不敢以知解承，而惟以实体得。故吾师终日言是而不惮其烦，学者终日听是而不厌其数。盖指示专一，则体悟日精，几迎于言前，神发于言外，感遇诚也。今吾师之殁未及三纪，而格言微旨渐觉沦晦，岂非吾党身践之不力，多言有以病之耶？学者之趋不一，师门之教不宣也。"

乃复取逸稿，采其语之不背者，得一卷。其余影响不真，与《文录》既载者，皆削之。并易中卷为问答语，以付黄梅尹张君增刻之。庶几读者不以知解承而惟以实体得，则无疑于是录矣。

嘉靖丙辰夏四月，门人钱德洪拜书于蕲之崇正书院。

【白话翻译】

嘉靖七年（1528年）冬，我和王汝中听到先生逝世的消息，匆忙奔丧至广信（今江西省上饶市）。在给同门师友的讣告中，我们商定三年内收集完先生的言论。这之后，学友们陆续寄来了各自所作的记录。我挑选了其中有关学术问答的部分，加上我自己的记录，共若干条编辑在一起。在吴（今江苏省苏州市）时，我准备把这些记录和《文录》共同刻印，当时，我正赶上守丧离职，因此未能达成心愿。当时，天下讲学的风气日渐盛行，先生的学术宗旨又是非常鲜明的，也就没急着刻印出来。所以，我对这件事也就不再牵挂了。

去年，学友曾才汉获得了我的收录本，又四处收辑了一些先生的语录附在后面，命名为《遗言》，在荆州刊刻发表。我读了《遗言》之后，觉得采录的不够精确，因而删削了其中重复繁杂的，保留了《遗言》的三分之一，并取名《传习续录》，刻印于安徽宁国的水西精舍。今年夏天，我到湖北蕲春，沈思畏对我说："先生的学说早已在天下传播，但只有这里还没有流传到。蕲春的学者读到《遗言》，就像亲身领教了先生的教诲似的，说知晓了良知就像重见日月的光辉一般。唯恐收录传习的不广博，不怕重复繁复。请您把其他未曾收录的部分收集起来刊刻出版，您觉得怎么样？"

我回答说："当然可以。先生致知格物的宗旨就在于开导点化前来学习的人，学习的人也只是亲自修习，默默领悟，不敢单在知识上体会，而唯求通过切实的体认而有所心得。所以，老师整天不厌其烦地讲说格物致知，学生们也不厌其烦地听讲。因为主旨专一，领悟就会更加精细。先生还没说到，学生已知要讲什么了，对学术的理解越过老师言语之外，充分体现了教学双方之诚。但现在先生逝世还没有三纪（一纪为十二年），可他的格言和宗旨渐渐的模糊黯淡起来了，这难道不是我们这些学生践行不够、空说太多造成的恶果吗？学生的目标不一致，我们师门的学说就得不到光大。"

于是，我就又收集了一些未刊刻的记录，采用其中不违背先生学术宗旨的部分，合成一卷。其余不忠实于先生学术宗旨的和《文录》已刊刻过的，全删掉了。并把"中卷"改编为问答的形式，让黄梅县令张君增刻发行。希望读者朋友不是从文义的解释上来阅读这本书，而要踏踏实实去体认良知，就不会对这本书有疑惑了。

嘉靖三十五年（1556年）夏四月，学生钱德洪写于蕲春"崇正书院"。

【跟进解读】

这篇文章是钱德洪在编完《传习录》之后，需要自己附加一部分内容在最后，从而写成了这个跋语。跋语主要说明此书的编辑情况。由落款可以看出，此书编成之年，在嘉靖丙辰，即嘉靖三十五年（1556年）。这篇文章写作的时间也可以理解成此书最后编成的时间。

参考文献

[1] 方志远. 旷世大儒——王阳明 [M]. 石家庄：河北人民出版社，2000.

[2] 钱明. 阳明学的形成与发展 [M]. 南京：凤凰出版社，2002.

[3] 张立文. 宋明理学研究 [M]. 北京：人民出版社，2002.

[4] 李泽厚. 中国古代思想史论 [M]. 天津：天津社会科学院出版社，2003.

[5] 许凌云. 儒家伦理与中国史学 [M]. 济南：齐鲁书社，2004.

[6] 朱耀廷. 中国传统文化通论 [M]. 北京：北京大学出版社，2005.

[7] 张君劢. 儒家哲学复兴 [M]. 北京：中国人民大学出版社，2006.

[8] 张学智. 心学论集 [M]. 北京：中国社会科学出版社，2006.

[9] 司雁人. 阳明境界 [M]. 北京：中国社会科学出版社，2007.

[10] 张德胜. 儒家伦理与社会秩序 [M]. 上海：上海人民出版社，2008.

[11] 孙德高. 王阳明事功与心学研究 [M]. 成都：西南交通大学出版社，2008.

[12] 王晓昕. 阳明学撷论 [M]. 成都：西南交通大学出版社，2009.

[13] 杨国荣. 心学之思——王阳明哲学的阐释 [M]. 北京：中国人民大学出版社，2009.

[14] 吴光. 阳明学综论 [M]. 北京：中国人民大学出版社，2009.

[15] 刘聪. 阳明学与佛道关系研究 [M]. 成都：巴蜀书社，2009.

[16] 钱穆. 阳明学述要 [M]. 北京：九州出版社，2010.

[17] 李纪祥 宋明理学与东亚儒学 [M]. 桂林：广西师范大学出版社，2010.

[18] 毕诚. 儒学的转折 [M]. 北京：中国发展出版社，2010.

[19] 董平. 传奇王阳明 [M]. 北京：商务印书馆，2010.

[20] 吴震.《传习录》精读 [M]. 上海：复旦大学出版社，2011.

[21] （明）王守仁著. 厦华等译 传习录（图文版）[M]. 沈阳：万卷出版公司，2013.